未达集

许嘉璐 著

中国社会科学出版社

图书在版编目（CIP）数据

未达集／许嘉璐著 . —北京：中国社会科学出版社，2015.6
ISBN 978 - 7 - 5161 - 5710 - 7

Ⅰ. ①未… Ⅱ. ①许… Ⅲ. ①中国特色社会主义 – 文化事业 –
建设 – 研究 Ⅳ. ①G12

中国版本图书馆 CIP 数据核字（2015）第 048433 号

出 版 人 赵剑英
责任编辑 任 明
责任校对 李 莉
责任印制 何 艳

出 版 中国社会科学出版社
社 址 北京鼓楼西大街甲 158 号
邮 编 100720
网 址 http：//www.csspw.cn
发 行 部 010 - 84083685
门 市 部 010 - 84029450
经 销 新华书店及其他书店

印刷装订 北京市兴怀印刷厂
版 次 2015 年 6 月第 1 版
印 次 2015 年 6 月第 1 次印刷

开 本 710×1000 1/16
印 张 19.25
插 页 6
字 数 323 千字
定 价 58.00 元

在北京师范大学为学生讲授《论语》（2012 年至今）

《论语通讲》课手稿

2014 年 10 月 19 日，出席第二届中医养生论坛。

2013 年 9 月 13 日，与国医大师路志正先生（左二）等合影。

2013 年 12 月 15 日，出席纪录片《天赐普洱》启动工作座谈会。

2013 年 5 月 25 日，出席国际茶业大会。

2013 年 7 月 20 日，在复旦大学为孔子学院外方院长研修班授课。

2014 年 5 月 20 日，出席第三届尼山世界文明论坛。

2013 年 11 月 16 日，会见奥地利青年领袖代表团。

2013 年 5 月 7 日，会见两岸语言文字工作协调小组全体成员：北京语言大学党委书记李宇明（右一）、原语文出版社社长李行建（右二）、原国家语委副主任陈章太（左二）、教育部语信司副司长田立新（左一）。

2013 年 10 月 28 日，与连战先生交谈。

2013 年 7 月 7 日，与孔垂长先生交谈。

2013 年 9 月 27 日，与香港大学校长徐立之先生交谈。

2013 年 9 月 30 日，与印度尼西亚材源帝集团创始人黄双安先生交谈。

与台湾友人品茶论道（2013 年 10 月）

与夫人合吹生日蜡烛（2014 年 6 月）

信步阴阳山 2013 年 10 月 26 日台北

序

　　《说文》："达，行不相遇也。"清代《说文》大家段玉裁说，"达"和"滑"、"泰"音义相同。那就是说，这三个字都是畅通无阻、中不少辍，甚至一泻千里的意思。这本集子之以"未达"为名，即取"达"字之本义。

　　前年，《未央四集》出版，学生们问我：下一本还以"未央"命名吗？我答："没想好呢。未央者，中华优秀传统文化雄风重振未至高潮之谓。现在距离那一刻似已不遥，'未央'已不能表达我之心情和对形势的认知。"事后想了想，叫"未达"吧：中华文化兴盛的势头越来越明显，甚至可以说越来越强劲。但是，还并不顺畅，还没有到"达"、"泰"、"滑"的境界。

　　"未达"的原因是多方面的，其中很重要的一点是文化久衰之后，保存原来的基础的主力仅剩为散布于村村寨寨、街头巷尾，缺乏话语权的寻常百姓家，而"有学问"者之不理解、不给力，甚至不学而反对者依然大量存在着。

　　中华民族屈辱百余年，中华文化也屈辱了百余年。这是自然的。"中华民族"是一个文化共同体的概念，而不是一个种族的概念。民族兴则文化兴，文化兴则民族兴。反之亦然。从相反的方面看，欲灭其国，必先灭其史，也就是先灭其文化。这是一切黩武者共同的经验，而近代殖民者尤擅于此，至今还在使用着。"去中国化"的声音和行为，不过是其变种而已。在这样的历史背景下，暂时之不"达"，实属必然。

　　但是时代潮流浩浩荡荡，顺之者昌，逆之者亡。全世界都在反思，都在呼吁保护和弘扬各个民族的传统文化。中华文化之将奋而前进并将畅行于世界，还有什么疑问么？拙作之以"未达"名，意在中华文化必"达"也！

本集之搜集、整理、校对者，仍为张学涛、刘光洁、胡晓凤、张雨、谭青钦、陈亚洲诸友生，总其役而付出尤钜者，朱小健、朱瑞平二教授也，众人所贡献，岂一个"谢"字了得？

感恩！

2015 年 1 月 3 日谨识于

日读一卷书屋

未
达
集

目　录

"一体"与"两翼"

文化战略论说

未
达
集

中华文化与当代世界

贺信、序文

癸巳祭黄帝文

维岁在癸巳三月初三，公元2013年4月12日，中华炎黄文化研究会会长许嘉璐，谨以天下炎黄子孙之名，恭以九献之礼，拜祀于我中华始祖轩辕黄帝像下。其文曰：

时维季春，谷风轻飏。四海胄裔，齐聚古乡。
敬怀先祖，祈福告祥。我祖我根，万古流芳。
具茨山麓，吾祖诞降。筚路蓝缕，岩壁有像。
缫丝稼穑，民有馐粮。建宫筑室，立姓分张。
仰观日月，历朔斯创。造车指南，足达四方。
建制造字，文明始昌。统一宇内，仁义显彰。
瓜瓞绵绵，薪火炽旺。紫气连至，续写华章。
治国有典，德以为尚。步履稳健，渐富渐强。
国门愈敞，新业未央。民生尤重，成果共享。
百业俱兴，宇内安康。无远不届，友朋满堂。
修我戈矛，卫我封疆。涓涓海峡，路路坦荡。
两岸骨肉，携手奋扬。伟哉中华，万世泱泱。
中原崛起，步履锵锵。夙夜匪懈，怵惕自强。
举国瞩目，日见其昌。五谷丰登，六畜兴旺。
济济多士，克勤于邦。河洛子孙，增祖昭光。
黄河滔滔，嵩岳苍苍。天地之中，万姓旧乡。
追远新郑，恭献馨香。我祖其格，歆兮尚飨！

甲午祭黄帝文

维岁次甲午，三月初三，公历 2014 年 4 月 2 日，春煦旸和，百物勃兴，中华炎黄文化研究会会长许嘉璐谨以四海华胄之名，恭奉鲜卉果蔬，拜祀中华人文始祖轩辕黄帝。

文曰：

具茨绵绵，溱洧洋洋。圣山圣水，蜿蜒荡荡。

少典之子，兹诞兹长。号曰轩辕，以德而王。

生而颖异，体伟龙颜。夙夜匪懈，明德馨香。

菽水藜藿，率众耕桑。制陶版筑，建室兴堂。

肇作礼乐，声歌喤喤。仰观天文，历律初张。

乃造舟车，巡狩四方。划野分州，仁覆八荒。

事则躬亲，选贤举良。百官廉俭，民风和祥。

上承天道，立刑建纲。华夏归心，协和万邦。

嵩岳巍巍，中原莽莽。龙脉赓续，尧舜禹汤。

百代兴衰，弱而复强。愈艰愈勇，历尽沧桑。

延及近世，屡遭祸殃。惨遭肢解，铁蹄张狂。

百姓涂炭，河山板荡。亿民奋起，血脉偾张。

壮烈不挠，弱胜强梁。吾祖佑我，正义伸张。

独立民主，雪耻自强。山河不殊，百业腾翔。

众志成城，广谱新章。民族协睦，歌舞轻飏。

民生民权，民富国强。海峡清浅，往来和畅。

手足相拥，与尔同裳。居安思危，守土固疆。
峨峨昆仑，茫茫大江。喷薄旭日，前路辉煌。
祖训在胸，步履铿锵。龙之苗裔，无愧轩皇。
四海同胞，唐山情长。厚德载物，同筑梦想。
燃香新郑，兰蕙芬芳。恭祈故土，福祉绵长。

颂曰：

望大河之滔滔兮，颂吾祖之荣光。
喜雨露之润润兮，思恩泽之泱泱。
吾族尊祖而知鉴兮，往事未往。
黄河萦山而九折兮，多难兴邦。
帝貌岂可觅兮，广袤河山乃其影像。
圣德既恒在兮，亿万苗裔其将永昌。
皇祖万世而不替兮，松柏郁苍。
生民厚德以立命兮，国运高扬。
伏惟尚飨。

附注：

菽水藜藿：豆子、野菜、水，言其饮食简朴。
偾张：形容愤恨、愤怒而血管膨胀努起的样子。见《左传》。
山河不殊：反用《世说新语》故实，言世事已变。
强梁：强横，强暴，通常指强恶势力、强盗。此处指侵略者。
与尔同裳：借用《诗经·秦风·无衣》，意谓与你同仇敌忾。
替：衰弱，衰败。
立命：借用宋儒张载"为生民立命"语。此处谓人民以德立身、确立人生目标。

"一体"与"两翼"

认识一下儒家经典[※]

我起初拒绝接受这个任务，原因很简单。

第一，我和《十三经》打了54年交道，至今还没有完全读通，而且我越研读越觉得认不清它了。苏轼有句诗说得好，"不识庐山真面目，只缘身在此山中"，它很能表达我现在的感受。中国的佛教也用看山水来比喻人的境界：第一阶段是认识，叫"看山是山，看水是水"；第二阶段则"看山不是山，看水不是水"，这是因为跳出了山水；第三阶段是"看山还是山，看水还是水"，这时候的山和水已经不是开始所看到的山和水了。54年以来，我只停留在第一阶段，看山是山，看水是水。让我用一个半小时来讲这山和水实在是太难了。

第二，今天在场的外方院长很多就是汉学家，造诣非常深，而且接下来还有好几位著名教授的关于中国文化的演讲，要在内行和同行面前讲内行话是非常困难的。

不过，我还是接受了这个任务，原因有以下几个。

第一，文化交流最根本的和最高级的境界是不同文化底层的交流。我把文化分成了三个层次——表层文化是有关衣食住行的；中层文化涉及风俗习惯、礼仪、文学、艺术、宗教、法律、制度等；文化的底层是信仰、伦理和审美的观点，这是文化的根本。

第二，中国人的伦理、信仰和审美集中体现在《十三经》里。

※ 2013年7月至10月间在复旦大学、厦门大学、南开大学等地"2013年孔子学院外方院长研修班"上的巡回演讲。

第三，孔子学院慎重地征求了来中国研修的四批外方院长的意见，应他们的要求安排了关于儒家的演讲。我在接受了许琳主任交给的任务后，耍了一些小花招，把题目改成"认识一下儒家经典"。"认识一下"这个词的弹性就很大了，便于我来展开演讲。而且一个多小时也只能是让大家"认识一下"儒家经典了。

中国有句成语叫"走马观花"，就是骑着马，边跑边匆匆欣赏两边的花。现在我领着大家大体认识一下《十三经》，就好比是在走马观花，但这样的认识非常必要，因为只有了解了《十三经》的大体情况，才能够开启进一步了解中国、了解中国文化、了解中国人心灵的大门。在我看来，今天的中国乃至全世界，跟孔夫子生活的时代没有太大差别，那就是人类面临着危机。现在人们普遍关注到环境的问题、资源的问题，这些问题在孔夫子时代没有出现，因为生产力不发达，但是目前存在的诸如矿山对环境的污染，工厂排烟排水排渣对环境的污染，以及社会的不公正等，其背后的根本原因是人们没有了信仰。同时各个民族的传统文化——维系不同民族几千年来和谐生活的最重要的纽带——被斩断了，特别是那些人数较少的民族。例如非洲，我访问过非洲28个国家，我热爱非洲这块肥沃美丽的土地，喜欢非洲人的直率、朴实、热情和真诚，但是我也看到了丛林里的文化正在萧条。在乌干达、肯尼亚、博茨瓦纳、津巴布韦、卢旺达、赤道几内亚等国家的农村，我在那里所受到的款待让我感觉就跟到中国的农村去所受到的款待一样，但是就在这些由传统的茅屋组成的村落里，村口就树着可口可乐的广告。

如果根据出土文物，中国的文化应该是在8000多年以前就进入了自觉创造的时代，如果按照西方人类学和历史学多数学者的看法，只有有了文字之后的历史才是文明的历史，那至少也有3400多年了。

经过几千年的积累，到周代出了一个伟大的人物——周公姬旦。他辅佐了三代的周天子，总结了历史，提出了以德、以礼治国的理念，制定了全套的礼。他留给后人的遗产，现在从文献上能够确认的最大的贡献，是礼和乐。下面讲《十三经》的时候会讲到这个问题。周王朝延续了800年，这在中国的历史上仅此一例，在世界史上也极为罕见。能延续这么长的时间，重要原因恐怕就在于礼和乐。

儒家与世界著名宗教

现在开始谈正题。和世界上一切著名的宗教一样，儒家也有历史悠久的经典。为什么把儒家和世界著名的宗教拿来比较？儒家不是宗教，而是带有宗教性的学说。儒家并不信仰一个神，特别人格神，但是有一个追求目标，那就是"圣"，也就是有无限高尚品德和学术修养的人。圣是人人应该追求的目标，但是到现在为止也没有一个人达到，今后也不会有人达到。因为随着人类品格的提升，圣的标准也在提升。从这个角度说，儒家只有在没有人格神这一点上与基督教、伊斯兰教区分开了，但是在奋斗的目标上是一致的。前些年，我与洛杉矶水晶大教堂的主教、创办人罗伯特·舒乐对话的时候，他问了一个很尖锐的问题："听说中国人没有信仰，是不是这样？"我回答说："是，也不是。"说"是"是因为儒家没有提出一个人格神的信仰，说"不是"是因为孔夫子带给我们有中国特色的信仰，这信仰就是圣。

我顺便解释一下为什么要说著名宗教。世界上的宗教数量很多，至今还没有精确的统计。西方的宗教学有"原始宗教"和"高级宗教"的术语。它用一个"原始宗教"把非洲、南太平洋、东南亚、南美亚马孙流域等地区的丛林、草原和岛屿里的各式各样的崇拜与信仰囊括到一起了。而"高级宗教"是指一神教，包括希伯来系列的犹太教、基督新教、天主教、东正教，以及受犹太教和基督教启发而出现的伊斯兰教。这种分法我并不同意。在文化多样性的世界，不同的信仰是平等的。它们都是不同民族和地区的人民对于大自然和宇宙的敬畏、对于人生的探讨所形成的信仰。举个例子，在中国云南普洱茶的产地，当地的少数民族每到采茶的时候会先祭神然后再采茶，假如有工程师、技术员或者在外地的商人建议他们使用化肥、农药来增加产量，当地的乡亲们会坚决拒绝，认为那是亵渎神灵。这种信念对人类是有好处，还是没有好处？当然有好处。那么当地的这种信仰是低级宗教吗？是原始宗教吗？如果再去看那几个一神教的著名宗教，现在的天主教不仅仅是信仰主，还信仰主的儿子，还信仰主的儿子的妈妈，而且十二使徒如保罗等也成为被信仰的对象，这是不是多神论呢？还有天使呢？所以在这个问题上，所有的信仰应该是自由的、平等的。我用"著名宗教"这个词，主要是因为它们都有一些历史悠久的经典，当然有经典的不只是著名宗教。举几个例子说明一下。

佛教经典的萌芽状态可以推到六千年前婆罗门教的诗歌集《吠陀》（Veda）。《吠陀》的一些颂诗后来被保留在《奥义书》里。到公元 7 世纪的时候，释迦牟尼的学说在印度基本上消失了，但是经过印度和中国的僧人与学者的改进和完善，他的学说和信仰在中国这片土地上得到了升华，形成了中国的佛教。所有的佛经结成的合集被称为大藏经，中国在历史上编纂了多种大藏经，比如著名的乾隆大藏经（龙藏）有 5600 多万字，而且并没有收集全。

《圣经》则是迄今为止在世界各国出版数量最多的一部书。现在可考的《圣经》的最早根据是死海的羊皮书卷，可以推到两千三四百年前。它还不是现在的《圣经》，包括《新约》在内的《圣经》是公元后才出现的。

到了 7 世纪又出现了伊斯兰教的《古兰经》。

再看中国本土的著名宗教——道教。道教的经典数量也非常庞大，不亚于某些大藏经。但是它最根本的经典就是大家所熟知的《老子》和《庄子》。这里附带说一下，道家和道教有很大的区别，道教是硬把《老子》和《庄子》作为自己最早的经典。道教的来源非常复杂。它掺杂了 2500 多年前的阴阳家、杂家、名家等多种流派的思想，加上后来所形成的对神仙的崇拜，才形成了今天的道教。

所以著名宗教的经典历史都很悠久。和它们一样，儒家经典的源流也很悠长。

概说《十三经》

《十三经》（*The Thirteen Classic Works*）不是一时形成的。最早的时候是"五经"，它是《十三经》的核心。下页这幅图是北京国子监的十三经碑林。中国历史上有作为的王朝（比如汉唐宋清）几乎都要把儒家经典刻在石头上。为什么呢？因为这是标准的版本。古代的书有两种传播方式：传抄和印刷。这个过程中容易产生错误，比如错字。如何校正它们？靠石经。

《十三经》都是用古代汉语写的，绝大多数现代中国人读起来都比较困难，于是就有了白话文的翻译本。大约 20 年前，我联系了一些顶级的老专家编写了《文白对照十三经》（上下册），一共花了四年时间。这本书到现在仍然是最好的《十三经》的白话文翻译本。

五经

下面先说说十三经中最重要的五部书，即"五经"（The Five Classics of Confucianism）。

首先解释一下，在中国的语境中，什么是"经"？"经"字最初的意思跟织布有关。织布的时候，纵的线叫"经"，横的叫"纬"，一定是经线固定之后，再横着穿插纬线。在织布的过程中，纬线会根据需要随时剪断，而经线则可以无限延长。所以纬的特点是短、不固定，而经的特点则是恒常、固定。经有常的意思，所以会有"经常"这个词。因此当"经"用来表示某些书的时候，是说这些书是常存不衰的，是永恒的。西方的classics没有"常"这层意思，所以用"classics"与"经"（经典）对译会丧失很多信息，这是语言转化的问题。经纬的观念也影响了中国人的世界观和宇宙观，这里不展开。

在中国的学术史和思想史上，有关这五部经典的作者有很多的争论。在古代，中国人就习惯把这些重要的典籍都归到他所崇拜的最著名的圣者身上，后代学术发达了，通过考据证明不是这样，现在的结论是这"五经"不是一时一人写成的，而是多少代人慢慢积累而成，积累的内容都来自社会家庭的生活经验以及对人生宇宙的观察与思考。这一点与《圣经》、《奥义书》、《古兰经》相同。近代西方神学研究形成的共同的认识是《圣经》不是成于一时，《旧约》成书的时间远比《新约》漫长，即使《新约》也有多种版本，最后被整理成今天的《圣经》。这恐怕是所有民族的历史都走过的一条性质相近的路。

先简单介绍一下"五经"。

第一部书是《易》（*The Book of Changes*），通常也叫《周易》（*Zhou Yi*）。易有三种意思：简易（简单、容易）、变易（变化）、不易（恒常、不可替代）。讲《周易》的人通常根据这三个意思来分析《周易》的内容和特点。

第二部书是《书》（*Collection of Ancient Texts*），通常也叫《尚书》。"尚"和"上"在古汉语里通用，有至高无上的意思，当然也有其他的说法，这里不展开。

第三部书是《诗》（*The Book of Songs*），现在通称叫《诗经》（*Shi Jing*），加一个"经"字就不太好翻译，所以我主张把它翻译成 Shi Jing。

第四部书是《礼》（*The Ceremony*）。《十三经》里有三部书是关于礼的，但是"五经"中的《礼》（《礼经》）对应的只是《十三经》中的《仪礼》，不包括《周礼》和《礼记》。下面会详细讲。

第五部书是《春秋》（*The Spring and Autumn Annals*）。它的书名也没有办法翻译，直译就是春天和秋天。实际上它是一部史书。为什么用春天和秋天来表示历史？因为从天人合一的观念来讲，春秋两季与人的关系最为密切。春天万物复苏，草木发芽生长。经历了冬天的寒冷，人们开始享受到温暖的阳光，开始进行劳作；然后经过长时间的劳作，大自然进入秋季，收获种的作物，所以这两个季节最令人瞩目。当然也有的学者认为，在 4000 年前的中国人只有春秋两季的概念，而不是四季。目前这只是一种学说。春秋这个词在中国有丰富生动的内涵。春与秋代表了出生和死亡，所以春秋代表历史，也代表人的生命。比如我见到一个年轻的同学，我会羡慕地说他富于春秋，意思是说他很年轻，可以大有所为。

下面详谈这五部书。

《易》（《周易》）是古代的卜筮书。筮是一种草，古代拿它来占卜。卜则是在钻了小洞的龟的甲壳上或牛的肩胛骨上，把一种容易燃烧的草放在上面点燃，由于热胀冷缩，在龟甲或牛骨上就会爆出裂纹，占卜的巫就根据裂纹来判断未来的吉凶、事情可行不可行，甚至下雨不下雨等。"卜"字现在写成一竖一点，表现的就是爆出的裂纹。各个国家和民族，由于生活环境以及气候、地理、水利等的具体环境的不同，都会有不同形式的占卜，至今在很多国家还流行看星座、看水晶球等占卜形式。卜筮用今天的话说就是算卦，但是中国上古的这些占卜里面有很系统的哲学理念，这些理念认为事物都有阴阳两面，并且有浓厚的人文主义因素，从而把中国和其他民族区别开来。《周易》有两大特性，第一是占卜，第二是有哲学思想。所以从公元前 2 世纪的汉代到现在，研究《周易》的人分两派，一派研究如何用《周易》算卦，推断人的命运；另一派则是专讲其中的哲学道理。当然也可以二者兼有，有些《周易》的专家既能讲《周易》的哲学，也能给人算卦。下面这幅图就是著名的八卦图。我们不看中间的阴阳鱼，先看外围的八卦。这八个图像由一条直线和两个断裂的短线构造而成，这个是最早的二进位。现在我们用的电脑编码就是二进位，它由 0、1 组成。有人说，周易就是计算机的始祖，人类的思维有时候是可以重合的。按照数学上的排列组合，把八卦两两组合起来，就是有名的六十四卦。古人很聪明，在他们的设计中，每一卦最小的区别仅仅是卦与卦之间有没有一个断横。只要把两个短横变成一个直横就变成另外一个卦，他们在这种变化中进行占卜，占卜时又结合人文，于是形成了《周易》的哲学理念。

在分析人和事物方面，六十四卦比八卦细密得多。但是客观事物是千变万化、无穷无尽的，六十四如何能与无穷无尽相比！如果按照八卦变六十四卦的思路，可以三个卦重在一起，甚至四五个卦重在一起，这样可以排列出成千上万种卦象。可是中国不那样做，他们认为那样做就变得烦琐了，就用六十四卦概括主要的事物，其他事物都可以类推。这种理念又形象地体现在这幅图中间的阴阳鱼当中。白色的是阳，黑色的是阴，黑色当中有个白点，白色当中又有个黑点。它的寓意是什么？阴和阳共存在一个事物当中。比如手有手背、有手心，那么手背为阳，手心为阴。再比如人生病了，中医就会用阴阳来分析，把病症中的一种现象用阳来称，另一种称为阴，诊断的结果如果是阳盛阴虚，就采取相应的疗法让阴阳重新平衡，阴阳平衡了，身体就恢复正常了。所以阴阳有三大特点，第一个特点是阴阳之间是平等共存、彼此平衡的，它们共存在一个圆中，圆代表了整体；第二个特点是阴中有阳，阳中有阴，所以阴阳鱼里的黑鱼有白眼睛，白鱼有黑眼睛；第三个特点是阴阳是动态的，如果我们做一个阴阳鱼的盘子，顺着一个轴转的话，就会发现在运动当中阴阳不分了，就变成灰色的了。这就是中国的哲学。当然中国哲学博大精深，不是我这几句话所能概括的，但是这样一个图已经透露出了中国人的哲学思维。现在"阴阳"这个术语已经被国际学术界普遍接受，怎么翻译它们呢？不用翻译，就用汉语拼音 Yin 和 Yang。那么阴阳所体现的核心的东西到底是什么呢？不好说，因为它太抽象，无法用语言描述，人只能体会，但是总要有一个交流的术语啊，于是就起个名字叫"道"。"道"最初传到西方的时候，就被翻译成路（比如 the Way），不能算错，但明显不准确。近十年来在西方学者的著作中就开始用 Tao 代表，最近四五年干脆改为 Dao，因为这"道"实在不好界定、不好命名，就干脆不翻译。

这里附带说一下，儒家的一些经典比如《周易》、《春秋》、《诗》等都不是儒家自己创作的。《诗》是民间和庙堂的诗歌，《书》是古老的文诰。但据说它们都经过孔子的编辑整理。《周易》传说是周代的开国之君周文王写的，他把八卦变成六十四卦，但这只是由口传的历史，它不见得是某一个人的作品。如果我们综合考虑则可以看出来《周易》是在中国从畜牧采集社会转变到农耕社会那个时代开始形成的。那个时候的中国古人对于人与大自然的关系、人与人之间的关系，以及人自身等有了很多的观察和想法。这些认识被写到了《周易》里。那么《周易》如何成了儒家经典呢？公元前 3 世纪的《史记》里写到，孔子喜欢读《易》，以至于"韦编三绝"。什么意思呢？中国过去的书是写在竹片（竹简）或木片（木牍）上的，写完之后，把它们用皮条绑起来，就变成了书。孔子读《周易》，皮条竟然断了三次，说明他反复读了很多次。《论语》里有一句话："加我数年，五十以学易，可以无大过矣。"一般的解释是假如上天让我多活几年，我 50 岁以后学易，那么我做事情就没有大的过错了。另外一种解释是，上天在我原定寿命的基础上再加几年，比如 5 年或者 10 年，我用这些时间学《周易》，那么我做事情就没有大的过错了。说明《周易》在孔子心中的地位很高。孔子的弟子商瞿，跟孔子学习《易》学得最好，他把《周易》传下去，后来就形成了今天我们所看到的关于《周易》的解释，而我上文所说的哲理就在那些文字解释当中。

《书》（《尚书》）是古代的文诰。它里面大多是帝王或最重要的大臣对下级的训示，或者是大臣对帝王的告诫。这训示当中包含了治国的道理和人间的伦理以及如何处理人和天的关系等方面的内容，其中核心的东西有两条，第一条是要做好统治者就要"以德治国"；第二条是要"以人为本"。负责记录整理并代代传承这些文诰的人被称为"史"。因此汉语中"历史"这个词就与英语的 history 不一样了。所谓"历史"，"历"是经历；"史"字最初的形象就是一只手拿着一支笔（𦘒），意思是史官所记录的。两个字合起来就是时间的纵向发展。从古到今，中国都是一个重历史观的国家。历史观不仅仅是指怀念自己悠久的过去，更重要的是认为世界一切都在发展、变动之中，不可能停滞。这一点就深深地印在了中国人的心里。总而言之，"史"是一种官名，是一种职业，加上"历"，就成为了历史，对应的英语词是 history，但是 history 在构词上是和故事（story）连在一起的，所以这是两个有着不同文化背景的词，体现了不同的观念。

　　《诗》（《诗经》）是诗歌的总集。其中有民间百姓的诗歌，有文人的作品，有庙堂的颂歌（祭祀歌曲）。为什么会有民间的诗歌？古代中国有一个规矩，那就是王要定时地派人到民间去听取人民的歌谣，记录下来向王汇报。从民谣里能看到百姓的喜怒哀乐，反映出他们对于政权施政的看法。王会根据民意来改进自己的执政方法。古代的执政者很聪明，知道民歌最容易反映百姓内心的东西。如果那个时候有互联网，有微博、微信，我相信帝王也会亲自上网浏览微博、微信，看看百姓都有什么意见，有什么情绪。文人的作品就很高雅，但是生活气息就不如民间诗歌。庙堂颂歌则更加典雅，虽然它们不是大众化的，但是对后代的诗歌影响极大。今天我们看见的只有诗的歌词，其实当初每一首诗都配有特定的音乐，但是由于当时无法记录就逐渐丧失了——中国的音乐记录方法是在公元 8 到 9 世纪的唐朝发明的，所以现在还能保留唐代的一些歌曲。最有意思的是，在汉代以前（公元前 2 世纪之前），乐师们几乎都是盲人，这与乐谱没有留传下来有直接的关系。乐师们的师徒传授完全是凭自己敏锐的耳朵和悟性，不靠记录。制作乐器也是一样，比如编钟，按照金属铸造的操作规则，把钟铸出来了，但是刚铸造出来的钟不可能一敲就是准确的音。这就需要调音师来正音，中国古代高级调音师都是盲人，他们坐在钟的旁边敲一下，然后告诉工匠，钟的哪个部位应该锉掉一点，然后再敲别的音，在相应的部位再锉掉一点，直到调准为止。因为这些原因唐以前的音乐没有保存下来。与之类似的还有舞蹈，从文献中可以看到，诵诗的时候台上有乐队，台下还有舞蹈，现在舞蹈也失传了。因此我们读诗的时候需要展开想象的翅膀，想象古人的舞蹈可能是怎么跳的。

《礼》（《仪礼》）是一部残缺不全的书。它在公元前4世纪到公元前1世纪间被慢慢整理出来。这部书是关于古代礼仪的一些规定，规定得非常细腻，一细腻就变得烦琐，加上很多礼仪现在已经不用，所以读起来很吃力。

《礼》都有些什么内容呢？从今天社会学的角度来看，这部书是讲人一生的几个关节点的礼仪。

首先是出生礼。人出生是件大事情。一个新的生命来到这个世界上，要有一套礼仪。

其次是成人礼（冠礼）。这是《仪礼》中最重要的礼。刚出生的婴儿只是一个自然人，只有当他成年了，才成为一个社会人，成为社会人就意味着要对社会尽到自己的义务，要遵守社会的规范，因此各个民族都非常重视成人礼。《仪礼》把成人礼叫作冠礼，意思是戴帽子的礼仪。因为古人在没有成年的时候是披肩发，成年的时候则要束发，戴冠。这是男孩子的成人礼。贵族家的女孩子则用一根玉或者金把散发绾起来，这就是髻，女孩子成人就开始用髻。一般家庭没有钱，就用竹棍子或者一根草绾发，那种草既结实又坚韧，是什么草呢？就是荆棘，北方称荆条。所以中国男人在社交的时候，谈到自己的太太会谦虚地说"拙荆"。拙者，笨也，荆者就是荆条。"拙荆"的字面意思就是"笨老婆"。现在中国的汉族地区已经见不到这种成人礼了，但是在西部地区的少数民族依然保持着。例如，新疆的哈萨克族，他们的女孩子会梳很多小辫子，表示还没有结婚。而且基本上是几岁就有几根辫子，等到这些辫子拆开只梳两根辫子的时候就说明已经结婚了。另外像西南的苗族会通过衣服的颜色和配饰标志是否成年。总之每个民族都把成年看作是极大的事情。

再次是婚礼。结婚是人生的转折，因为它要承担种族和家庭的延续，并且从此个人的身份也发生转换——从儿子、女儿要转换为丈夫与妻子，不久还要转化为父亲与母亲，当中都有权利和义务的转换，所以要用婚礼作为标记。不管汉族的婚礼怎么演变，大体有几个要点，第一个要拜天地，拜天地的仪式虽然简单，但是深刻、生动、直观地体现了中国人的哲学：天才是自己真正的父，地是真正的母，也就是我是大自然的产物。对于生身父母应该敬，对于天和地一样要敬。这就是天人合一在这一方面的具体体现。第二个要拜高堂，也就是拜父母。因为双方父母赐予了我们身体，教导我们做好人、做好事。人之所以能够在社会上立足，和父母的教育有关。第三个是夫妻互拜，表示互相敬重。敬重是爱的一种特殊表示，相互喜欢是不够的，还要敬。所以在结婚的时候很隆重，就是为了给两个新人一种浓郁的传统文化的熏陶。亲戚朋友都在场，行完这些礼就要拜亲戚。拜就是承诺，承诺会尽到一个丈夫和妻子的责任，永远地和谐下去。

最后是关于死亡的礼。人生最后的节点就是死亡。各个民族对于生和死也极为重视。实际上所有的宗教信仰包括非宗教的儒学，都是围绕着生死展开的。生就带来一个问题，我从哪里来的？死则延伸出另一个问题，我将走向何方？不同的宗教对此有不同的解释。《仪礼》记载很多祭拜之礼和丧服的制度。这些礼不仅限于在先人故去的时候举行，也包括其他重要时段，比如在中国的传统节日清明节里，全中国人民包括台湾、香港、澳门的人都要给死去的先人扫墓、祭拜。举行这些礼仪的时候，要穿丧服，虽然古今的丧服不同，但大体仍旧差不多，那就是要穿粗布制成的非常简陋的衣服。在颜色上，汉族一般是穿白色的，这与有些民族和国家丧礼的服装用黑色或红、黑是不一样的，但在一律穿素色这一点上又是一样的。白色意味着没有。另外，在拜祭的仪式当中，什么人应该站在什么地方、用什么样的礼仪拜，以及穿着什么样的丧服、腰上系什么样的带子、丧服需要穿多久，都会有不同的规定，用来区别拜祭的人和被拜祭的人之间的血缘、社会两种关系的高低远近。丧礼上的音乐也有这种功能，演奏什么样的音乐，表示来了哪一类的人。为什么要做这样区分？这并不是现在有些年轻人所误解的那样，认为是不平等，而是因为人处在一个复杂的社会关系中，有多种身份。某个场合实行对他的身份最合适的礼仪才是对人真正的尊重，如果礼仪搞错了把高的变低了，或者低的变高了，反而是对他人的不尊重。礼仪一定要是最适合的，所以《仪礼》中才有这些具体的规定。

以上是关于人生的几个节点的礼仪。对于平时人与人的交往，儒家也有规定。用哲学的话说，主体（任何一个人）从来不可能是完全自主的主体。因为人组成社会，一个人从一出生就具有自己的身份，这个身份表明他与其他人的关系。初生的婴儿对爸爸妈妈来说就是儿子或者女儿，对于祖父母来说就是孙子或者孙女，等稍微长大一点进入幼儿园，就是老师或者阿姨照看的对象，如果到了小学就是学生，走在路上就是行人，坐在车上就是乘客，在学校很可能是班长，或者是其他什么样的学生等等，总之有多种的身份。这多种身份是在与不同的人打交道中形成的。所以无论对于什么人，交往礼都很重要，而且要分类，一般人相见行什么礼，一般人相处的时候有什么原则，诸侯之间往来的礼以及诸侯或者大臣朝拜王的时候行什么礼，等等，这些书上都有规定。有些在今天来看相当烦琐。

我们看两幅图。第一幅是佛教徒的相见礼。信徒见到了师父，身体弯曲度一定要超过师父，师父则可以不弯腰，合十就可以了。在中国古代，历来有一个规矩，一般人见皇帝要跪拜，但是和尚是可以不跪拜的，因为根据佛法，和尚是所有人（包括皇帝或王）的老师。第二幅图是清朝末年的照片。朋友在街上相见，地位相同，因此是平行行礼。

不同民族在日常生活中有不同的相见礼。例如：非洲的一些部落里，两个人如果关系好，相见时要行贴面礼；新西兰的毛利人，见面礼是互相碰鼻子；澳大利亚的一些土著则是吐舌头。这各种各样的礼仪都是表示自己的诚心诚意。

最后补充一点，古代中国的社会是家国同构的社会，每个家族都是几百人、上千人聚集在一起，所以家族就相当于小社会，在家族里所实行的礼仪就是社会的礼仪。与外族人交往同样可以讲辈分，比如我和对方的父亲年龄或资历等相仿，相当于兄弟关系，因此对方的孩子就应该是我的下一辈，家族礼仪就这样自然地在全社会扩展开了。

《春秋》这部书本来是周王朝的一个诸侯国（鲁国）的史官所记载的各大诸侯国之间的大事记。春秋时期，诸侯混战，当时的礼大部分丧失，但是在鲁国保持得很完整。因为鲁国最早的受封者有一个很特殊的身份，他当过周王朝的摄政王，被后代称为"周公"，据说《礼》就是他制定的。周公的身份特殊，功劳又特别大，所以就封他作诸侯王，并把宫廷最好的舞者、歌者送给他的鲁国，所以礼在鲁国保存得最完整。鲁国这本大事记，记载了从公元前 772 年到公元前 481 年之间的事，记载得非常简略，比如某年某月鲁国的君主与某诸侯国的君主会盟于某地。就这样简单的一句话，至于会见时讨论些什么，都没有写，不过《春秋》的遣词用字非常讲求技巧。比如对某件事情赞成不赞成，是表扬还是谴责，都在用字中体现了。但是它的记录太简略，人们读的时候不好懂，于是就出现了很多解释这部书的书，其中最著名的有三部，合称"春秋三传"，它们都被收到《十三经》里。其中的《春秋公羊传》和《春秋穀梁传》专门探讨《春秋》用字的褒贬，它们根据一点史实来说明为什么用这个词；另一部《春秋左氏传》（《左传》）偏重于讲当时的现场情况，记述了很多事情的细节。《左传》相传是一位姓左或者姓左丘的人根据《春秋》所写的，但是这个人的生平争论很大，到现在也没有结论。

其余八经与《四书》

以上是"五经"，那么《十三经》的其他八经是怎么来的呢？它们是后世官方教育和学术系统，用朝廷（官方）的名义陆续地加进去的。这八部书在没有进入《十三经》之前一般称为"记"或者"传"。在汉代，"传"和"记"的地位是低于"经"的，后来这些书的地位慢慢上升，进入到"经"的行列。汉代后期（公元前后）《论语》和《孝经》开始成为经典，在这八部书里率先取得了"经"的地位。过了几百年，在七世纪上半叶，《周礼》、《礼记》、《公羊传》、《穀梁传》、《尔雅》也被算作了"经"。

下面介绍一下这八部经。

《周礼》（*Zhou Li*）是后人根据周代的官制加上自己理想的成分所设计的一个官位系统图，包括不同官的职责等。它的最后一部分失传了，后来有人用大约公元前 5 到前 4 世纪有关做车子、做玉等的工艺的一些记录合成了一本书叫《考工记》，把它加到《周礼》里，让它重新完整，其实不是原装了，这好比是桌子少了一条腿，就找了根颜色不一样的木头补上去。但是《考工记》很有价值，考古出土的各种器皿、机械，很多都要根据它来研究，中国古代的很多技术也是从这里开始发展的。

《礼记》（*The Rites*）这里不展开，因为它的内容很复杂，下面会重点介绍《礼记》中的几篇重要文章。

《公羊传》（*Gongyang Zhuan*）、《穀梁传》（*Guliang Zhuan*）在时间上稍后于《左传》（*Zuo Zhuan*），它们都是解释《春秋》的。

《尔雅》（*Er Ya*）是解释五经的辞典，因为距元典的年代久远了，就有训诂学家对这些经书中的词进行解释，把这些解释汇集起来就成为《尔雅》。因此在中国古代文献解释学里，《尔雅》是一部非常有用的书。

最后到了宋代，《孟子》被补到经里去，于是就成了《十三经》。宋代的儒家认为孟子是孔子最重要的传人，所以现在会把孔子和孟子合称"孔孟"。因此我把《论语》和《孟子》合起来讲。

《论语》（*The Analects of Confucius*）是孔子的弟子和再传的弟子对孔子的言论、行为的记录。它在形式上是笔记式的，总共 12300 多字。严格地说《论语》并没有系统地记录和表达孔子的伦理观、哲学观和他的行为准则。读《论语》时我们会感觉到，孔夫子想挽救整个世界，然而孔夫子的高明在于他知道自己不能挽救世界，但是仍然把它当成自己的理想与信仰，他把他的全部知识和对天、对人的理解教授给学生。当时的人们评论孔夫子，说他是一个知道做不到，但是还要做的人。我认为这个评价比其他任何评价都高。《论语》这部书最重要的是体现了孔子的伦理观念，尽管它还不能表达中国人的全部伦理内涵。

我是这样理解儒家的伦理的。儒家首先意识到任何一个人从出生那天起就不是一个完全独立的自主体。单这一点就与有些国家的哲学产生了分歧，特别是西方哲学在近代一直强调，每个人都是自主的主体。儒家从一开始就否定了这种观点，认为任何个人都不可能是真正的独立的自主体。为什么呢？人一出生就进到了家庭和社会以及人和自然的极其复杂的关系网络当中，并且从出生那天起，一个人的身份就不断地增加。儒家看透了这一点，就指明了一个人在这样一个复杂的关系网络当中，应该怎样做好每一个节点，如何恰当地应对各种关系，在其中找到最适合自己成长、最适合家庭和睦、最适合社会和谐的原则和方法。贯穿《论语》的就是这个内容。中国的老师在传授知识的时候，或者中国古代学者在写论文的时候，并不是直接进行逻辑上的思辨与推理，常常是用明喻、暗喻和隐喻的方法，来阐明一些深刻的哲理。

那么《论语》的核心是什么？我认为就是四个字：仁、德、礼、乐。

仁。至今，中国的学者、各国的汉学家给"仁"字下了很多的定义，但是大家觉得没有一个定义完全把握了"仁"。复杂的事情固然可以进行最简单的处理，比如说"仁"即爱人，也就是爱他人，这是最简单易懂的一种界定。但是简单化之后就丢掉了很多的血肉。"仁"跟基督教、文艺复兴以后西方形成的博爱是不同的。"仁"与"博爱"的理念是同样伟大的，都强调对一切的爱，可是具体的内容有很大不同，下面会涉及这个问题。

德。个人的品德、国家的品德、民族的品德都包含其中。

礼。近代以来，特别是在 20 世纪二三十年代，中国人对于儒家的"礼"有一种误解，认为它是毁灭人性、消灭个性的，这种理解太简单了。经过最近几十年的研究，中外学者一致认为所谓"礼"后来对人性的摧残，是对"礼"曲解后出现的事情，不是孔子等原始儒家的原意。原始儒家设计的"礼"是一个底线的要求，在这之上每个人都有充分发挥和创造的天地，但个人再创造，也不能踩底线，所以"礼"与消灭个性无关。冷静地回顾一下中国历史，如果"礼"真的扼杀个性，那就不会有汉朝的强大，不会有唐朝的辉煌，宋代时中国的科技也不会居于世界最领先的地位。这些都是靠个性的创造，都是在"礼"的底线之上的发展。

乐。孔子是一位艺术家，他对弹古琴等都非常在行，对音乐的鉴赏能力非常高，他也把这些能力传授给学生。一个民族最底层的文化体现在三方面，即伦理、信仰、艺术。在孔子的时代，中国的绘画与雕塑还不发达。它们的发达要感谢后来佛教的传入，是佛教把融合了希腊艺术的次大陆文化和中亚文化带到了中国，丰富了这些艺术形式的表现手法。

其中，仁和德是心里的；而礼和乐是外在的，是用来保护、促进、发展仁和德的外在手段。

《孟子》（*The Mencius*）这本书记录了孟子的言行。它多少有点仿照《论语》而写成。两本书的一个不同点是，孔子生前没有见到过《论语》，而《孟子》则是作者本人和弟子合写的。孔子说自己"述而不作"，"作"在古代是创造的意思，也就是说孔子只阐述古代的文化传统，而不会抛开传统去专门写自己的观点，但其实孔子是把他的创造蕴藏在他的"述"里面了，也就是通过阐述传统表达自己的观点。

《孟子》的主旨则是继承和弘扬孔子的学说。但是在学说上还是跟

《论语》有些不同。孔子的包容性最大，什么都可以接纳，而两百年之后的孟子，由于所处的时代的缘故，他的责任是在弘扬儒家的同时，把论争的对手也打下去，因此包容性不如孔子，其实他所反对的流派对中国文化一样有贡献。孔子只是就社会、家庭和个人的层面来谈道德修养等。孟子则比孔子又进一步，已经从伦理和具体的世相层面进入形而上的思辨了。中国人的思辨是逐步形成的，第一个飞跃就是孟子。他思辨什么呢？思辨人的心、性、气。这个"心"当然不是单纯的生物学上的 heart，而是精神、灵魂。他又把孔夫子只提到过一次的"性"进行了研究。他是著名的人性善的倡导者。人性善的思想由孔子萌芽，再由孟子确定下来，后来被中国人普遍接受。那么心、性是怎么形成的？又如何保持、如何弘扬？孟子认为一切依靠于"气"。气存在于天地之间，也存在于人的精神里——一个堂堂正正的人心中有一个气。所以这气既是形而上的，也是形而下的。孟子没有把"气"说清楚，后人为此争论了两千年，实际上埋下了心、性、气钻研的广大空间。这三个概念的提出非常重要，尤其启发宋代学者，他们沿着这条路建构了中国的哲学体系。心、性在《论语》里少有记载。孔子的学生说，我们都经常能听到先生在其他方面的训导，唯独性、天命，却很少能听到。孔子通常拒绝谈这些方面，到孟子则正式面对它们，因此把中国的学术思想推进了一大步，深化了中国人对宇宙和人生自体的认识。

《礼记》是解释礼乐制度的书。既然有《仪礼》了，为什么还要有《礼记》呢？这有几个原因。

首先，有些篇章是关于日常生活的细微礼节的。举几个例子，比如中国古代的贵族人人可以佩刀剑，有点像现在美国人人可以佩枪一样。佩带刀剑最初目的是防身，后来形成一种礼仪。如果要把我的刀递给对方，应该是把刀把面对对方，这是起码的礼仪，否则，把刀尖对着对方不仅是一种危险，也意味着把对方当成敌人。再比如进入别人家的房子，古代的房子坐北朝南，分前堂后室两大部分，堂是室前的一个平台，平台上东西两面有墙，再往前是两个台阶——东阶和西阶。到人家里要先登堂才能入室，登堂的时候要高声地发出声音来，比如说："请问×××在家吗？我是×××。"或者大声咳嗽一声，诸如此类，其实就相当于现在的敲门或按门铃。否则猛然地进入别人家，会让人感到这是"不速之客"。"速"是迎接的意思，"不速之客"就是不被迎接的人，换言之就可能是不受欢迎的人——比如小偷。而且不通报就登堂入室，也有可能侵犯主人的隐私。这有很多方面的考虑，所以"欲上堂，声必扬"，让屋内的主人有准备。听到客人的声音后，主人就应该赶快出来迎接，那又是一种礼仪。把客人迎上堂后，登堂之前必须脱鞋——现在朝鲜、日本进房间要脱鞋的习俗就是中国古礼的遗留。因此当另外的客人看到室外有两双鞋在，就不要随意进去，又是隐私的问题。这些都是对生活习俗的总结。

其次，《礼记》中的几篇超越了礼仪本体，提出的一些思想理念，对后世影响非常大。比如《学记》、《乐记》、《儒行》、《礼运》、《大学》和《中庸》，下面一个一个地讲。

《学记》（*The Subject of Education*）是关于教与学的理论、程序、方法和教师的职责等的。它等于是一部压缩的《古代教育学》，或者《教育学概论》。

《乐记》（*The Records of Music*）记载了儒家的音乐理论。尽管当时的乐谱都丧失了，乐曲也没留下来，最初儒家经典还有一部《乐经》也丧失了，但是公元前 3 世纪之前的一些音乐理论在《乐记》里留下来了。有人说《乐记》就是《乐经》的一部分。这种观点有一定道理，因为《乐记》有很系统的音乐理论，包括音乐对人生、对社会的作用，论述也很全面。有些内容在今天看仍然有先进性。

《儒行》（*The Practices of Confucian Scholar*）是关于儒家的个体行为规范的。

《礼运》（*Li Yun*）是关于儒家的社会理想的。其中有两个词是大家所熟悉的："小康"和"大同"。它们代表了两种不同的理想社会，小康不如大同，大同是中国人想象中的最后的世界。公元前的儒家所想象的小康社会和大同世界是什么样子，在《礼运》里有具体描述，甚至可以说这就是公元前的、朦胧的、粗糙的社会主义理论。为什么当中央定下基本小康和全面小康社会的战略时，中华大地 13 亿多人一下子全都认同，而且不要解释，大家都明白，根源就是这篇公元前的《礼运》。

《大学》（*The Great Learning*）。把《大学》翻译成 The Great Learning 不是很准确，但也只能如此。大学是针对小学而言，小学的内容包括识字、算术和应该有的礼仪，大学则是学习高深的学问，除了更高级别的技能知识之外，更重要的是道德的修养，因此跟今天大学的职能不一样，现在的大学（高等教育）是在培养打工仔，以培养知识技能为主，道德伦理的修养只能放到业余时间去做，这是受到西方教育制度冲击的结果。中国古代的大学首先要注重人的品德，因为每一个受大学熏养的人都应该是表率。《大学》最集中的内容是儒家以德治国的政治理论，也就是强调执政者和为政者要时刻关注自己的道德修养，并由己身的修养推广到家庭、社会、天下。这种政治理论的根基是道德修养，所以它不仅仅是治国理论，也是治家、治天下的理论；不仅仅是个人的修养，也是家庭的品格、社会的素质，乃至全天下的规范都应该遵循的理念和价值。这里还要插入一点，我不久前去了珠海，那里有一段邓小平同志 1992 年的南方谈话——这段话没有发表在他的文集里。他说，中国有 5000 万残疾人，占总人口的 5%，要解决这个问题，照顾他们，不能完全用西方的方法，西方自己也没有完全解决好，我们要社会关怀，要重视家庭，由家庭来负担一部分。这段话体现了东方（特别是中国）特有的思想，也就是《大学》里提出的"修身、齐家、治国、平天下"的思想。可见它一直影响到中国人的心里。

这里还要特别强调一点，在《大学》和下面的《中庸》里面，都提出了"慎独"的概念。它的意思是，一个人在独处的时候，最容易放纵，所以尤其应注意此时的思想、行为、举止不要越轨，应该遵守礼仪和道德。"慎"在现代汉语里有慎重的意思，但是"慎独"的"慎"更主要是"敬"的意思，就是说人在独处的时候，也要对天地、对他人、对自己信奉的学说抱着一种崇敬的心理。这仍然是对人心灵的要求。

《中庸》（*Zhong Yong*）是关于儒家的人生哲学的。学者一般认为"中庸"强调的是为人行道不取极端，（"中庸"从字面也可以这样解释）一切以敬和诚为出发点。儒家对于真诚的定义就是设身处地地想，把别人的事情和自己的事情一样对待。《论语》里的"己所不欲，勿施于人"、"己欲立而立人，己欲达而达人"两句话就是对"诚"字的注解。《中庸》把人生不取极端的道理，把对敬和诚的认识提高到形而上学的层面，进行了理性逻辑的论述。过去中国人曾经对中庸有过批判，误认为中庸就是当老好人，做什么事情都模棱两可，和稀泥。其实中庸不是这个意思。中庸认为如果走极端就会是非此即彼、非友即敌的境地，这样世界就永远不得安宁，应该化敌为友，在我和你之间取得协调，在此和彼之间搭建桥梁。这才是中庸。其中"中"的概念最重要。任何事物的极端（通常是两个）都是最小的。例如一个磁棒的正极和负极，那里的磁性最大，所占的空间也最小；地球的两极也是如此，它的南极、北极的面积最小，更大的面积是亚寒带、温带、亚热带、热带——那里是万物生长的地方。再比如两国间的战争，通常情况下，主张打仗的人是绝对少数，提议放下武器投降的也是少数，多数人的想法是在打与投降之间犹豫的。也就是说，在面对矛盾或冲突时，能够在极端的选择之间找到中和点，这一点中国人发现了，它的主要形式就是对话，通过对话沟通思想慢慢消弭矛盾。当然对话并不是放弃一切反抗，真是协调不成，到最后了也要自卫。但是只要有条件，就选择"中"。

总之，《大学》、《中庸》把儒家的伦理和对人生、世界、宇宙及其关系的认识，提高到了形而上学的境界。它们后来不但成为中国传统文化（特别是宋明的哲学）的重要文献，也成为世界汉学界的关注点。

宋代大学者朱熹把《论语》、《孟子》、《大学》、《中庸》合成了《四书》。《四书》从元代末年起，成为朝廷考试的标准读本，一下子扩大了它的影响，这是好的一面；坏的一面则是只要某个学说的经典变成考试的官方课本，并且不可变动，那么学术就停滞了，所以这是双刃剑。

中国的儒学发展到宋代的时候，已经不是纯正的孔孟学说，而是吸收了道家和佛家的理论精华，因此它才把中国的形而上学推到一个新的高度，这个高度是当时世界哲学的最高峰，远远超越了此前的奥古斯丁。这也是为什么现在国际学术界，尤其是欧美学者，很关注宋明理学的缘故。

儒家的终极问题

"五经"和《四书》合在一起就是儒家最重要的经典。如何让其他国家的人理解这些经典，目前有很大麻烦，首先就是翻译的问题。2010年孔子学院的香山会议，邀请很多国家的学者，一起商量如何把"五经"翻译成英文、法文等语言。大家热情很高，但是后来都知难而退了。举个简单的例子就能说明缘由。比如翻译"善"，过去西方通行的翻译是goodness，但是仔细思考就会察觉到，儒家所说的善，和佛家所说的善就不完全一样，和西方的goodness又不完全一样，一个根本的区别就在于西方的善是以上帝的全善全能为标准。儒家所说的善是在日常生活中发自本心的意识行为和表现，结果无法找到合适的翻译。我有一个观点，那就是只有当彼此之间对对方的核心理念和思想感情的词都能明白了，才算是真正文化的交流和文化的相容；在此之前，是否可以采用过渡的办法，比如仁就写成 Ren，道写成 Dao，"五经"不妨就是 Five Jing。

还有一个过去有争议的问题。黑格尔在《小逻辑》的序言里说过一个观点：中国只有伦理学而没有哲学，并且中国的伦理学又不是高度发达的伦理学。于是引发了关于中国哲学合法性的讨论。近来各国的学者认识到这是个伪命题。既然世界文化是多元的，那么哲学应该是不同民族、不同地区各有特色、各有不同的体系。中国的哲学体系在"五经"与孔子那里萌芽，由孟子提升，再经历数代的学术的积累，最后宋明吸收了佛教与道教的精神（比如佛教的思辨），逐渐形成并完善了自己的哲学体系。而西方哲学是基督教神学与希腊哲学结合的产物，后来经过莱布尼茨、黑格尔、康德等人的深化，形成自己的体系，如果用西方的标准来衡量，不但中国，其他文化中也没有这种西方式的哲学。因为中国不是一神论，也不是二元对立分析法，而是有自己的哲学理念。如果立足于中国的哲学，以它为绝对标准（普适标准），我们同样可以说西方没有哲学。两种观点显然都不对。

先秦"五经"中的哲学思想经过上千年的发展，在与佛教、道教的融合、相互吸取之后，到宋代提高到形而上学的高度，我认为这个是历史的必然。任何一个民族对宇宙、对人生的体会要想上升到一定的高度，就需要提高到形而上的层次。古人也早领会到了。公元前 2 世纪的大史学家司马迁就曾说"究天人之际"，意思是要把宇宙和人之间的关系探出个最终结果来。"究"是探究到最后的意思。"天"是自然，它并不是人格神，而是 nature，它和人类之间到底什么关系，恐怕不能完全是一个静态的描写，而是一个动态的发展和研究。人类不完全是被动的，是有主动性的，但又不是主宰一切的，这种种的复杂问题应该弄清楚。司马迁也知道，凭着他解答不了这些问题。对它们的探究是永无止境的。因为对大自然的认识，对人自身的认识总是会不断前进。学者应该一代一代地去探究它们。今天世界学术的走势并没有超出司马迁的预言，中西方的哲学家从古至今始终在探究。

司马迁随后还说了第二句话："通古今之变"。为什么要通古今的变化？司马迁看出，自远古最原始的状态，到几千年后形成汉代的帝国，期间经过了多少的变化！要从这些变化中找出一种必然性及某种共同的规律，把今天与古代连接起来，这就是"通"。它包含要了解为什么古代社会和人会有那样的变化，今天又有这样的变化，两个变化之间是什么关系。它们归根到底是宇宙与人类之间的关系，是从古到今演变的动力、轨迹和规律——这些是最高级的学问，也是最终极的一些问题。

"究天人之际、通古今之变"有显著的中国特色，甚至可以说儒家全部的书就是要解决这两个问题。中国人的时间观念在4000年前就树立了，因此那个时候开始有了历史观。近代海德格尔把时间作为一个哲学对象进行研究，而这个问题中国古人早就探究了几千年。从《春秋》到《清史稿》，四五千年以来中国的历史记载从未间断，而且越来越精确详细。比如从3000年前以下可以知道每一个王在世的时候发生过的大事，从2700年前以下可以知道每一年发生的重大事件；从公元前1世纪开始，每一个月发生的重大事件都有记录，而公元六七世纪以来，每一天发生的事情都有记载。从形而上的角度讲，这是对时间的重视所形成的历史观。这种观念现在也没有变，比如习近平主席最近发表的言论里就充满了历史感、时间感。

中国有一个特有名词叫"修史"。这里的"修"就是记录、编制、修改、完善（历史）。正因为这样的传统，所以到了公元前11世纪，中国人就在继承前人的基础上，总结出了社会生活、治理国家的最重要的几个观念：第一是"以人为本"，而不是以神为本；第二是执政者要道德高尚；第三点是要用礼和乐（音乐）来引导、约束所有的人。其中前两点在《尚书》中有明显的体现。几个世纪后，本着对高尚的道德的追求和对人的尊重，伟大的孔子把这种理念进行总结升华形成了理论系统，而且身体力行地做出表率。他通过一生的努力，把中华文化集中在处理四个关系上，即：1）人和人的关系，包括个人和群体的关系、群体和群体之间的关系等人际关系；2）人和自然的关系；3）人自身的灵与肉的关系，也就是物质的身体与精神灵魂的关系；4）现在与未来的关系。通过总结这四个关系，他把中华文化从五千年前到两千多年前这两千多年的精华集中了，于是中华文化定型了，从那以后的两千五百年间，人们在有意无意之中，在懂得他的根本理念与不懂得他的根本理念之中遵循着他的教导，形成文化认同。这是两千五百年来，尽管有外族的入侵，但是中国仍然能够维持着自己的文化传统，并最终一统、没有分裂的根本原因。汉朝的一位学者说，有些事情"百姓日用而不知"（每天在用而不了解），用今天的话说，就是孔夫子所定型的文化已经成为现在全中国人民的基因。

破除神秘感

《十三经》是关于中国人的伦理信仰与艺术审美的经典，与其他著名宗教信仰的经典有着同样悠久的历史，所以也与世界上各种信仰所遵奉的经典有着相似的性质，这些相似的性质包括三点。由于过去中外交流曾经有过断绝，所以中国文化不被世界上各国人更多地了解，常常被冠以"神秘的中国文化"的称呼。简要谈这三点相似的性质就是要破除对中国文化的神秘感。

第一个相似点：儒家经典形成的过程长，传承的时间久。《十三经》的形成时间大约是从公元前12世纪到前4世纪，用了800年上下的时间。形成之后就一直传承到今天。算起来，《十三经》中最早的那些文献已经有3300年的历史。

第二个相似点：儒家经典的内容是百科全书式的。就是说它里面包含了中华民族的历史、文学、制度、礼俗、语言、哲学等方方面面的内容。儒家经典至今还在影响着中国人的生活，跟它的这种性质有关。

第三个相似点：中国人对儒家经典的诠释两千多年来始终未曾中断。曾有博士生问我，对儒家经典的诠释这么多，我们到底信谁的？我的建议是，所有研究中华文化的人首先应该读元典，即"五经"加《论语》、《孟子》，以及《礼记》的几篇，把它们读完了再去看汉唐宋明的诠释。我们要尊重每一个时代对这些经典的解释，世界上没有一个人敢说自己的解释绝对正确，要承认每一代的解释都是创造，都是把学术和思想推向前进。但是不要把它们都混起来，比如将宋代儒家的思想等同于孔子的思想。现代西方有一个词叫"新儒家"，用来指称宋代儒学。我不取这个词而用宋代儒家，或者是宋明儒学，因为说"新儒家"等于说儒家变了，其实没变。当然取舍也就涉及新汉学的问题了，我赞同"新汉学"的称呼。儒家学说两千多年来始终没有中断，它在后世的发展实际上是以孔子的思想学说作为基因，从幼芽长成了大树，这棵树的枝叶可能是朱熹或者王阳明等人的，但是基因都是孔子的，这样来看待儒学，很多误解都能消除。因此，什么裹小脚啦，丈夫去世之后女子不能改嫁啦，稍微一看就发现都不是孔夫子的，而是后代加上去的——大树还长虫子呢，长虫子怎么办？把虫子去掉就是了，所以应该还原孔子。朱熹等人了不起的地方在于他们不是复述，而是有创造。他们的创造有时代的特色。如同《圣经》、《古兰经》一样，儒家要适应现代的社会，就必须重新阐释，新的阐释会加深我们的认识。

很多外国朋友反映中国的文化神秘，儒家经典也神秘，其实如果认识到这三个相似点，那就不会有神秘的感觉。基督教的经典对多数中国人来说也是神秘的，印度的婆罗门教对印度之外的世界大多数人而言也很神秘，伊斯兰教世界对《古兰经》的解释浩如烟海，对非穆斯林来说也很神秘。所以说，不了解的事物在没了解之前都是神秘的，但只要我们抓住它的核心，找到一个切入点慢慢了解，就会破除神秘感。

近三十年来，中国学习儒家经典的人重新多起来。从老人到幼儿，从学者到企业家，大家都想从古人那里汲取精华，走好自己当下的路，思考未来如何实现和谐与和平。各国朋友如果在中国住一段时间就会发现，在各个城市出现了无数学习儒家经典的课堂、补习班。这是因为中国人在经济发展的过程中，发现物质水平不断提高，可是与此同时，逆向进行的是人内心的伦理、道德、责任、义务却在慢慢丢失。其实全世界都面临这一问题。整个人类都在遭受经济全球化和现代传输媒体的发达以及市场经济利润挂帅所带来的偏重工具理性、迷信技术知识等的折磨。不同的文化都应该回顾到自己信仰的元典去，用元典对照今天。比如今天的市场经济、国与国的关系是不是耶稣基督的理想，中国人现在的社会情况是不是孔夫子的理想。我们都要来反思，然后坐到一起对话，促进相互的了解，只有这样才能和平。我们不能蒙着眼睛，忘记了先圣先哲的教导，低着头走路，结果走到悬崖跌下去了都还不知道怎么回事。

这三十年来，中国大地上由民间开始的这种对历史的回归、怀念与重温，不是偶然的现象，它证明了原始儒家对人们的深刻影响。如果我们把握了中国伦理和哲学的基本要点，可以透过表象看到底层，发现原来是这些底层在起作用。否则只看到器物和表象，看不到实质，结果仍然是不了解自己的民族，外国朋友也仍然不了解中华民族。反刍自己历史上的优秀成果，吸取世界一切民族的成果，建设中国现在的文化，才会有中华文化的复兴，我自认为以上这三句话一句都不能少。首先是要反刍，就像牛一样，早晨出去吃了很多草，但并没有消化，回来后卧在圈里再慢慢咀嚼。这期间一定要吸收世界上一切民族的成果，当然吸收的对象首先是欧美的文化，可是也不能排除印度的文化、非洲的文化、南太平洋的文化。反刍后，里面的营养会注入我们的肌体，这就是建设，建设现在的文化。这样才是文化复兴的全面含义。这话是有针对性的，有人误认为把孔孟宣传起来就是中国文化复兴，甚至把它比附于西方的文艺复兴。这是对文艺复兴的误解，文艺复兴有两个来源，一是欧洲的学者发现了阿拉伯文的希腊、罗马的经典，把它们反译回拉丁文，从中得到了启发。二是几乎同时，到中国的欧洲传教士把《论语》和《老子》也翻译成拉丁文，使得欧洲的学者从中发现了东方的智慧——尤其是人本主义。基督教的精神、罗马的哲学加上东方的智慧，才有了文艺复兴的人文主义。可见文艺复兴同样是欧洲反刍自己的文化，并且吸收了世界其他民族的文化。中国文化的复兴也应该如此，不能够把自己的理念建立在对西方文艺复兴的误解或片面理解的基础上。从这个意义上来说就是回到孔子、孟子，回顾过去，放眼宇宙，思考未来，用广阔的胸怀对待自己民族和其他民族的事物。

最后再给大家看一幅拓片：少林寺的《三教九流图》（左图）。这图上的画也是一个圆的构造，与八卦图的圆一样。中国人对圆特别有感情，因为圆象征"中庸"。圆周上的每个点距离中心都一样，都是平等的。只有圆没有死角，沿着圆的路线走路，会没有阻碍地走一圈，如果是走四方形，还要拐弯。在圆上拐每个弯都是在不知不觉中就转了，无须生硬。所以中国人对圆特别感兴趣。比如对月亮就喜欢八月十五的圆月，那天中国人还要吃月饼。又比如元宵是圆的，寓意是祝福大家圆满，中国人祝贺会议成功时也用"圆满"。连送给台湾的熊猫还叫"团团""圆圆"。再仔细看这幅图里的人，正面看是佛，左面看是孔子，右面看是老子，也就是说儒、佛、道三者在一个圆体当中化为一个人，所以叫《三教九流图》。"三教"就是儒、佛、道，"九流"泛指所有学说。这图所要表达的思想就是：百家一理，万法一门。无论何种学说，何种信仰，甚至万事万物，起源是一个，解决的办法说到底也就是一个，尽管我们可以把它细化成很多。这就是中国人的理念。

我故乡的一位剪纸艺术家曾在红纸上用刀刻了一幅剪纸，叫《华夏一家人，同为圆梦人》。它里面刻画了56组人，每组两个人，一男一女，

56 代表中国 56 个民族。每个民族的一男一女都是不同姿势的舞蹈或者其
他动作，那些都是该民族文化特有的形式。这幅作品的寓意是 56 个民族
都在中华民族的大家庭的氛围下，弘扬各自的民族文化。为什么要这样
做？因为共圆中国梦。从古到今，中国一直在努力实现小康和大同的理
想，现在在实现理想的路途上，各个民族各自发挥自己的特色，共同构成
一个圆满的家庭。"四海之内皆兄弟也。"我也希望那位艺术家将来再刻
一个世界的圆梦图，让全世界成为一个大家庭，大家彼此成为兄弟姐妹。

雅思贝斯提出了著名的"轴心时代"理论，我们至今仍然围绕着
2500 年前那个轴心时代的思想在转。现在人类文明处在一个不知何去何
从的十字路口上，未来会不会再出现一个新的轴心时代，这是一个世界性
的猜想。我们今天吸取世界上一切民族的成果，来建设中国现在的文化，
实现中华文化的复兴。可以预料的是，复兴后的中华文化必须是重道德
的、克制自身无穷欲望的、讲诚信的、有爱的文化。这种文化才会是有益
于世界的、避免冲突和战争的文化。与浩瀚的宇宙比起来，人是微小而可
怜的，不管是大自然造就了我们，还是上帝造就了我们，其本意都是让人
类和睦相处。中国要向世界介绍自己的文化，同时又努力汲取各国文化，
其目的也在于此。

互动环节

问：我认为《十三经》里的《易经》不是儒家的，里面很多内容是
儒家以前的。类似的情况还有不少。所以儒家的思想受到别家的影响很
大。为什么一定要把它们都算成儒家的东西？另外，中国历史上的很多王
朝并不崇尚儒家，比如李斯当政的时候就是以法家为指导思想的。所以我
认为中国的文化远比儒家多，想听听您的意见。

许嘉璐：您的问题是儒学史或者是中国思想史上的一个大问题。我在
讲演中说，《周易》的部分内容可以推到华夏族从游牧过渡到农耕的时
候。近代经过考证，《周易》的部分篇章也是孔子的弟子和再传弟子撰写
的。这都说明《周易》所体现的古老传统被孔子吸收了。任何宗教都要
找最古老的东西作为标榜，比如今天的道教徒穿的八卦衣，其实是后来的
东西。方东美先生的《哲学十八讲》和1972 年到1973 年初在一些大学的
讲演中对您提的问题有比较清楚的论述，他的一些观点我很赞同，比如方

先生认为《论语》的道德伦理加上《周易》的形而上才构成儒学的体系。我在讲演中也用了一个与方东美先生一样的词，就是"原始儒家"。与方先生不同的是我不把荀子算在原始儒家里面。至于法家，它包含有儒家的元素，毕竟法家的思想体系主要源自荀子。战国时候百家争鸣，当时孔子之学不过是显学之一，而不是一学独尊。李斯确实辅佐秦始皇用法家治理国家，但是因为只讲法而不讲德，秦朝迅速垮台。后代吸取了教训，总结出了中国人的理念，即当一个国家只靠法律约束的时候，这个国家实质上已经分裂了，因为内部凝聚不起来，国家凝聚力的基础应该是德，辅助手段才是法律的管理，所以汉以后的儒家也不断吸收法家的东西，最典型的就是王安石。中国的学术是互相吸收的，情况非常复杂。这里只能简单说一点。总之，您提的问题正是我们今天国内外汉学家应该再着重理清、深入探讨的问题。谢谢！

问：现在海外汉学的研究生能够看到的《十三经》只有原文或者原文的翻译，他们不会使用历代的注释，这个是很大的缺陷。请问您的《文白对照十三经》是只翻译了原文，还是包括各代的注释？

许：我们在编著《文白对照十三经》的时候，考虑到成本、读者的接受能力和社会普及度等方面因素，没有翻译其中的注释。当时的定位是，这种书只是入门书，读者能从中知道《十三经》的大概意思就可以了。要解决您提出的问题，现在主要的补偿办法是孔子学院推出的新汉学计划。新汉学计划中就包括对历代注释研读能力的培养，因为那是更高的层次。

问：您对当代国学研究以及国学研究的发展有什么评述？

许：中国的国学曾经因"文化大革命"的浩劫而中断，损失了一代人的学术。可喜的是从 20 世纪 80 年代以后，在各方面的努力下，现在中国大陆已经涌现出了一批 50 岁上下的非常优秀的学者，研究队伍的规模和投入的经费也超过了以往的时代。举一个例子来说，我现在是山东大学儒学高等研究院的院长，去年我们研究院的经费是 1500 万元人民币。今年，由于金融危机的影响，研究经费可能略减，但估计也可以达到 1200 万元。

有关儒学、道学等的研讨会也在两岸四地层出不穷地举办。还有大陆每年派往国外学习的中青年学者数量也是空前的。国际间的交流也很热烈。我们一方面在国内大力复兴国学，一方面又积极走出去，同时又请进来，致力于推动中国传统文化的研究和发展。

问：我来自日本大阪产业大学，专业是现代汉语语法。在对外汉语教学中，我深深感到现代汉语语法、语言理论远远滞后于国际的需求，我们始终没有把汉语真正本质的东西或者深邃、精彩之处展示在世人面前。我想这一方面是汉语本身研究不够，同时也是由于一些主流的研究把西方的概念，作为一种普世的概念来解释汉语。新汉学计划是否也会涉及这方面的研究？

许：您提出了很现实、很尖锐的问题。我是新汉学计划制定人之一，我们制定计划时主要考虑的是希望各国有志青年研究中国的过去、今天和未来，包括政治、经济、军事、教育等等，在工具（也就是汉语）的研究方面考虑不多。

但是这个问题至关重要，为什么？我曾说过一句可能有点偏颇的话——我一般说话不太偏颇，马建忠的《马氏文通》（1898）摧毁了中国传统的语言文字学。它引导全国的学人要建立一个纯语言学，但是到了20世纪的八九十年代，学者心里其实很明白，我们已经走到死胡同的最后一步了，因为研究的成果无助于人们学习汉语，无助于汉语的改善，无助于汉语的应用，例如计算机领域的中文处理根本用不到那些语言学理论。现实生活对中国的语言学提出棘手的问题，就是汉语的规律到底是什么，你们语言学家能不能研究出来？

这个挑战主要来自两方面。一个是母语非汉语的少数民族同胞和外国朋友如何掌握比较纯正的汉语表达能力。另一个就是面对计算机如何进行中文信息处理，计算机连三岁小孩都不如，它什么都不懂，没有任何语言背景，这后一个问题难度尤其大。我认为中国语言学的核心问题不是grammar，而是意义研究得不够，同时内部阻力又很大。

例如有这么一本很好的书，它把最常用的五百个汉字的来源，这些汉字又派生了哪些词，都用通俗的语言和形象的配图作清楚的说明，读者抓到一个字就能联想到一大批相关的字词，很方便学习。这本书已经向各位外方院长推荐了。但类似的优秀成果还太少。

再举例子，中国人过年贴"福"字。何为"福"？福，祥也。为什么"福"是吉祥的"祥"呢？"福"和"富"有共同的来源，两个字有共同的组成部分"畐"。"畐"在甲骨文中是一个器皿的形象，什么样的器皿？装粮食的器皿。在生活资料紧缺的农耕时代，粮食或其他的食物是生活最重要的东西。因此《说文解字》中说"富"是"备"的意思。"备"就是完备，也就是说，什么都有了就是富了。而且不是说什么东西越多就是富，比如单有一百万美元，这还不算，而是除了开销之外家庭收入还会有结余，并且有房子可住、有完整健康的家庭成员，家庭又很和睦，这才是富！至于"福"，就是祈求达到这种"富"。而且还可以扩展出很多内容。比如两个字的偏旁，"福"字左边的"示"，是个祭坛；"富"字上面的宝盖"宀"（读 mián），是一所房子的形象，房子里有粮食代表家里该有的东西都齐全了，所以就是富。这些都可以编成故事给学汉语的孩子们讲。中国人现在缺乏的就是如何更好地讲述中国的事情，好让外国朋友听得懂，并且爱听，听了之后还能记住。我很希望汉办能在这方面有大的投入，也希望外方的院长和外方的教师多多提出建议，当然汉语研究方面也要下工夫。

问：我来自德国弗莱堡大学，专业是研究传统的印度佛教和早期中国佛教的历史，重点是印度佛教在中国流传的过程。我想问您两个问题。第一个问题，您刚才说儒家的善与佛教的善不同，我想听听您的意见。第二个问题，把四书五经翻译成其他语言确实很难，现在的情况是知难而退，但我们非常希望本着孔子"知其不可而为之"的精神，在翻译上尽量多进行一些尝试，因为我觉得至少德国的汉学界在这方面还是有能力的。

许：我先回答您的第二个问题。我们当时请来的都是世界各国汉学界的顶尖人物，大家讨论了几次，发现了很多难以解决的问题。

最主要的就是每一个术语（或者说关键词）背后都有很深、很广的学术问题。例如孟子提出的"气"。何为"气"？它是物质还是非物质的？还有他提出的"性"，这个"性"是关于人的本质的，但怎么概括它？又比如"仁"，孔夫子从来没有给"仁"下过定义，《礼记》中的"仁者爱人"是其他儒家的界定，不是孔夫子说的，这个界定过于简单。假如"仁"就是爱人，那么孔老先生为什么自己不说？却留给二三百年后的人说？又比如"义者，宜也"。根据这种解释，"义"就是最合适的。但是如果把文献里用例一排列，相互比较一下就发现不完全是这样。再比如"诚"，宋代哲学家对它的阐述比较多，但未必就代表孔子的理解。这个关键词本身不是翻译的问题，是研究的问题。孔子学院发展到今天，急需要各国的学者对于中国的问题做深入的研究。我觉得这个时代到来了。

关于第一个问题，我的观点是，善本身很难阐释。因为一个"善"

字贯穿了整个儒学，一个"善"字也覆盖了佛教的小乘大乘。我们读《奥义书》，读到《吠陀》，里面也谈到善，可是它所说的善和后来印度教说的也有所不同，佛经所说的善又和婆罗门教、印度教不一样，佛教传到了中国又成了中国化的大乘佛教，所以中国高僧说的善又不同，这有一个演化的过程。儒家的善定型早，也相对简单，比如可以说仁就是一个善，但是即使这样也得研究得更清楚一些才好。

我就你的这个问题延伸一下，作为本次演讲的结束。这次演讲的题目是"认识一下儒家经典"，没有想到和大家的互动会探讨得这么深入，现在我觉得有一个重要的问题需要我们认清，那就是深入研究是必要的，但是浅出更是当前所急需的。这里的矛盾在于不深入就难以浅出，然而即使不深入的浅出也总比没有的好。我常会举这样一个例子，小说《三国演义》并不是历史，很多都是通过虚构创造添上去的，但是千千万万的中国人从小看《三国演义》的故事，听《三国演义》的评书，看《三国演义》的戏剧，于是就有历史知识被灌输进去，对人的褒贬好恶的价值观也形成了。

前几天我去台湾，那里一位信奉道教的企业家朋友出巨资把山西运城关帝庙两米高的关公塑像请到台湾去了，结果每天去朝拜的信众人山人海。如果只读《三国志》不会有人这么崇拜关羽，是因为《三国演义》才会这样。还有几位台湾朋友崇信梁山泊108位好汉，每次举行活动时都要上香朝拜他们，那些好汉中的很多人是杜撰的。这些都是民间信仰，可也并不见得是低级。

也就是说，浅出的东西可能很简单，讲十句话可能只有八句话是差不多对的，另有两句话可能就是错的，但这没有关系，关键是能够把东西介绍给人家。就像我们去欧洲旅行，回来后向家人讲欧洲的见闻，比如大英博物馆、法国卢浮宫，我们能保证说得完全吻合吗？假如卢浮宫本来有十个大优点，自己回来讲的时候可能只说出来六个，其中一个可能还说错了。比方说卢浮宫前面的玻璃金字塔是贝聿铭设计的，结果自己说成是张聿铭。可是没关系，因为家人获得了对卢浮宫的一般了解，这才是关键。所以学者的任务是深入地研究，而普及工作者则需要能够浅出地教给大家。

（根据录音整理）

突出核心 "叶落归根"[※]

一

现在就着"儒学的理论与应用"问题进行思考、研讨并付诸行动，不但适得其时，而且已经十分紧迫①。因为中华民族和全世界，都已经走到一个十字路口：如果依然按照人类已经习惯的方向走下去，人类必然急速地加重危机，走向毁灭；我们必须寻找相对于现实而言的另一条道路。这条道路或许就是近几十年许多中外学者所一再指出的东方的道路，中华民族的道路，儒学的道路。

十年之中，世界爆发了两次金融危机，至今尚未完全摆脱；环境恶化、贫富差距扩大、社会分裂、伦理混乱等显然不适合人类生存的现象，越来越严重。经济危机的背后实际上是文化的危机，价值的危机，心灵的危机。从长远或根本上看，心病还需由心治，文化的问题要用文化来解决。

我在第二届世界佛教论坛上曾经讲，当今世界的种种问题，寻其根源，不外乎人心之贪嗔痴。而中华文化，儒家的"克己复礼"，正是最好的解药。这和道家的"清心寡欲"、佛家的"无执无我"，出发点有异，

※ 2013年10月28日在台北"孔德成先生逝世五周年纪念会暨儒学的理论与应用国际学术研讨会"上的主旨讲演。

① 愚以为，言"儒学"之"应用"，未必恰当。"儒学"既为支撑中华民族精神之主干，即不可以为"工具"，否则亦将陷于"工具理性"之窠臼，仍当以"弘扬"、"传播"等语表述之。然主人已定此为题，遂不得不于文首言及之。

宗旨则一，都是希望人们内求诸己，淡于物欲，推己及人。近两年的事实越发坚定了我的想法。

儒家思想之所以可以挽回世界和中华民族的颓势，使人类走上永续发展之途，首先是中华民族的兴衰史证明了它的有效性。

儒学是中华民族生生不息的思想和伦理的源泉，历经两千五百多年，一直支撑着民族的发展壮大，战胜艰难险阻，维系民族的团结。中华民族的历史和文化之绵延五千年而未断，成为人类历史上仅有的奇特现象，就是最有力的证明。

儒学，在其自身两千多年传承过程中，屡受挑战，而在应对过程中，它包容他者，学习他者，丰富完善自身，从而不但没有消沉、泯灭，反而越来越精致而深刻，越来越博大而多彩，成为中华文化的主干。它与佛、道以及各个少数民族文化共同构成伟大的中华文化，直至今日依然生机勃勃，仍然是中华民族继续创造辉煌的巨大资源和动力。究其原因，是因为儒学的主张，最适合人类在华夏这块土地上生存、发展。应该说，其他的一些学说和主张，中华民族的祖先前前后后都试验过了，无论是把最高权威归于神灵，以来世为归宿，还是一切以自我为中心，以排他为当然，都没能获得历代社会的普遍认可。回顾世界往昔，一些没有形成系统伦理与哲学的族群，在还没有见到茫茫黑暗中的曙光时，文化即已中断；或者在吸收了外部的哲学和神学之后形成了与中华民族所丢弃的学说类似的信仰和理念，并逐渐系统化、精密化，这些"晚熟"的文化的二元对立思维和方法，非此即彼、非友即敌、唯我独尊、身心分离，演化成今日的危机接踵，战乱不断。正因为中华文化相比之下有如此显著的优势，所以在近多半个世纪中，西方学者从汤恩比到郝大维，从牟复礼到狄百瑞，都重新提出了或者可以说是深化了笛卡尔、莱布尼茨等思想家的评价，认为西方和整个世界需要中华文化。因此可以说，儒学本来就不应该仅仅属于中华民族，而是具有无可争议的世界意义。

突出核心「叶落归根」

二

儒学，已经沉淀在中华儿女的血液里，成为一般不会被察觉的文化基因。我们的行为举止、历史上的璀璨和不足，以及曾经遇到过的高峰与低谷、顺利与挫折，几乎无不与儒学的内在有关。但是儒学博大精深，如何汲取其精髓，使之永续地存活于亿万人心之中，是历史和生活提到今日中华学人面前的现实课题，也是世界儒学乃至更广阔领域中学者的共同责任。

说到汲取精华，则对于何为精华，今之分析与论断是否会因当今时代与儒学发生和成长的环境不同而使现代人与历代哲人的结论截然不同？甚至可以进一步简约化这一质疑，即农耕时代的思想学说，在工业化、后工业化时代是否还有其巨大价值？这是存在于许多人，特别是年轻一代人心中的问题。对此，学者们不能不给予认真的回答。

其实，儒学恰恰因为是在农耕时代孕育、成长、定型的，是对此前无数年代经验的总结和升华，所以才具有跨越时空的生命力。因为在人类进化史中，在这一时代，人类之间、人类与自然之间的关系最为紧密而亲切；人对自身、对他人，以及对自然的感知、体验和观察，最为细致而深刻；对过去、现在、未来的思考最为长久、现实而深入。这是游牧时代、工业化时代不可与其比肩的，更不是人与人日益疏离的所谓信息时代所能仿效的。在农耕时代所形成的种种关系、获得的体验和所做的思考基础上形成的思想理论和方法，自然更为符合人类之所需、所盼，符合大自然的规律。

具有博大系统的儒学，论其精华，恐怕还是孟子所归纳的四端：仁、义、礼、智，而四者的核心则是"仁"；作为其外在形式则是"礼"与"乐"。"礼"、"乐"既是"仁"的外现，又是对社会成员的引导和约束。其实，扩大来看，在中华民族历史上所有起过较大作用的各种学说，例如墨家、名家、兵家、农家、法家、阴阳家，无不是农耕时代的产物，同样地，直到今天还有其主要的价值。因为一切科学探索最终都是要寻觅真理、价值，了解"存在"的奥妙，而这些学说莫不是走在探索路上的同路人，儒学不过因其更为符合个人和社会生活，而且具有最大的包容胸怀，吸收了同行者的优点而能够走到终点罢了。

学界内外至今还在提出种种质疑，往往是着眼于儒学是在被历代帝王援以为皇权合理的证明，作为强化巩固威权的工具而注入的添加剂。同时因帝王时代对儒学的不准确理解而在民间出现了一些实际有悖于儒学本意的现象。当然也有由于西学观念已长久深入生活、学术、技术方方面面所促发的种种自然反应。

不应小觑了这种质疑，它将扭曲儒学的本质，扰乱人的去取，给以一己为中心、以物"欲"为价值目标的文化以理论的借口,开辟流行的通道。

<h1 style="text-align:center">三</h1>

孔夫子及其后学,包括当代的中外学者对"仁"做了无数的解说,给出了许多界定,这是学理的需要。如果只求直白地表达,"仁"的实质就是爱,是依据家庭与社会的天然情感("性")而形成的具有等差的爱。这是区别于墨子的"兼爱"和西方的"博爱"的一种同样可以覆盖所有人,甚至连及宇宙万物的爱。"仁者人也,亲亲为大"、"亲亲之杀,尊贤之等,礼所生也"、"亲亲,尊尊,长长"、"亲亲而仁民,仁民而爱物",都是围绕着这种民族特有的爱而展开的。亲也,尊也,长也,都是"爱"亦即"仁"在不同对象身上的具体体现,不同的名称不过是分殊后的"假名"。

突出孔子"仁"的理念是极为必要的。这不仅是因为当下太需要仁者之心了,而且因为儒家所提出的其他种种伦理和形上观念,莫不是围绕着"仁"而生成,而展开的。如前所述,孟子所说之义、礼、智,莫不以仁为基础,为发动、衍生的根源;宋明两朝的哲人高明地提出或强调了"理"、"性"、"心"和"气"的概念,以为形上的本体,犹如佛、道两家的"真如"和"道"或"太一",但"仁"始终处于儒学关怀人世层面的中心和基础的位置。

现在,我们身处把彼此防范、猜疑、攻讦、伤害视为平常的时代,尤其需要回顾孔夫子关于"仁"的教诲,重温历代贤哲对"仁"的精辟诠释和发明,作为探索民族和人类未来的立足根基。在人们感叹人心不古、世风日下的当口,其实由于儒学自古点点滴滴渗入街坊村寨家庭,因而至今人心其实并未泯灭,只是被如佛家所说的"五蕴"遮蔽住了,陷入了"无明"。"礼失而求诸野",今天儒学家的职责就是唤醒掩埋在广大民间心底的爱的本性,使之明其所以然,亦即提高到"理性"的高度,自觉的境界。回顾历史,其实孔孟、程朱一生所为,何尝不是在做"叫醒"的工作?他们在礼崩乐坏、世无义战和承接五代、面对外部强敌的时代,孜孜于述古,寓作于述,在诠释历史中创新,殷勤讲学,刻苦传人,岂不都是为了唤醒世人?

孔子用以教人救世之思想，后世形成为儒学，其特征是履践的。时至今日，需要我们不把儒学，特别是"仁"的理念仅仅作为自己研究的"对象"，当然尤不能只当作谋生求利的工具；儒学将成为我们的信仰，从而把下学而上达作为最重要的使命，讲求宋儒所提倡的"工夫"，从文献走出，进入到体验，身体力行，为人表率，使得文章可得而闻，甚至不可得而闻的"性与天道"，人们也可得而见，得而验。现实生活中正反两面的事例数不胜数，少一些淡漠而无济于事的叹息，多一些发自内心"敬"与"诚"的鞭辟入里的剖析，正是有待我们去履践的事业。

四

我们高兴地看到，海峡两岸都越来越重视儒学在社会传播和教育系统中的地位和作用，都在不断关注儒学在促进、维护和推进海峡两岸和谐关系中的伟大力量，以及在中华文化走向世界过程中的重要性；我相信，只要我们真诚地秉承孔夫子的为人准则，加强交流合作，联合各国学人，坚持不懈地研究与传播，古老而永远年轻的儒学在中华民族和世界的包容共赢中一定会发挥越来越大的作用。

就此，我认为有以下几点是应该加强的。

1. 重视"礼"、"乐"的教化作用。"礼，履也。""乐者，通伦理者也。"如果把中华文化中的"礼"的原旨混淆于或误认为历代王朝与民间存在过的束缚人的枷锁，据此而否定儒学价值，那真是儒学的悲哀。历代的"礼"主要的源头都是此前与当代民间礼仪之"俗"的归纳提升，本是适合调节人际关系的规范。生活之川永不停滞，"礼"也因时而异。当代固然不能再行古礼，时礼也不能由谁强行制定推行，但有意强调各行各业、家庭社会、不同场合应该各有一定的礼仪，还是极为必要的。

时至今日，竟又有把"乐"扭曲为单纯的娱乐工具的现象和舆论，淡化乃至消除了它的教化功能，这是应该引起高度注意的。音乐作为审美对象，有其陶冶性情、培养由审美而想象而创造的作用，但是，"礼以道其志，乐以和其声"、"礼、乐、刑、政，其极一也，所以同民心而出治道也"的道理并未失效，只不过应该顺应时代探索现在的人们欣赏水平和习惯的路子，并且善于运用信息时代的传媒而已。

2. 文化的力量主要存在于民间。原因很简单，文化原本是人们生活的方式，人人隶属于某种文化；传播的主力是民间，接受的主体也是民间，文化是人与人间的主要纽带。因此，礼、乐的兴盛也需吸引民间的广泛参与和喜爱。在这方面，非物质文化遗产，不管已经进入名录的还是没有进入的，都是巨大的潜在力量。

所谓民间，大体由学校、小区（含企业）和宗教囊括。学校，包括课外学校，可以给学生以较规范的、系统的传授；小区，往往各自的特色甚为显著，是人们在工作之余充分发挥才艺、抒发内心的地方；宗教，其礼、乐都被赋予了宗教教义，参与者常常怀着某种信仰而来，虔诚而笃定，效果或许更为明显。宋明之后的佛、道二教，已在教理和弘法中与儒家明显结合，在民间传播儒学，与宗教合作当有意想不到的效果。

3. 两岸联手共同振兴儒学。儒学是中华民族祖先留给全体儿女的遗产，近二十年来两岸在儒学研究和传播方面已经开展了多种形式和层次的交流合作，成绩喜人，所积累的经验十分丰富，现在是进一步加强深化的时候了。两岸合作密切，可以加强东亚在儒学领域的合作，以促进亚洲的和平。

我想到至少在以下几个方面可以促进两岸学者、业者和民众的合作：

1. 深化儒学研究的合作。超越相互访问、开会讨论、偶尔讲学的现状，逐步进行合作培养研究生、举办普及儒学的书院书塾或学堂之类机构、一起研究某些课题，等等。

2. 推进两岸教育合作协议的研讨、起草和签署，把儒学以及相关领域的事项纳入其中。我的一个理想是，有朝一日两岸学者合力举办一所儒学院或孔子大学，如果顺利的话，经过一段时间它应该成为世界儒学研究中心。我们这个时代似乎是不出大师的时代，但是儒学需要大师，需要新的历史阶段的张载、周敦颐、二程、朱熹、王阳明、王夫之。今人应该为未来的大家和大师提供远离浮躁、肤浅的环境和条件，使之能自主地潜心地读书、研究，为中华民族的未来提供在前哲基础上再次升华的思想滋养。

3. 促进孔子学院和台湾书院的合作。现在，孔子学院和孔子课堂已遍布五大洲，一百一十七个国家和地区；台湾书院也已开始在欧美开办，并且建立了数量可观的联络点。二者都是展示、介绍中华文化的极好的平台。我想如果二者合作，既连手又各有特色优长，可以更好地向世界提供伟大的中华文化。

4. 共同开展儒学研究的广泛国际合作。儒学既然是世界的，就可以预见在某一时候儒学将成为世界的显学，从现在起就应该为那一天预作准备。儒学是一个独立的系统，但是任何事物从不会完全孤立于世；从学理上说，研究一个系统必须参照别的系统，不仅从参照中更清晰地显见自身的特色和价值，还可以多一些与己不同的视角，发自身所未发，有助于深化。

5. 儒学要走向世界，有一个存在了几个世纪至今没有解决的问题，即在人文社会科学领域里的翻译需要深入研究。儒学经典进入欧洲已逾四百年，过去的误译、一直以来由于思维惯性和出于不得已以西方文化体系惯用语汇翻译（"虚伪的形态"），已经为儒学走出家门造成了困难。与此同时，儒学自身的一些关键性语汇的内涵也需进一步探讨。在这方面两岸各有优势，理应一起把这一课题放到国际学术界里去解决。

五

时代早已向中华民族发出了这样的呼唤：你该崛起了，你积累了千万年的杰出智慧应该展现于全体人类面前了。同时，这样的声音也越来越大：中国这只睡狮醒来后并不会让世界颤抖，而是让整个人类社会欣赏到从未欣赏过的美妙的狮舞。

中华儿女，尤其是学界中人，任重道远。曾子的话多么精彩："仁以为己任，不亦重乎？""仁"，在这里完全可以视为儒学最简的代名词。先哲已把孔夫子的"仁"形上化，并扩展到上达于天，而今天却还需要让它落回人间，此我之所谓"叶落归根"也。

过去的百年，儒学被弃如敝屣，不少国人也自惭形秽。世道沧桑，欧洲中心论渐渐式微，人类又陷入了迷茫。儒学终于开始为世界所尊重，甚至被认为是今日救世之明灯。这是孔夫子当年所想象不到的，但是"四海之内皆兄弟也"，似乎他已经预示或预感到了在其身后总有那么一天，他的主张，他的思想，他的伟大人格，会为四海五洋之人所知。生于今日之"君子儒"，能不奋起乎？

2013 年 10 月 4 日夜

于日读一卷书屋

汲取儒学精髓　突出"仁"的理念[※]

　　非常高兴时隔一个月又来到台北进行文化学术交流，而且参加的是意义非凡的就"儒学的理论与应用"进行研讨的会议，这使我更为兴奋。

　　儒学，是中华民族生生不息的思想和伦理的源泉，历经两千五百多年，一直支撑着民族战胜艰难险阻、发展壮大，维系着民族的团结，而其自身也在种种磨难中不断丰富、完善，因而越来越精致而深沉，以至今日依然生机勃勃，仍然是中华民族继续创造辉煌的巨大资源和动力。这种现象在世界文化史、思想史上是极其罕见的。从这个角度可以说，儒学不应该仅仅属于中华民族，而是具有无可争议的世界意义。

　　儒学，已经沉淀在两岸人民的血液里，成为了一般不会被察觉的文化基因。我们的行为举止，历史上的璀璨和不足、高峰与低谷、坎坷与挫折，几乎无不和儒学有着内在的关联。

　　现在，我们身处风云变幻、纷乱嘈杂、迷茫失据的时代，尤其需要回顾孔夫子的教诲，重温历代贤哲的精辟诠释和发明，以作为探索民族和人类未来的立足根基。儒学，犹如生长万物的原野，中华民族的子子孙孙则像吸吮大地营养的草木。离开了儒学，我们将魂归何处？路在何方？生存尚且无依，遑论繁衍、建设、发展？

　　儒学博大精深，如何汲取其精髓，使之永续地存活于亿万人心之中，是历史摆在中华学人面前的现实课题，也是世界儒学乃至更广阔领域中学

　　※　2013年10月28日在台北"孔德成先生逝世五周年纪念会暨儒学的理论与应用国际学术研讨会"开幕式上的致辞。标题为编者所加。

者的共同责任。由此之故，今天在这里举办国际学术研讨会之重要就不待详言了。

我个人以为，在从学理与应用角度思考儒学时，突出孔子"仁"的理念是极为必要的，无论是就经学而言，还是就理学来看，都是如此。这不仅是因为当下太需要仁者之心了，而且儒家所提出的其他种种伦理和形上观念，莫不是围绕着"仁"而生成、而展开的。虽说孟子提出四端之说，实际上，"仁"又是这四端的核心，"义"、"礼"、"智"，莫不以"仁"为基础，为发动的根源；宋明哲人高明地提出了"理"、"性"和"心"以为形上的本体，犹如佛、道两家的"真如"和"道"或"太一"，但"仁"始终处于人世层面的中心和基础的位置。我们高兴地看到，海峡两岸都越来越重视儒学在社会传播和教育系统中的地位和作用，都在不断关注儒学在促进、维护和推进海峡两岸和谐关系中的伟大力量，在中华文化走向世界过程中的重要性；我相信，只要我们真诚地加强交流合作，联合各国学人，坚持不懈地研究与传播，古老而永远年轻的儒学在中华民族和世界的共存共赢中一定会发挥越来越大的作用。

祝愿研讨会圆满成功。

当今世界需要儒释道融合理念[※]

我首先说一说这次论坛的缘起，或者说举办论坛的主客观原因。

会议的主题是"儒释道融合之因缘"。

第一个关键词是"融合"。这是对当今世界上流行的、统治着整个地球的思想——文明必然冲突，只有冲突才能解决问题——的一种回应。

第二个关键词是"因缘"。在对儒释道的研究中，大家有一个共识：儒释道在两千多年中相融相济，携手共进；"君子动口不动手"，在辩论中学习了对方，丰富了自己，于是把中国的儒学、佛学、道学都推进到了世界思想和哲学的顶峰。

当西方还沉浸在，或者说迷惑在中世纪黑暗当中的时候，宋代的学者已经为中国构建了完善的哲学体系，可以说那时候的中国哲学就是世界哲学的顶峰。后来，由于欧洲中心论的影响，一些伟大的哲学家论断中国没有哲学，于是人们一直流传着这种误解，而我们也曾经自卑过。这是欧洲中心论的产物。只有到了今天，中国的哲学才得到世界哲学界的承认。

可能大家已经看到媒体上的报道，2018 年，从未在中国举行过的世界哲学大会将在北京举行。文化的核心，或者最高境界，是哲学。因此，这是一个标志、一个转折，是中国的文化正式跨入世界领域、世界论坛的重要节点。

中国哲学被世界正式接受，一是由于我们国力的强大，二是由于近

※ 2013 年 11 月 9 日在北京"儒释道融合之因缘"研讨会开幕式上的讲话。标题为编者所加。

30 年来中国学术的发展提高、全国学人的努力。但是力促其事、力主其事，用尽了自己全部精力为之奔走呼吁的，就是今天在座的我的好友、北京大学高等人文研究院院长杜维明先生。我们感谢杜先生的努力，感谢他的一片赤子之心，感谢他从儒家的思想中汲取了成长的滋养，知行合一，始终奉行着儒家的理念。他的率真而行是我们的榜样。

我在"儒释道融合之因缘"这个总题目下有一些思考，现在提出来供大家参考：

第一，儒释道已经逐渐成为国际化的宗教和学说。这三种宗教和学说自身的理念，以及相互之间相融的经验，是当今充满冲突的世界所需要的。要让它们真正成为显学，还需要做两方面的工作：1. 提高；2. 普及。要想让一种学说成为显学，从而在广大民众当中普及，似乎不能够从基层做起，而应该拿自己的精义去说服、感染不同阶层的精英与执政者，让精深和通俗结合。基督教经过马丁·路德和加尔文的改革，由英国的清教徒的实践已经证明了这一点。而佛教、基督教传入中国的过程也说明了这个问题。基督教初期的失败、佛教传入中国时曾经有过的不成功，都证明了这一点。而到了南北朝，佛教之所以在中国迅速铺开，就是走了刚才所说的路线。因而，普及是必需的，而提高、深化也是不可少的，必须二者有机地结合。今天，在两岸四地的儒释道中，似乎普及占了主要的精力，而提高、培养一批大师反而被忽略。我们开展儒释道融合之因缘的研讨，就是希望能够激励和引导更多的学人对儒释道进行更为深入的研究。

第二，中国儒释道之间的融合是世界的奇迹。反观世界史，特别是号称"世界中心"的欧洲，自古以来，不同信仰之间、一种信仰的不同宗派之间，从来都是刀兵相见、血光滔天，直到今天这种趋势仍没有得到完全遏制，只不过已不限于欧洲范围，也不限于枪炮而已。因此，我们需要研究儒释道为什么能够相融共进，这种经验是极其宝贵的，也是今天的世界所亟需的。过去所有涉及儒释道关系的论著都提到了中国文化的包容性。但是如果论述只停留到此，其实与相融之因缘还有相当的距离。我们自然应该深化这方面的研究，这不仅是我们的需要，也是世界的需要。

第三，儒释道现在面临着共同的国际和国内形势的挑战。两千多年来在应对现实的挑战中，儒释道不断提升、不断突破自身。在应对中相融，这是极其重要的启示。只有在应对挑战中进行创新，儒释道才能够传承；而只有在不断的传承中才能给创新提供机遇，传承与创新从来就是硬币的两面。下面，我冒昧地就儒释道相融因缘今后的研究提出一点浅见：

（一）我们应该从不同的层面上进行思考。首先，借用西方哲学的术语说就是宇宙论的问题、本体论的问题。儒释道有一个共同点，也是相融因缘之一，这就是一元化的思考，一统的观念。正因为这样，所以对所谓的"终极关怀"我们都不是先验的，不是"预设"的，而是从实践中总结提升的。例如孔夫子把人生中最高的境界定义为圣人，要做到圣必须高而又高，他则"若圣与仁，则吾岂敢"，直到死还在努力地践行着，追求着。道教最高的境界就是真人。如果我们读道教经典会知道，道家对真人的要求也和儒家对圣人的要求相近。而佛教，人们所共知，它的最高境界就是佛。佛教应该"十信"、"十住"，攀登"十谛"，只有到"十谛"才可以成佛陀。人的道德、思想的提高是有阶段性的。从某种意义上说，是我们一生当中永远达不到的终点，但是这并不妨碍人们对真理、对最高境界的追求，这就引导着人们永不停顿。在走向终极关怀的路上，儒释道都主张内求，儒家的反求诸己，佛教的见性成佛，道家的修真身、抱朴守一，都是这个道理。在思想方法上，或者叫方法论上，我们是辩证的，讲周流变化、无始无终，讲中庸、中观、守中。在伦理层面，我们主张和合，讲"己所不欲，勿施于人"，讲慈悲，讲善，都是一个意思。因而我们应该从世俗面、伦理面、方法面，以及形上面，多方面进行研究。应该采用多种工具、多种视角进行研究。这实际上是三家一体携手探究真理，而这个真理不是绝对的，它是随着人类意识、思想水平的提高不断前进的。它不是西方所说的"超越者"，它从现实中来，还要回到现实中去，我们的超越，是超越了个人眼见的现实现状，当然它也不是"先验"的，而是提高了的"经验"的。

（二）应该从历史过程中寻觅相融之因缘，也就是要从三家两千多年来不断丰富完善的过程中去研究，从相互的争辩中去研究，从宋以来三家相融的理论和实践当中去研究，从当代的理论与实践的发展趋向中进行研究。实际上这两千多年来，相生相克的过程就是"和而不同"理念的实践、丰富过程，就是相融之因缘充分展现的过程。

（三）从国际的思想和宗教的演变中借鉴。例如，从19世纪开始，犹太教就在探索和基督教之间的相互融合问题，因此，在犹太教内部先后出现了几个改革的派别，提出了多种改革的学说，促进了犹太教对当代社会的适应。再如婆罗门教及后来的印度教，先后有不少大师已经在设想与佛教之间的沟通。又如100年前所产生的巴哈伊教，它的教义就是世界所有宗教的融合。巴哈伊教只有100年，但是已经遍布世界各地，教徒不断增加。其中的原因值得借鉴。之所以要在历史的过程中寻觅，要从国际的形势中去借鉴，就是因为儒释道三家都秉承着从现实出发，讲主观体验，认真思考和扎实履践。我相信，沿着这条路走，假以时日，我们在相融之因缘的课题上一定能够取得前所未有的成果，促进三家共同发展，给世界以重要的参考。

从人文性、积极性到神圣性：儒释道相融之因缘[※]

　　我想从这次会议的主题——"儒释道融合的因缘"——讲起。最初我设想不用"融合"，而用"相融"。为什么？因为"融"是你中有我，我中有你；如果融而合，多元就化而为一了。相融，则各方都仍然保持自己的特色。就现象界来说，不同宗教和信仰相融的情况在中国随处可见。不管是城市还是农村，一个人常常有多种信仰。比如有人既尊崇仁义礼智，又拜城隍、土地，还到寺庙里上香，而且都很虔诚。就一家来说，常常三代人各有各的信仰，但是却又其乐融融。在一个地区，同一座山上存在着多种宗教。在西北和西南地区，有众多的少数民族杂居，有的信仰萨满，有的信仰伊斯兰，有的信仰万物有灵，也有的信仰佛教、道教。全国当然更是如此，这是大家都了解的。在各教的学说中，也体现了彼此的相融。有的常常被指责为阳道阴儒、阳佛阴儒、阳儒阴佛，等等。其实这种界定、评论所揭示的就是三家学理的相融、信仰的相融。这就是"和而不同"。这一理念不仅仅体现在学者的思考上，更重要的是在中华民族繁衍过程中人们一直在履践着。履践的结果就是相互促进。所以今后这一论坛再举办时，到底叫作"融合之因缘"呢，还是叫"相融之因缘"？我考虑到了在与世界其他文明对话时，如果提出一神教（包括犹太教、基督教、天主教、东正教、伊斯兰教）要跟中华民族的文化融合，恐怕遭到

　　※　2013年11月9日在"儒释道融合之因缘"研讨会闭幕式上的讲话。标题为编者所加。

的拒斥要大于给我们的鼓掌。如果说相融，大家都能够接受。请大家也考虑考虑这个问题。

下面我想综合大家的分析，提出一个想法来向大家请教，这就是在三教当中都包含着三性，这三性就构成了我们相融的可能性。第一是人文性，即三教在哲学上所说的存在、价值或意义中都是充满着人文性的。儒释道都是以人或人文为出发点，都是为了人，而且在各自的教理、学说体系中，都是以人或人文为核心，因而最后都以人和人文为其归宿：始点和终点是一个。三家学说都是在追求人心、人性，当然不是原始状态的人心和人性，而是通过不同路径、用各有特色的方法，使人心、人性从一般走向崇高。因此，自古以来三家都特别重视人与禽兽之分。孟子说得最简单，"人之所以异于禽兽者几希"。人兽之别在哪里？就在人有心（灵性）、有自性。这就和一神教的以神为本鲜明地区分开来。

对于以神为本的宗教，我们姑且不详细地分析由它而形成的对宇宙万事万物分析的二元对立论：现象与本质的对立、存在与价值的对立、宇宙与人类的对立，用中国的话说就是天道和人道的对立。观照一下现代社会，世界是分裂的、社会是断散的。作为社会中的个体，身心是分离的。这种思维是当今种种社会现象不能如人意的一个根本原因。我们应该注意到一神教自身所遇到的危机，这就是从尼采宣布"上帝已经死了"时起，经过后来一系列西方哲学家，直至19世纪末20世纪中叶，现实迫使犹太教、基督教、天主教不得不对《圣经》重新进行审视、修订和改革。例如布道的时候已很少再提《创世记》和《出埃及记》等篇章，因为科学已经证明《旧约》上所说的世界的开始、人类的诞生都是不可能的。从爱因斯坦开始，很多著名自然科学家，最终还是皈依了基督教。但是，无论是这些科学家，还是有的大主教，都一再声称我心目中的God不是一个人格神，而是冥冥中把世界秩序、把人身安排成如此精细的系统的一种力量。但是说到力量，通常用的又是power这个词，而power就有权力的含义。即使这样，也有越来越多的人不再信教。前些年欧洲的一次民调显示，欧洲的几个主要国家，虔诚的，仍然按照时间进教堂参加做礼拜、做弥撒、领圣餐等活动的，只占人口的16%，而且以中老年人为主。西班牙《国家报》网站今年3月29日报道，德国近年关闭了340座基督新教教堂，预计未来20年可能要关闭上千座，天主教则预计未来10年将关闭700座。两教去教堂的人数每年各减少12万人以上。换句话说，现在欧洲大量的人失去了信仰。在他们心中，"The God is dead"。在无所皈依的情况下，有些领域和有些人就要回归兽性。今天我们所看到的有些流行文化的形态，依我看其实就带有兽性。

中国文化不是如此，中国的文化以儒释道为主干。我们以人为本，人永远生生不息，永远向往着崇高，于是总有人类生命的巨大推动力；我们不是只关心个人，三家同时都是要普度众生的，不过用的语言不一样。换句话说，我们关心的是整个人类。

正是因为我们有非常宝贵的三家相融的历史经验，因而养成了民族的包容心。包容中就包含着一种平等心。佛陀教导众生平等，度己度人，人人皆有佛性。儒家也是，人皆可为舜尧。到王阳明说满街都可以是圣人，给他递茶的小童，合规合矩，王阳明说他就是圣人。道家也是这样。这就是在道德的领域和路径中，在从凡人走向贤圣的路途上，所有人都是平等的。

我们再回过头看一神教，就不是这样的。我们有原罪，怎么办？救赎。救赎之后，当世界末日弥赛亚降临的时候，要进行大审判，不是所有人都能进天堂，有一批人要下地狱，而且永远不得翻身。这就需要牺牲一部分人来造就另一部分人的升天。但回到上帝身边也成不了上帝，永远都是上帝的创造物。我想这样对比一下，就可以显现我们文化的可贵、深沉。

"救赎"涉及"终极关怀"问题。我们也有终极关怀，但是，是中国特色的终极关怀。

第二是积极性，或曰乐天性。我没有想到更好的词，姑且如此。什么意思呢？

首先，我们没有原罪，因而没有负罪感，没有背上有罪的包袱去进行救赎。即使没有他律，很多高尚的人仍然走在康庄的、向上的大道上。但是社会是复杂的，因此，也需要他律。三家都主张人性善，就是刚才所说的，人人都有佛心、人人可为舜尧、人人可以得道。不要小看这个，要知道在座的年轻朋友、中年人、老年人都有这个体会，当你的儿孙开始牙牙学语、蹒跚学步、懂得一点话的时候，总是鼓励他做好事，希望他好好学习天天向上。我们有时是身在宝山不识宝啊！这方面的的确确是不一样的。

其次，我们是乐观的。佛教讲人身难得，慈悲喜舍；儒家讲生生不息。不要小看《周易》上这四个字，不是生不息，是生而又生而又生而又生，因而不息。这就是民族的乐观。千百年来人们讲颜子的乐处是得道，是怎么个乐啊？譬如饮水，冷暖自知。不管怎么样，他是不改其乐啊。我们认为，自己追求的那个最高尚的东西，并不是虚无缥缈的、远不可及的，因为佛在心中，道在心中，我欲仁斯仁至矣。关键是起步，也就是最初选择了什么路。

另外，三家都是自觉地深入到艺术领域，即用艺术来表达自己的理念和追求，用艺术去陶冶自己和他人，普度他人。而三家的艺术也是相融的。大家都知道西域艺术传来的历史。异域艺术和中土结合，创造了那么精美的敦煌石窟，之后传到长安，再传到中土的广大地区，催动了中国艺术的进一步发展。酷爱艺术，正是乐天、积极的反映。

我们难以设想，如果当年中国不是三家并行而相融，会不会有王维？会不会有李白？会不会有怀素？会不会有《富春山居图》的黄公望？这些都是大家所熟悉的。最近的例子《富春山居图》就是两岸的合璧。当我们在看《富春山居图》的时候，看出的是道呢，是佛呢，还是儒呢？不可分啊，这就像是刚才李四龙先生举的喝汤的例子。我们只知道汤真鲜，咸淡合适，又不腻人，其实多种调料已经融汇其中了。在中华文化里，儒释道已经融合在里头，而且是用艺术的形式来展现的。正是因为这种积极的、永远向上的特性，所以中华文化曾经是持续发展的，今后也将永续。

第三，儒释道都具有神圣性。所有的宗教和信仰，都必须具有神圣性。中华文化的神圣性，不能拿西方的一神教标准来衡量。佛、道都是多神的，儒家也是多神的，只不过是敬鬼神而远之。鬼也是一种神，人死为鬼，人也可以成神。道教崇拜的关公、妈祖、葛洪，都是真人。只要有德于这个民族，他在道德道路上曾经领导人们走过，且产生了实效，后人都把他尊为神，这就是神圣性的所在。而且三家的神圣性并不是靠塑像、传说或膜拜建立的。历代的先哲、高僧、高道努力把现象界的道理提升到形上界，就像杨曾文先生所说的，到宋代出现了高峰。可是，形而上学通常只有少数人研究和关心，因此形上还要观照形而下，即用形上研究的精粹来解读经典，指导现世人生。这就是历代注释家、论述家的贡献所在，也就是朱小健教授最后提到的，每一次的诠释都有新的创造，都在完善，都是为了现世。

道教有全真，佛教有比丘、比丘尼，儒家呢？其实隐逸之士有些就很类似。如果真隐了，大家也就不知道他了，后人怎么知道有隐士了呢？原来是留下了他的言论、诗作，宋以后还有绘画。他们的心仍然是入世的。隐士的老祖宗大概是伯夷、叔齐，再往后有长沮、桀溺、荷蓧丈人和荷蒉者。他们都有自己对人生、对社会、对政治的见解，只不过世少知音，就退居一地。这些人所关怀的，既是一己小我，也是大我。

孔子、老子、佛陀都是人。他们关怀的是人，他们启示的也是人。先圣先哲、高僧高道都有种种法门，同一个事物有多种分析方法。但是，只是就事论事不行，必须提到哲学的高度，也就是现象界要上升到形上界，形上界再观照现象界。这可以说是"上达而下潜"。在这次论坛上有的先生谈到了儒家的超越问题，我认为这就是超越。超越了什么？超越了现象界，超越了物质界，超越了一己。三家的神圣性就包含在其中，它既是入世的，也是"出世"的，出世而又入世。孔子感叹"道之不行，吾知之矣"，要"乘桴浮于海"。这是一种艺术语言。到海上去，这就有要出世的意思。但是，他出世了吗？没有。他虽然罕言性、命与天道，但是处处体现着性、命与天道。当然，对于超越，我们可以做出多种解释，其实这个词也是来源于西方，但我们不需要拒绝它。

关注人生，所以才有了人间佛教，才有了张继禹道长提出的"生活道教"，才有人们所称的"当代新儒学"（我宁愿称为"现代儒学"）。而且，在通往崇高境界的这条路上，三家所用的方法也是有同有异。例如，佛教有像教时代，是因为佛陀知道，在他灭度之后，真如般若的佛法经过几代人的传承不可能保持原样，所以只是近似的教。但是，末法时代就更糟糕了。婆罗门教的原始文献《四吠陀》里提出"冥思"，孔子提出"学而思"，庄子提出"坐忘"，佛教有禅定，宋儒提倡修行、功夫。这都是让人从烦躁的、嘈杂的世界里挣脱出来，能够静心，也就是林安梧教授提到的"敬、静、净"中的"静"字，因为宁静才能致远。在打篮球的时候、拳击的时候能想其他事情吗？只有坐下来，静思，在静思中领悟超越。我想这都是一样的。

杜维明先生在主旨讲演中提出古今应该对话，人文和科学应该对话。古今对话就是回归原点，结合时代特色进行阐释；人文和科学对话就是要对物质世界的认识和对精神世界的认识进行沟通。我想借用"对话"一词，就世俗层面、非学者层面说，还应该增加两个对话，一个是天与人的对话，也就是在静思中要想到广大的宇宙、星空，想到地球上的万事万物之道，想到无情而有性等等。这个时候，自然就形成另一个对话：身与心的对话。当然，这和杜先生所说的是属于两个层面。

正是因为三家有这三性——人文性、积极性和神圣性，因而我们可以自豪地说，我们中华文化是厚重的、是深沉的。这是我对各位专家、高僧高道精彩讲演的领悟。

从各位的演讲中，我又想到另外一个我们要面对的问题：研究与信仰的关系问题。研究佛、道的既有出家人，也有俗家人；道教还有全真、正一之别。出家在家两支队伍都是必要的、不可或缺的，这也是中国历史的经验。但是这二者是有别的，这就是有无信仰。真正研究精深的出家人都有着坚定的信仰。会上各位谈到的历代高僧以至近代的太虚、虚云等等，没有例外。当代学界也有人是有信仰的，比如支那内学院培养的一些人，包括牟宗三先生、梁漱溟先生、吕澂先生以及赵朴初先生等，都是有信仰的。但是又应该允许学者对所研究的内容并不具备信仰。这不能强求。但是，二者的区别在哪儿呢？当谈到神圣性的时候（不仅仅是宗教），只有具备信仰才能领悟到书本、文献中没有说出的以及用了"假名"叙说的东西、在语言背后的东西。这就是体验。这个道理前贤早就说了，"道可道，非常道"，"波罗密多非波罗密多，是名波罗密多"。这只有通过信仰、静思才能领悟，也才能研究透，此亦即所谓心传。但是这就遇到一个尴尬的局面：进行任何科学的研究，必须把自己的研究内容当"对象"，必须是客观的、冷静的、中立的，才能得出准确的结果。有了对研究内容的信仰，就有了主观和偏好。这个问题怎么解决？我不知道。恐怕要在实践中，由实践者自己去体会。但是我想，只要没有偏见，采取中道，尊重信仰者，就可能会得到比较好的结果。

不能期望所有的研究者都对所研究的内容具有信仰，但是应该强调研究者研究什么都应该知行合一、为人师范。否则研究成果不能让人信服，非徒无益，而又害之。讲儒家怎么怎么好，而行事为人是另一套，人们就会认为儒家是骗人的。知行合一这个底线，我们学者必须坚守。杜维明先生提到——他几次跟我讨论过一个问题，这就是哲学是研究形上的，现在专业性变得越来越窄。我扩而大之，佛学、道学、儒学也有这种倾向。要想三家携手并进而去弘扬，为新文化建设贡献力量，必须克服这种专业性越来越窄的趋向。首要的任务应该走基层、接地气，听众们有这种需求。我们人文宗教高等研究院今后会多举办一些这样的活动。

最后，我说说我的几个愿望。

关于相融之因缘的研讨，这次圆满成功，但是还有待升华。

第一个愿望，希望我们在研究中既追求形上的完善，还要考虑到如何普及。

第二个愿望，儒释道三家在生活中、在特定的学界是分割的，也就是梁涛老师所说的"老死不相往来"。这种情况带有普遍性，国内外皆然。这不是健康的。回头看看历代高僧、高道和大儒，都是相互融通的，包括今天有的学者提到的丘处机也是汇通的。

第三个愿望，克服上下脱节。所谓上，指的是高僧大德和学者；下，指的是亿万群众。只靠佛道内部和学者的力量是不够的。我想，上下脱节的解决要通过三个主渠道。一是教育。只有教育才能发挥最重要的教化功能。二是社区，人们真正的生活环境。特别是在今天，几乎每个人都是双重人格，两副面具，在社区和家庭里所显露的基本上是没有掩饰的心灵和面貌。三是宗教。通过宗教，改进我们对宗教的管理和服务。我所说的宗教包括民间宗教。有很多民间宗教没有固定的宗教形式；有的却有，例如至今还活跃在闽南一带的三一教。唐代有人提出三教汇通，宋代有人提出三教应该合一，到明代林兆恩正式创立三一教。但是，相融应该是多元一体，每一元都保持着特色，各自朝着更高水平发展，一成三一教，它就难以发展了。因此它只能在一个地域存在。妈祖不是宗教，而是一种信仰。信仰和宗教如何区分？刚才我还在和郑卜五先生说，宗教这个词是14世纪前后才在西方出现，我们在19世纪引进的。我们不要完全按照欧洲的标准来衡量，像妈祖、关公等，道教当然可以给它们包括进来，但实际上它有相对的独立性。这些问题都值得研究。总而言之，上下的问题的解决，要靠学者、出家人的努力，但是更根本的是自觉地使教育、社区、宗教三条管道成为主渠道，这样三家融通的威力才能够发挥，三家今后的相融也才能进步。

但是，我们现在有两个羁绊。一个是大学的学科分类和人们的观念依然是西方式的。这是从1906年办洋学堂开始的，到现在已经根深蒂固。例如，学科目录中没有国学、儒学，教授和学生必须分属于哲学、文学、史学等等。也没有佛学，只有宗教学。宗教学只是研究宗教理论和历史，研究各个宗教都只是"研究方向"，而不是学科。这个问题能不能解决，我认为在其背后是对中华文化有没有自信，有没有自觉，要不要自强的思考。我知道，这不是一时能够突破的，可是我相信总有一天会制定出中国特色的学科目录。

第二个羁绊，在改革开放过程中人文社会科学以及教育领域亟待创新与突破。这是最难突破的领域。两岸四地都一样，因为意识落后于存在，

从人文性、积极性到神圣性：儒释道相融之因缘

习惯是最可怕的力量。但是不创新、不突破，就不能前进，就成不了显学，就不能大有益于社会和人民。

既然两个羁绊一时难以解决，那我就向大家袒露一下我近期的希望。我想和大家一起努力做三件事。

第一件是经过多方合作、长期拼搏，能在中国大地上出现一所"孔子大学"。在我的实践中、信仰中，总觉得缺一个东西。当我参观佛学院、道学院、神学院的时候，我就想儒家学说是不是一种信仰？既然佛、道、天主、基督和伊斯兰都有自己的佛学院、道学院、神学院等等，为什么儒家就不能有自己一所大学？现在是把儒学拆成了千百块，分散在各个大学开设一些课程或建立研究院所，这怎么出得来大师？如果有一所孔子大学，集两岸四地以及国际的力量，聘请知行合一的高级学者，努力寻觅今日之马一浮、熊十力，不计名利，潜心研究、教学，我想将来一定会从这里走出下一代的一批大师。从二程和朱熹所办的书院、从王国维等先生办的国学院，走出过多少大家？世界研究儒学现在缺乏龙头。这所孔子大学如果办得成功，就将是龙头。中国国家佛学院、道学院应该是世界佛学、道学的龙头。因此，要集中精力办好。

第二件是希望能组织一批老中青皆有的"文化义工"，走进学校，走进社区，走进公园，以仁为己任，不考虑报酬，不怕辛苦，以把自己掌握的中华文化的一部分贡献给大众而心满意足。

第三件是三界合力重整中华礼乐。佛家、道家以佛、道为核心，都有自己的礼乐。礼和乐是内心的外显，是一种熏陶，也是一种约束。佛乐、道乐之所以还保留着，能被重视，就说明人们需要，而儒家的乐、礼已经丧失了。参考古昔，根据今天的特点和人们的兴趣形成民间自发的一定的礼仪和乐曲，用于婚丧嫁娶、日常交往、节庆生日。礼和乐必须像孔夫子说的，是发自内心的，而不是强制的。在这方面儒家可以借鉴佛、道，这将是再一次地相融。

如果中国有一所孔子大学，同时遍布全国有一支不知道多少人的文化义工，在日常生活中、节日里，能有我们一定的礼、一定的乐，那时城乡将是一个什么样的景象？在这过程中，三教相互配合，进一步相融，虽然免不了相克，但各自得到刺激后会进一步丰富完善自己，走向更高水平。到那个时候，我想中华民族的太平之世也就快要到来了。

（根据录音整理）

中医养生：中华文化之一翼※

首先，我想简要汇报一下我们为什么要举办中医养生论坛，为什么在这里举办。第二个问题很简单，国子监——古所谓泮宫，充溢着浓郁的中华传统文化气氛，进到这里，就不由得让人想起自周至今，我们血脉的传承和文化之优秀。在这里举办是国家中医药管理局的建议，也是东城区人民政府的感召。

为什么举办这次论坛，我想从以下三个方面向大家汇报。

第一是中国人民的需要。我们最贴近的目标就是要在中国大地上实现全面小康，而全面小康就需要人民的安居乐业。如果疾病缠身，不得治疗，即使银行存款再多，恐怕也说不上"安"和"康"。人民的健康呼唤着祖国优秀的医药遗产发挥作用。在我们走向全面小康的过程中，在持续发展的过程中，需要中国人民具有强健的体质和聪慧的头脑。换句话说，保持中华民族这个种族的健康，自然需要发挥我们民族的医药优势。同时应该想到眼前的问题：我们的国力还并不充裕，因此在实现全国基层医疗基本保健时，中医药可以发挥独特的作用。老百姓一直反映"看病贵"，贵在哪里？动辄各种先进仪器的检测以及高于世界平均价格几倍的西药药费，中国人民的钱袋子成了世界寡头瓜分的肉丸；与此相对照的是，中医药至今仍然被部分人贬低，甚至诬蔑。当然，也有更多的人重视传统中医药的效果。可是趁此机会，假医假药又会乘势而起。中国人民需要真正科学的理论、高效的诊治和货真价实的药品。养生更应该指导一条正确的道路。

※ 2013 年 9 月 14 日在"中医养生论坛"开幕式上的讲话。标题为编者所加。

第二是世界人民的需要。刚才几位在讲演中谈到中医药。我在这里是想说它是我们中华民族的文化瑰宝，它不仅仅属于中国人民，它也是世界人民的。既然属于世界，就应该走向世界。这个问题我也从三个方面说明。

一、西方现行的医学已经走到了尽头。回顾从 19 世纪到 20 世纪，如果我们离开 CT、核磁共振、DNA 这些来看，西医的医学理论没有丝毫进步，CT 之类是表象，其发达是声光电和计算机技术的进步，而非医理的突破。由于环境的恶化以及生活毫无节制，在五大洲出现了奇奇怪怪的新病以及人们在快节奏生活当中所感受到的莫名其妙的不适，西医对这些几乎都无能为力。从欧洲到拉丁美洲、非洲，东方古老的、神奇的中医引起了人们的注意和兴趣。据说单在英国，小小的英伦三岛就有 3000 多家中医诊所。单一个伦敦，就有将近 2000 所。何以故？因为西医昂贵却解决不了问题，中医对很多病症可以药到病除。既然世界人民需要，我们怎么能抱住我们的瑰宝永远守在家里呢？

二、世界既不太平，也不公平。贫富差距急速拉大，这个方向正好和中国相反。中国正在努力一步步地缩小收入差距，虽然它是旷日持久的过程，需要我们不断努力，但在世界其他地方，却是想尽方法让贫富差距拉大。我是透过西方媒体震天响的口号，看到了它的实际情况才做出这样的断言的。在贫富差距越来越大的情况下，就需要便捷的、节省的、天然的医与药，而最成熟的就是中医药。例如，至今仍然严重危害着人类健康的艾滋病，全世界不知道投入了多少亿美元来研究，近年来比较流行的就是鸡尾酒疗法。但是，鸡尾酒疗法一个疗程就需要 1000 多美元。请问，非洲丛林里的人们得了艾滋病怎么治得起？而中医药治疗本着中医带病生活的理念，治愈了很多很多艾滋病患者。但是，坦率地说，现在这种疗法在非洲也受到了西方医学的抵制。因为如果全非洲，进而全世界都用中医药治疗艾滋病的话，西方的很多药厂就要倒闭，垄断资本家就没有了敲诈、勒索和剥削的手段。

三、现代科学技术的进展以及西方哲学的研究证明，世界的形势、宇宙的变化以及现代科技的研究成果越来越显现出，中国的文化、哲学和医学更符合 20 世纪人们对大自然和人体本身的认识。这句话比较长，浓缩起来就是，西方人对主观身体和客观环境的研究，反而证明了他们的哲学理念是错的，中国人是高明的。既然如此，我们当然应该奉献我们的智慧。

第三个方面就是中医药最全面、最系统、最具体、最切身地体现了中华文化。在这里我想介绍一下中国文化院和北京师范大学人文宗教高等研究院的文化理念，以及我们要做些什么。要振兴中华文化，中华文化要走出去，需要"一体"和"两翼"，也就是鸟的身子和翅膀或者飞机的机身和机翼。一体是什么？就是儒释道。儒释道的世界观、价值观、伦理观和审美观，简言之：儒释道之哲学。这中间的学理只有极少数人感兴趣和掌握，要想最大限度地让人们感知它，认识它，只靠学理或学术文章是不行的，还需要两翼才能起飞。

中华文化的翅膀是很多的，建筑、文物、书画、戏曲、餐饮、服饰、节日、民俗等皆是。但最重要的翅膀我认为有两个：中医药和茶。因此，中国文化院和人文宗教高等研究院联手，要让这两个翅膀大起来、硬起来。要想中华文化得到传承，要想中华文化走向世界，必须重点依托这两个翅膀。限于时间的关系，无需我在这里论证、举例、描述。大家可以想象，如果一个人长期不健康，用各种仪器都测不出来，最后给出的治疗方案是回去休息，多喝开水，而如果他知道某一个诊所可以治"未病"，中医给他调理，扶正祛邪，几副药之后精神抖擞，焕然一新，是不是就要折服？中医把他的病治好了，他就会向亲朋邻居介绍，可能还要思考：为什么中医这样"神奇"？医生只要简单地给他介绍中医的理念：人是一个整体，你的不舒服是由于环境、气候、饮食、生活节奏等造成的，药可以帮助你调整，阴阳和合、上下贯通，听者一定会叹服。叹服的是什么？不只是对面坐的医生，更重要的是中国人的智慧。这样中华文化就进到了这位患者的心里，进到了他的家里。既然对中国有这样的认识，那么对中国的过去、现在和未来的认识也就打开了大门。所以中华文化要走出去，中医药和茶是两个重点。

这里面要说到，在中医药和茶当中，我们贯穿其中的认识和西方哲学的根本理念是对立的。西方对事物的认识是二元的，我们是整体的；西方认为二元永远是对立的，我们认为二元（例如阴阳、身心、物质精神、现象本质、"你""我"）之间是应该和合、可以和合的。因而西方人在研究人体的时候，是分析的，越分越细，神经科的不管皮肤，皮肤科的不管肠胃，消化道科的不管神经系统，神经科的不管骨骼，这就是"分析"。分析有没有道理？有道理，我们也要学习。但是，这种思维的有效性局限于对物质的认识，而对于像人体这样的复杂综合体，对于像情绪、感觉以及伦理的理念，靠着二元对立分析的方法是无能为力的，只能走入歧途。西方的哲学是机械论的，而我们的是辩证论。一个二元、对立、分析、机械，一个整体、和合、综合、辩证。哪一种思维最适合人类和大自然？哪一种思维更适合人类未来的和平生活？自然是东方的智慧。我想这就是中医药研究，特别是中医养生研究的社会意义、思想意义之所在。

因此，中国中医科学院和文化院、人文宗教高等研究院经过研究、咨询、思考，决定中医养生论坛要成为系列论坛，要继续办下去。刚才我向吴局长和张主任谈到，这个系列论坛是不是可以就在国子监彝伦堂办下去。既然有了这个想法，为什么没有在"中医养生论坛"前面加一个"首届"？因为我们没有经验，这次是试办；如果办得成功，各位专家学者，以及听众和媒体朋友认为有价值，应该办下去，我们下一次办就叫第二届。大家听了我的话笑了，鼓掌了，我要说这也是中华文化。何以然？请问，当一对年轻父母，允许生不止一个孩子的时候，他的头生孩子出来只叫头生，但是起乳名时不叫老大，因为不知道有没有老二。生出第二个来就是老二，再生出来叫小三，排序总得两个以上。所以我们只叫中医养生论坛，不叫首届，下次可以叫二届、三届、N 届。为什么要继续办下去？因为中医养生，无论是理论，还是实践，都是博大精深的，是多源头的、多元化的，而且历代高明的医生在儒、释、道三界都有，每个人都有所创造。今天光临我们会场，而且要给大家做主题讲演的路志正先生，就是中医养生的典型。一会儿请大家瞻仰一下，作为 90 多岁老人的身体和精神状态。

中医博大精深，源远流长，一个论坛能解决全部问题吗？不过现其端倪而已。希望我们这次论坛仅仅是一个开始，好的开始等于成功的一半，我要祝愿这次论坛圆满成功，以便开启未来。

（根据录音整理）

未
达
集

体验现实　超越现实：中医养生与中国理想[※]

这次论坛可以说基本涵盖了中医养生的各个方面，将来应该逐步地走向升华、走向专门。我们初步设想先尝试办十届，希望通过这些活动能让这个论坛成为北京东城区的一个比较知名的论坛品牌，也可能给医药界一些启发，从而引发出一些产业性的机构。但是在这里要说明，作为主办单位的中国文化院和人文宗教高等研究院是非营利单位，只是付出不求回报，我所说的引发是催生社会上的产业。

的确如有的学者所说，现在社会上的养生产品，恐怕没有一位专家能说出来有多少种，又有多少厂家在生产，在产品丰富的同时也包含着乱象，在给人们以健康的同时也有误导。我们以高端的学术作引领，可以让它逐步走向规范，这是一种以学术的鞭子去整治乱象、打假的方法。但同时，我们的论坛要有别于媒体上的养生讲座，例如北京的《养生堂》，它在同类节目里是最成功的，据曹洪欣院长说现在收看这个节目的达到了6亿人。它的特点是就着具体的病症来请教专家，与专家互动，请专家给予正确的引导，因此它的实用性、适用性非常强，乃至医生给老年人介绍穿什么样的鞋子，吃什么样的蔬菜，蔬菜如何烹调。而我们则在关注应用和适用的同时，更要在学理上着力。这是我想说的第一点。

第二点，通过这一天半的聆听，我想说现在中医（包括养生）正面临着空前的危机，虽然近十年来中医在中国社会上的地位眼见着在提高，

※　2013 年 9 月 14 日在"中医养生论坛"闭幕式上的讲话。标题为编者所加。

特别是覆盖全国的基础医疗保障体系的建立，中医发挥了很大的作用。但是，一时的兴起并不等于危机已经过去。我所说的危机来自两个方面：

第一个方面，我们面临的是一个盲目地、疯狂地追求利益和金钱的世界，一个"钱"字就把亿万人搞得神魂颠倒，不知道自己是谁，也不知道自己要走向哪里。当社会上一个有"利"的课题提出来以后，后面马上就跟上无数的人，有的想从这里得身心之利，但是更多的人是想从中获得金钱之利。这也就是我们的本草药性衰退的原因，中成药不如过去的原因，也是养生领域里真品、假品、有效有害、无效无害的产品混杂于市场的原因，乃至假和尚、假道士、假医生、假博士、假神人不时冒出来的原因。

第二个方面，中医受到西方文化的冲击。西方在工业化过程中，也就是文艺复兴结束了神权统治以后，西方医学从修道院里分化出来，把宗教的理念与哲学有意无意地贯穿在医、药、诊、治整个领域。就像我在开幕式上说的，当面对物质世界时这种理念是很有效的，我们也要学习。例如，对人体细胞和基因的研究、对太空的观测、对电脑等物质世界的认识，都是需要的。可惜的是，整个西方医学体现的都是这种理念，于是一时有效的治疗方法造成了人类长久的灾难，例如抗生素，以及越来越精细的诊测手段。昨天有教授讲到，得癌症的病人有三分之一是被吓死的。拍CT，两毫米的异物都可以显现，患者本人知道了，在主观上、意识上垮掉了，一下子变成另外一个人。其实包括癌症在内，有三分之一的病症即使不进行任何治疗也是可以自愈的。拍CT本身不是治疗，却告诉你后续的是什么——三大法宝：化疗、放疗加手术，于是有三分之一的病人被治死了。特别是在中国，抗生素滥用。记得我在上大学的时候得了支气管炎，那时候给我打盘尼西林只打10万单位、20万单位，现在连小娃娃一注射点滴都要几百万单位。当用遍了所有的抗生素之后，病菌的抗药性产生，再用抗生素就无效了，只好眼见着死亡，于是又催生了新的抗生素，广普的抗生素越来越少。

但是，西医有一个好处，由于要排除异物，就用了异物注入身体，很快就能见效，这就吸引了很多人。为什么中国是点滴人均用量最大的国家，就因为效果来得快；但是世界上不是所有的事物都是越快越好的。这个冲击我们不得不重视，然而还不止这些，更大的冲击在于我们对中医的理解上。在中医药大学，学生入学之后所受的训练是西医的训练；由于中医的特殊性，现代的学院制度难以培养出名医、国医。例如望、闻、问、切的学习。单一个"望"字，需要学生望多少人才能从表征做出初步的判断；"问"本身是学问，有时候老中医、名中医问病人的时候，表面上言不及义，但是从病人的回答当中就可以判断他哪里不舒服，存在什么问题；"闻"，现在有的中医给病人看病的时候也戴着大口罩，病人的体味闻不到，甚至怕闻；"切"，人的三指要经过特殊的训练才能足够敏感。从前老中医带学徒至少三年，老师切脉，接着让徒弟切脉，然后师徒讨论，最后老师做出结论，口述处方，徒弟写方。今天上大课，讲切的道理，讲脉象；脉象这东西光靠词典是无法解决的，需要感觉，需要悟性，左寸关尺、右寸关尺，每一个点都有十几种相对的脉象，都不是绝对的，例如浮与沉等。中医的传承，只能一人带一个，或者带几个，一个班五十人，合并上课一百人，望闻问切如何传？毕业以后行医，程序化地进行请坐、看看、问问、号脉的过程，一边说着话一边就开单子了，再让病人去做透视、拍照、验血象、做 B 超、CT，之后根据检查结果，脑子出现的可能是西医的病名，然后在成方中加一味、去一味，或者开成药了事。这实际上是以西医为基础来使用中药而已。这很危险，长此下去，人家何必绕这个圈子，干脆去找西医，中医也就快灭绝了。

中西医背后的哲学思想有不同之处。在西方哲学里，近几十年由于强调个人的自由、平等与人权，在哲学上有一个术语出现——每个人都是一个"自主的个体"。它违背大自然与人生的规律。作为个体的人，从来没有、也不可能有完全自主的个体。按佛家说是十二因缘，因缘构成了人，严格来说人是无自性的。从哲学上说，每个人不过就是社会上和人与自然之间极其复杂关系当中的一个节点，每个人从生出后就不是单纯的一种身份，包括在哺乳期的婴儿——他既是儿子或女儿，也是孙子或孙女，也是医院的病人，也是奶粉的消耗者。换句话说，没有了社会与自然的种种关系，人一刻也不能存在。这个最简单的道理中国人最明白，因此体现在方方面面。在中医中药领域，就不是单纯针对某种病征，而是要针对整个的人，而人就是社会关系的总和——不能不考虑家庭有没有遗传，不能不考虑居住的地点。例如在英国苏格兰生活，皮肤病和湿疹就多，那是气候决定的。又例如中国男人腰病多，欧洲男人颈椎病多，这都是大自然和人种的原因。但是西方在谈到自主个体的时候，无形中把主体与客体对立起来了。医生在面对病人的时候，就是主体、客体的对立，西医的对抗性治疗即由此而来。中医不是这样。刚才曹洪欣院长强调医德，对此我的体会是，医德最重要的就是视人如己、设身处地。当一个高明的医生在给病人诊病的时候，他不是把对方简单地当成自己的治疗对象，而是如同给自己家人治病一样，甚至给自己治病一样，人我同一。

在这次会上，几乎每一位教授都谈到了中国天人合一的哲学，我建议所有的听者，慢慢地通过自身去体验，而不是从声闻知识上获得，要体会到天人为什么合一、怎么合一。每个人生于自然，没有天地父母哪有我；我们的一切衣、食、住、行取之于自然，最后我们还要归于自然——不管是土葬还是火葬。因而中华文化特别讲设身处地，这就是体现在伦理上的"己所不欲、勿施于人"以及"推己及人"，更高的境界就是孔夫子说的"己欲立而立人，己欲达而达人"。但是，我们不是生活在九天之外，在想象的天宫中体验现实，应该是在现实中"体验"现实。中国人自古就不断地体验现实，做事务实。但是，中国人还要超越现实，努力朝着贤圣方向去做，知道永远达不到，但还是孜孜矻矻地不断前行，努力修养、提高。信佛的希望成佛，佛者悟也，即觉悟了的人，佛的境界也是无限的，但是他们认为走这条路才有价值。道家要成仙，不要把仙想象成神话里面的神，陈撄宁先生所说的仙道还是人，这些都是需要无限追求的。

刚才我提到，希望所有的听者，不管是学生还是社会上的朋友，了解了这个关系之后就要去体验。体验不外乎两种：当你坐在地铁里的时候观察周围的人，再反问自己的心，这时候怎么看待周围的人；君子慎独，当独处的时候，可以沏上一杯茶，在屋子里静静地去想，既想天也想地，既想自己也想他人，这"他人"指妻子、儿子、丈夫、婆母、朋友等等。想一想自己与他们应该是什么关系，现在是什么关系，久而久之就会得到一种高出一般人的思想和境界。

刚才有一位先生建议中医养生的术语应该慢慢走向规范化，这是必要的。但是，所有的规范都是相对的，如果要做到绝对、精确，是不可能的，而且这实际上又掉进了西方思维的窠臼里了。这是个非常难的问题。涉及人体、心灵、感觉以及形而上问题时，就很难界定了。这个问题将来我们可以进行专题研究。与此有关的是翻译问题。这在自然科学界几乎不存在，但是在人文社会科学领域极为严重。我多次提到，中华文化走出去面临一个翻译的困难。中医并非纯医学，也就是说并不等同于我所习惯称呼西医的那个医学，它是医药、环境、心理、卫生、动植物和矿物等的综

未
达
集

合体，因而有着大量西方没有的观念，翻译起来有很多困难。

　　本来我有一个设想，希望人文宗教高等研究院和文化院能够针对儒家经典当中的关键词逐个地开研讨会，但是我本人的精力和我们两院的精力顾不上。还好，后来在我担任院长的山东大学儒学高等研究院立了一个科研项目，由一位教授牵头，研究儒家经典的100多个术语。中医将来也应该走这条道路。但是我再强调一遍，它是相对的规范，相对的规范就不精确，这个问题比较难。

　　现在大家的鼓励、激励给了我们信心，给我们开示了路径，同时我希望在研究中能够注意到中西医学背后的哲学差异，我更希望能够对中医摆脱目前的危机起到积极的作用。最重要的是，应该提倡学中医的人了解中国的哲学，不只是知识，而是让中国的哲学成为体验，成为奉行的理念。与此同时，也应该了解西哲，只有了解了他人，在对比中才能知道中国老祖宗留下的东西之可贵，否则就变成老师让我记，让我学。我曾经在中医药大学的一次校庆会上讲演，希望本科生的第一年用比较多的课时学《周易》、《老子》、《论语》，也就是中国传统的哲学与伦理学。我一说这两个词就又是西方思维了，我们的经学、儒学不分文学、史学、哲学、社会学、心理学，西方按照拆机器一样把一门学问给拆开了。现在就以书来代课，学《周易》、《老子》、《论语》，读透，一年级时形成一种思维方式，以后再去读中医和西医的东西。不明白中国的哲学就读不懂《黄帝内经》。

　　第三点，现在大家都在做中国梦，我把这个梦用奥运会的口号"同一个世界，同一个梦想"来表述。实际上中国梦翻译出去就是 China Dream，即中国理想。我的理想是跟中国、中医养生相结合的。

　　我有四个期望。

　　作为一个中国人，我希望自己的祖国富强。富不是每家都有几个亿的存款，都有二十套别墅，如果人人都如此，那中国就有二十分之十九的房子都空着，没有人来住了，那叫暴殄天物。富不是强，但是人们要过上富裕的生活。中国人造词是真有智慧，何为"富裕"？"富"者，最基本的就是够吃够穿，因为"富"字是宝盖下面一个"畐"，本来是指一个储备粮食的坛子，加一个宝盖，不过就是家里存着粮食。有一个证明，把宝盖去掉，旁边加一个"礻"旁，就是"福"。何为"福"？许慎的《说文》上说"备也"。什么叫"备"？就是生活所需齐备全有，父母健在，夫妇和谐，儿女健康，这就是福。加上一个"裕"，"裕"就是衣物多，也就是什么都有，还稍有富裕，遇灾有备，遇事有储。这是第一个期望。

第二个期望是和谐。现在整天忙忙碌碌，从早到夜手脚不停，这种生活不幸福。

也许我在匆忙中生活得太久了，因此生出第三个期望：希望别人能够过平静的生活。所谓"平"就是很少波澜，"静"就是深沉，因为只有沉而静才能出思想，才能体味人生，才能够体验出大自然的伟大和自己的渺小。

第四个期望是安康。这就涉及养生了。生老病死是必然的，我们要做的就是如何延续中间安康的这一段，这就是文化院、人文宗教高等研究院的同仁一道努力弘扬中华文化的主体儒、释、道的原因。中国的哲学，是先民对人生、宇宙及其关系的体验，存在于儒释道的学理之中，三家共同的一点就是追求安康。

之所以要以中医及其养生学为一翼，以茶文化为一翼，让这只大鹏抟扶摇而上九万里，是因为只有这样，我们才能够超越现实，上达形上，并且要把在九万里之上的领悟用来观察、构筑现实。这样，中华民族才可能在富的基础上强，让大鹏带着中华文化的一切成果飞向全世界，让世界人民共享。因为在中国人看来，天地为父母，所有的人类和生灵都是我们的兄弟和朋友。这就是我的人生观，也是我们办会的宗旨。

（根据录音整理）

茶文化：中华文化之一翼[※]

现在，中华文化正面临着对内振兴、发展，对外介绍、交流的双重机遇和挑战。无论是为了对内还是为了对外，都需要对中华文化的核心理念，即中华民族的宇宙观、价值观、伦理观和审美观作深入的研究和深刻的反思。对内，只有在正确地总结前人的研究成果，并在此基础上审视当今时代的社会特点和人民的需求，在诠释和展现时有所创新，才能为各族人民所理解和接受。对外，则更需要学会针对不同国别，运用适合当地人民喜闻乐见的话语和形式展现丰富多彩、厚重深邃的中华文化。

宇宙观、价值观、伦理观、审美观，属于西方哲学研究的范畴。但是世界上关注、熟悉和研究哲学的人是绝对少数，而且越来越少，在新兴国家尤其如此。——当下全世界的哲学，已经形成远远超过历来备受批评的"经院化"和"职业化"；其表达的话语已经越来越狭窄，越来越"专业化"，充斥着不必要的自造的新术语，让一般读者听者望而生畏。如果中华文化以这种语言和形式向中国人和外国人普及和介绍中华文化，其效应是正是负，自然不言而喻。

在这种语境下，基于以往和不同文明交往的体验，我们提出了"一体两翼"的传播观念。"体"，即上述的"四观"内涵；"翼"是使"体"能够飞起来的通道和形式；"两"者，一为中国医学，一为中国的茶文化。

为什么要以中医和茶文化为"翼"？这是因为，在中华文化无数文化

※ 2014 年 5 月 9 日在首届"两岸四地茶文化高峰论坛"闭幕式上的讲话。

形态中，最全面、最系统、最具体、最切身的，当属这两项。至于其他文化形态，诸如书法、绘画，戏曲、歌舞，工艺、武术，园林、文物等等，都在以其独特的魅力显现着中华民族的性情和品格，也都从某一角度、在某种程度上展现中华民族的心灵和追求。在我们看来，这些都是飞鸟身上的羽毛。鸟无翼固然无法起飞，但是如果没有羽毛也难翱翔，甚至无法成活。有体，有翅，有毛，就可以飞入寻常百姓家，也可以漂洋过海。因此我们可以说，中国茶文化传播至世界各地——让各国人民与中华民族共享茶之美妙——之日，即中华文化真正成功地"走出去"之时；在内广泛普及之时，方为中华文化全面复兴之日。

关于中国医学，知其原理者相对于了解茶之性理和茶文化者还要多些，当作另论。茶文化之所以有顺天遂人的特性，一靠中华民族对其生长规律的认知和联想，二靠人们对茶性及其与人体关系的深入了解和体悟。

茶之生，茶之育，茶之用，茶之效，是最容易观察体验到的。

人们饮茶的目的不一，若稍加考究，则什么样的体质，在什么季节，饮用何地何时所产、所采的何种茶，用什么样的器皿，怎样冲泡饮用，都是应该考虑的。在这基础上人们体验到茶汤摄入后渐渐产生了某种功效，于是在无意中实现了天—地—人之间的相应与和谐。

茶择地择时而生。春茶最佳，是人所共知的；而烂石、砂砾之地产茶胜于纯泥土地，则知者不多；知某种佳茗以某地所产为最，"野者上，园者次"，知之者就更少了；至于不同时空所产的茶各具不同的性能，则非长时间亲身体验则难以获得真知。茶之奥妙，此其一端；茶之为中华文化之缩影，于此可见。当然，在中国人注意到的植物择地而宜生的事实，比比皆是，如许多中药材、花果，以至小米、高粱、大豆等。而茶，若作为欣赏、品评的对象，则其与时空关系格外紧密的特性就更突显了。在对茶的这种观察中，无意间，我们的认识已经又向前跨了一步，进入天地合一的层面。

这样一个过程说明，我们对茶的认识，是在"知"与"行"中的切身体验和思考中逐渐获得的。

中华民族之所以对于茶能有此独特的感受和认知，和中华文化的主干儒释道所保存的人类童年所具有的纯真智慧有着极其密切的关系。

在这里，请允许我插进一段使我忽然感悟到我们祖先的胸怀和智慧的经历。

不久前，我再一次进入云南深山茶区，来到傣族、拉祜族、布朗族和阿佤族的千年古寨。那里是全世界的茶的祖源地。树龄两千七百年尚未发生异化的、树龄一千八百年至今仍可采摘饮用的古茶树，依然挺立在茂密的森林中。感谢那里的各民族百姓，他们世世代代坚守着从远古传承下来的质朴纯真的文化。我坐在他们中间，喝着他们亲手采下的茶，听着他们真情的歌，和他们一起起舞，仿佛进入到另一个世界，一个中原先民曾经经历而很久以前即已被忘却的世界。

万物有灵，是他们的信仰。茶树在他们心中是神，是祖，也是朋友。每当春天到来，即将开采新茶，各个寨子都要举寨而聚，拜祭茶祖，其虔诚、隆重、肃穆而激情，让我们这些来自"发达"地区的人们震撼、感动、深思和惭愧。在他们心目中，茶树和人以及能跑能跳的所有生物一样，有生命、有感觉、有性格，和他们心灵相通、生命相连。在他们那里，通过茶树，人与大地、与苍天成为了一体。

我有幸遇上了阿佤族在圣湖边山上举行的祭祖大典，和阿佤族男女老少一起把神圣的木鼓拉下山。卜卦，诵咒，祭祀，歌唱，见所未见，闻所未闻。那时，我犹如回到了中原地区夏商时代，听到了自己远祖的呼唤，感到了上天和大地对他的子孙的关爱和期盼，也让我想到佛陀所说的无情有性者亦可成佛，以及高僧所说郁郁黄花莫非佛法。原来，这个地区的人民对人和自然关系的理解以及其自身的精神，要比我们和一切发达地区和国家的人们要先进得多，真实得多，直白得多。他们的"落后"只是在经济方面。但是，人类的前进的步伐，难道应该用，或者说只能用经济这根尺子衡量吗？人的价值应该，或者说只能用钞票来称量吗？

现在回到正题。我叙述的这段无法忘怀的访问，证明了中华民族视茶为人与天、地相通合一的精神其来有自，若旁顾一下儒释道"三教"，则很容易从中找到和阿佤、布朗等民族同样或相近的情怀。古今的人们通过长时间饮茶所获得的感悟，实际是对初民精神的反刍。后人由于种种主客体原因，在逐渐进步的社会中泯没了对祖宗精神的"记忆"，而西南边陲的同胞则相当完整地保存着、遵循着那古老而先进的认识，让寻觅中华民族精神之源的人们能够借以追想五千年来我们所经过的路径。

使我们记忆丢失的"主客体原因"，主要是指随着人类所造之物的增长与奢华，私心的狂妄与扩张，欲望的卑下与膨胀，于是以为凡宇宙中物皆应为"我"所独享，"人"成了一切的主宰，而"利"又成为"人"

的主宰。自以为天下之主的迷雾遮住了理智的眼，忘记了列祖列宗的教诲。社会动荡，争斗、屠杀不已，莫不由于此。

人类是理智的动物。在繁闹不安中生活得久了，在人类自毁的一出出悲剧中首先醒悟的，是历代社会的智者。看似在偶然间，实则是必然地，有些人发现并关注了茶对人的重要。于是就有了茶圣"天育万物，皆有至妙；人之所工，但猎浅易"和"翼而飞，毛而走，呿而言，此三者俱生于天地间，饮啄以活，饮之时义远矣哉"的感慨。

我们不妨试作一简单的比较，方知陆羽这几句话的可贵。西方也有对自然之物有此感觉者。例如美国19世纪著名作家、哲学家梭罗就说："世上没有一物是无机的。……大地是活生生的诗歌，像一株树的树叶，它先于花朵，先于果实——不是一个化石的地球，而是一个活生生的地球；和它一比较，一切动植物的生命都不过寄生在这个伟大的中心生命上。"①

梭罗也许受到过中国哲学的影响而说出了这段话，而他主要是通过冥想和思辨而发出了近似中国人的声音。但是，他所抒发的不仅过于宏观而朦胧，而且是在中国人懂得个中奥妙的二十多个世纪之后，至少，后于陆羽千余年。

不容否认的是，在陆羽前后相当长一段时间，人们对茶与人与天的关系的认识，还停留在茶之生，茶之育，茶之器等这些"外在"，至于茶之效，也还限于"荡昏寐，饮之以茶"的阶段。后来，得品其深味者渐渐多起来，也主要是宫廷贵人和少数社会精英。长时间中，茶之所"寓"还不明了。

生、育、用、器等这些外在元素实际上已经进入文化领域，而且不分地区，不分民族，也不管社会的什么层次，认识和习惯是大体一样的。花茶、绿茶、红茶、……，三道茶、功夫茶、烤茶、奶茶、酥油茶、大碗茶……，都对水、火的要求有自己独特的一套"规矩"。

其实，我们的先人对用茶——包括饮用不同类型的茶和用不同的器皿和方法——之"内在"已有所认识，只是落笔成文者寥寥。这说明，在这一层次仍属于自发性，尚未达至自觉、理性之境。古人植之矣，制之

---

① 《瓦尔登湖》，亦即《湖滨散记》，转引自［美］格雷厄姆·帕克斯《思想者的岩石，活着的石头》，2005。

矣，好之矣，赞之矣，其所作为皆合"天人合一"之道，但综观历代茶典、茶书、涉茶诗文，大体皆叙种植、焙制、储藏、包装等技艺，列茶之清神、涤肠、明目等功能，鲜有论及其所以然者。

众所周知，国学至宋，形上之学臻于高峰，观照天人，功夫涵养，宏阔而入微，但其"格物"也鲜及于茶，遑论茶之内涵，这是很奇怪的。释、道二教对我国茶事的兴盛、传播，品茶格调的提高，厥功甚大，自然茶与禅茶与修炼的关系也就至为密切。但是综观教内外的禅诗，用来衬托或直寓禅意者，诸如钟磬琴鼓、清泉明月、松竹花草，乃至鬼神仙女、鱼鳖驴牛，往往而在，但是以茶寓意的却极少。唐代赵州和尚从谂留下的千古著名公案"吃茶去"，影响至巨。但细想一想，"庭前柏子树"、"洗钵去"、"七斤布衫"都是他的机锋，吃茶仅其一耳。这正如求法者常问的"如何是和尚家风"，确有法师答曰"饭后三碗茶"的，但更多的则是答以"有盐无醋"、"随处得自在"、"浑身不直五分钱"、"山前人不住，山后更茫茫"等等，也很难说"三碗茶"与茶之深蕴有何关联。在从谂的《十二时歌》里虽然四五处提到茶，却都是与歌中所提到的蜀黍、馒头、粥米、莴苣、衣衫之类一样，仅为生活资料，也并不涉及茶与佛事佛法的深层关系。和从谂基本同时的仰山慧寂诗："滔滔不持戒，兀兀不坐禅；酽茶三两碗，意在钁头边。"也只能说明那时茶在佛家生活中的实际地位。由从谂等禅师那里可以知道，那时茶已经是，而且只是僧人与平民日常应用之物，因此随时可以用来作方便法门，却还没有体味出或被赋予"禅茶一味"的深意。

对此，我曾萌生不少疑问。及至见前哲所云"茶最后出，至唐始遇知者"，"茶之晦于古，著于今，非好事也，势使然也"，忽有所悟。谓至唐"始遇知者"，大概就是指"遇"陆羽而世有《茶经》。这其实还是"士大夫史观"。世上凡属"雅"的物事，大抵都是先行于民间，待为文人发现，遂进入社会上层。"后出者"，后为文士所知耳。今世犹有其证：现在越来越多的人喜欢喝普洱茶，显然就是从茶马古道一线的民间而"普及"到城市的。所以应该说是"兴于古初草民，著于今世雅士"。说"势使然"是很对的，但其势为何？我想，除了生产力（含方式、工具）的发达，对天人关系认识的清晰、深入和系统化，恐怕也是个中要素。

大约到了宋代，古时朴素的天人合一思想，完成了提高到形而上高度的过程，这一境界的最著名概括就是张横渠（载）的名言："天地之塞，吾其体；天地之帅，吾其性。民，吾同胞；物，吾与也。"（至于更为著名的"为天地立心"云云，即所谓"四为"，则是在此基础上的再生发。）因此后来出现了王安石"山花落尽山长在，山水空流山自闲"、苏轼"不识庐山真面目，只缘身在此山中"这类大批洞观天地而又富有禅味的诗句。但是即使如此，深谙佛理如苏轼者，也把茶只当作解渴消酒之物，所以写下了这样的诗句："休对故人思故国，且将新火试新茶，诗酒趁年华。"（《望江南》）"酒困路长惟欲睡，日高人渴漫思茶，敲门试问野人家。"（《浣溪沙》）

自从茶和佛、道结缘，"三教"之人逐渐发现茶与人生、与自然、与佛法之间的相通处。例如饮茶，往往苦后回甘，这岂非人生常态？记得上小学时，在报上看到一幅漫画：一个小孩子把茶叶放在嘴里嚼，父亲问他这是干什么，他答，你不是告诉我"吃得苦中苦，方能人上人"吗？我看了，并没觉得可笑，因为年纪小，肠胃弱，父母不让我喝茶，我当然更不知道茶在没有冲泡时的味道。待到以后喝茶了，才慢慢体会到茶味如人生。又如，赵州和尚的一句"吃茶去"，确实很直接而形象地点破了佛法即在行住坐卧中、平常心是道的深刻道理。再如，品茶应观、闻、饮，环境应该或自然进入静而洁，独处时还应有所思，这岂不就是道家的性命双修所需备吗？

因此似乎可以说，茶与中国固有宗教精神的深刻关系，是经过了比较长的由浅而深、自低至高的过程的，并且逐步超越了植、育、制、储的阶段——古今茶农茶商逐渐成为完成这一过程的主角；也越过了借茶发挥、通过联想而认定茶与精神的关系这一层面。这是因为，经过上千年的体验，人们切实地认识到，茶真正体现了中国的人文精神和哲学理念。近时的证据，是对茶树历史的考察研究，证明世界之茶的确起源于中国，诚可谓天之所赐。而原始的野生茶，需经过自然的变异和人工的转化，才成为后来可饮用的茶。这就是遵天之理、循物之性的结果。如果我们把茶放到乔木类里去比较，除了茶，还有哪些科、属的树，由野生而种植，进入寻常百姓家，为亿众日日不可离，原生态的那些"树祖"不但依然健在，而且品质更高？

陆羽说"野者上，园者次"，正是对"原生态"的赞扬。野生者树龄久长，高耸多枝，其根深壮，可以充分吸吮地下深处的多种营养；不同地区所生的茶，质量和特色有所不同，那是因为地底所蕴含的矿物质和土壤的成分各有特色；而园茶（台地茶）则多为人工培植，人工施肥，人工修剪，失去了不少天之所赐，故而"次"之。因为凡物，以各遂其性为上，这和人世间人才的成长不是一个道理吗？

"历史感"的增强，使得人们对来源久远的茶种茶树更为尊重。"过去要成为存在的，就必须有一个知道它的主体。""记忆是保存过去的自然力量，它把过去保存于恒久现在的领域中，将过去纳入现在知识的世界。""过去如同我们周围的景观在我们眼前展开。"（伊雷姆·托特：《哲学及其在西方精神空间中的地位———一种辩护》，2007）茶之被追诉至神农，后人之尊陆羽为茶圣，都显示了中国人对"过去"的记忆和敬重，让过去构成在自己周围展开的景观。《老子》曰："执古之道，以语今之有。"（第十四章）亦此理也。当然，人们同时也希望享受到没有受到工业化以来被严重毁坏的古老自然，这也是天人合一观念在茶身上的折射。多数西方哲学家，把"知道它的主体"归为超越而绝对的上帝（托特可能也是如此），而中国人则以人自身为主体，贯穿古今，沟通天地和万物。

由于茶的特性以及茶身上所留存的历史的记忆（文献、祖祖辈辈传承的习俗），给予历代观察、体验、思考、想象、发挥的多重启发和广阔空间，从而逐步形成了多姿多彩的饮茶之道。实际上，这其间多少有些"人造（赋予）"的对茶的文化阐释，其实就是"主体"对自身的期盼和要求。

姑无论中国大地上各个民族、各个地区、各个人群饮茶方式难以确估的数目和何以如此如彼喝茶的"道理"，就其大者而言之，日本茶道以"和，静，清，寂"为其精神；韩国则以"和，静，俭，真"，所重已有不同；至于中国，可谓百花齐放，谓"廉，美，和，敬"者，倡"理，敬，清，融"者，主"和，健，性，伦"、"和，俭，静，洁"、"和，静，怡，真"者，不一而足。括而审之，大体都是倡导者顺其地、其时情况而提出，都在秉承"道生之，德蓄之，物形之，势成之"，"辅万物之自然而不敢为"（《老子》第五十一、六十四章）的精神而各有所重。在我看来，在未来相当长的时间里，这些不同的倡导难以统一，其实也无须统一。因为饮茶可以，或原本就应该是体验到什么就强调什么，对茶的内涵的开掘将永远因人而异，而且将因时地的改换而转化。不同的茶专家、茶店、茶社/室、茶沙龙，各有特色岂不更好？而这又正是"和"的体现。说"和"，就意味着存在不同；同则单一，何"和"之有？综观上述各国和各家对茶之精神的种种概括，绝大多数都把"和"列入其中，这不是没有道理的。从茶之生、茶之育、茶之制、茶之储、茶之水、茶之饮，以至茶之器、茶之火，岂不都包含着"和"的精神？赏茶，饮茶，能喝出"和"之味来，即可谓得茶之三昧矣。大家把"和"作为核心，努力让灿烂的茶文化之花遍开全国各地，让世界越来越多的人和我们一起享受中国茶的美妙，到那时，中国茶和中医双翼齐鼓，中华文化这只大鹏就该抟扶摇而上九万里了。

> 2014 年 5 月 2 日于日读一卷书屋
> 2014 年 5 月 9 日改定于大红袍山庄

未
达
集

真实影像：中华文化传播之翼

——关于茶、茶人、茶文化的几次谈话

一　当前文化状况的问题和反思

现在，我们文化的状况，确切地说是文化深层的状况，实在让人担忧。我曾经说过：进入近代以后，我们在学习西方文化的很长一段时间里，由于对自己几千年文化传统研究得不深，更由于禁锢过久，面对西方强大的工业、武力，曾错误地认为自己的文化一无是处，应该彻底抛弃，于是大口大口地吞食西方文化食品。在这些西方文化食品中，既有丰富的营养，也有过量的激素，食之过久，浸透了我们文化肌体的每个器官，造成了文化肌体的"亚健康"。其主要表现是：在社会层面上表现为对科学技术的迷信，对物质享受的崇拜，对倒退文化的赞赏；在思想领域充斥着二元对立、工具理性、机械论。现在，我们所遇到的种种社会、环境、心理问题，弥漫在各个领域的"三浮"（浮躁、浮夸、浮浅）现象，无不与这种激素在文化肌体里产生作用有着密切关系。这种"亚健康"的文化肌体，需要扶正祛邪，为此，必须下很大的力气，费很长的时间。

那么，把我们的视线从中国延长开去，当今世界上的情况又如何呢？我们可以说，曾经给人类做出过巨大贡献的西方文化已基本走到了尽头，它对解放人类思想、推动科学技术发展、社会进步的贡献和推动力，以及它的再生机能，都已经枯竭，再也无法给人类智慧的提升做出新的贡献。人类未来的出路，在于各个民族和国家恢复被西方文化冲毁的自身传统，以多元文化交融代替一元独大。这一点已经成为西方思想界许多学者的共

识。还有许多西方学者虽然在努力批判他们自己三百年来的文化传统，而且得出的结论逐渐接近中国文化的理念，但是由于不了解中华文化，所以还是在"隔山唱歌"，虽与中国有所呼应，但并不真切，更没有联起手来。因此可以说，中国制定和实施"文化强国"战略，既是我们自身的需要，也是世界未来的需要，文化的复兴是中华崛起不可或缺的一环。

中华传统文化中的确有促进世界和谐、人与自然和谐、人自身和谐的丰富内容，其体系之完整、论述之细密、人性之饱满，为世所罕见。但由于以前我们曾妄自菲薄，毁坏过重，因而传统文化中的这些优秀内容不为国人和世界所知。今天，我们思考文化战略，必须要有历史的眼光、世界的视野、自信的胸怀、创新的胆略。

二　中华文化传播的"体"和"翼"

现在，中华文化正面临着对内振兴发展，对外介绍、交流的双重机遇和挑战。无论是为了对内还是为了对外，都需要对中华文化的核心理念，即中华民族的宇宙观、价值观、伦理观和审美观作深入的研究和深刻的反思。对内，只有在正确地总结前人的研究成果，并在此基础上审视当今时代的社会特点和人民的需求，在诠释和展现时有所创新，才能为各族人民所理解和接受。对外，则更需要学会针对不同国别，运用适合当地人民喜闻乐见的话语和形式展现丰富多彩、厚重深邃的中华文化。

宇宙观、价值观、伦理观、审美观，属于西方哲学研究的范畴，这"四观"是构建一个民族、一个国家主体的最核心要素，是为主体文化之内核。但是世界上关注、熟悉和研究哲学的人是绝对少数，而且越来越少，在新兴国家尤其如此。——当下全世界的哲学已经形成远远超过历来备受批评的"经院化"和"职业化"；其表达的话语已经变得越来越狭窄的"专业化"，充斥着不必要的自造的新术语，让一般读者、听者望而生畏。如果中华文化以这种语言和形式向中国人和外国人普及和介绍中华文化，其效应是正是负，自然不言而喻。

在这种语境下，基于以往和不同文明交往的体验，我们提出"一体两翼"的传播观念。"体"，即上述的"四观"内涵；"翼"是使"体"能够飞起来的内容和形式。就内容和形式的关系而言，两翼，一为包含中国医学、文化、书法、绘画等各种文化形态的内容之翼，一为包括汉语传播、戏剧、歌舞海外演出等走出去的活动，还需要把真实中国的影像传播出去，这些是形式之翼。如果我们从文化形态所包含的文化之"体"的系统深刻角度说，中医和茶文化则是中华文化飞出去的两"翼"。

中华文化的各种文化形态诸如中医、茶、书法、绘画、戏曲、歌舞、工艺、武术等等，都在以其独特的魅力显现着中华民族的性情和品格，也都从某一角度、在某种程度上展现着中华民族的性情和品格。鸟无翼固然无法起飞，但是如果没有羽毛也难翱翔，甚至无法成活。有体、有翅、有毛，就可以飞入寻常百姓家，也可以漂洋过海。

三　真实影像的传播之翼

需要进一步探讨的是传播的方式。在一些学者看来，当下已经进入深度的"读图时代"。这一看法无论对错，至少说明目前的传播媒介已从文字的一元主体进入到图文并重的多元媒介传播时代，在此语境下，传播的内容、形式、介质、渠道等都要发生深刻的变化。

影像传播已经成为发达国家文化战略极为重要的组成部分，突出的例子就是美国好莱坞，它不仅是一个全球影视创意中心、产业中心，更重要、也是更隐晦的，它是美国传播西方"四观"的文化战略中心。一方面，通过好莱坞生产的影片，把以美国为代表的西方世界观、价值观、伦理观、审美观巧妙而深入地渗透进去，向全世界播撒；另一方面，因其精良制作、强势产业化，又让全球观众趋之若鹜，在影像文化的播撒中你情我愿地完成了文化传播的"合谋"。

中国的影像文化产业正在飞速发展，在拿来主义中不断学习西方文化产业的运营方式，取得了一些成果，也产生了不少的问题。目前，纪录片正在兴起，越来越成为社会关注的文化产品，而且不少优秀的纪录片都把关注的目光放在了诸如茶、中医、丝绸之路等传统文化题材上，这是一个很好的现象。

纪录片被称为"一个国家的相册"，人们从中看到这个国家的过去、现在，并思考其未来。纪录片也被称为影视产品中最为高贵的类型，因为具有（或者至少是应该具有）"真实性"。"真实"让纪录片的所有功能和特征都有了发生的基础。因为纪录片的真实记录，真人真事，同时加入了创作人员的视角和思考，使得纪录片的真实是一种多元的真实，可阐释的真实。一方面，它比新闻更深入；另一方面，因其深入性和逐次展开推进，又使得它比短暂的、蒙太奇而成的新闻更富深层的真实感。历史类纪录片可以让现代人了解过去的历史，借鉴前人经验；社会现实类纪录片可以让人超越自己的生活范围，了解社会当下发生的真实动人的故事；自然类纪录片为我们打开通向自然的视窗，也让我们了解祖先创造伟大业绩时所处的环境和我们当下生态面临的问题；科技类纪录片更让我们获得超越感官所能获得的体验，更加深入理性地探索我们身处的世界。总之，纪录片可以构成一个关于人类文明的相对完整而真实的影像链条，让文明在影像中得到复刻、再现、传承和传播。

我曾经深度参与过多项纪录片项目，从中也学到了很多。例如汉办主导的《汉字五千年》，系统化地用影像勾勒了中国汉字文化的绵延传承，一经播出，取得非常良好的反响。国内，从最高层到普通小学生；国外，从美洲到非洲的男女老少，都从这部片子里各有所得。又如联合国地名组织与中国民政部合作主导的《千年古县》，迄今已经制作六十余集，在多家中央和地方媒体播出。这部纪录片系统整理了中国千年以上古县的历史、文化、民俗，在我看来，这是一项抢救性的工程，用影像的方式把正在不断消逝中的文化保留了下来，让人们对自己身处的这片土地有了更加深刻的认识。通过影像的传播，"千年古县"正在成为一个品牌。

目前我正在主导一部关于普洱的纪录片，这与我以往的切身体会息息相关。不久前，我再一次进入云南深山茶区，来到傣族、拉祜族、布朗族和阿佤族的千年古寨。那里是全世界的茶的祖源地。树龄两千七百年尚未异化的、一千八百年至今仍可采摘饮用的古茶树，依然挺立在茂密的森林中。感谢那里的各民族百姓，他们世世代代坚守着从远古传承下来的质朴纯真的文化。我坐在他们中间，喝着他们亲手采下的茶，听着他们真情的歌，仿佛进入到另一个世界，一个中原先民曾经经历而很久以前即已被忘却的世界。

万物有灵，是他们的信仰。茶树在他们心中是神，是祖，也是朋友。每当春天来到，即将开采新茶，各个寨子都要倾寨而聚，拜祭茶祖，其虔诚、隆重、肃穆而激情，让我们这些来自"发达"地区的人们震撼、感动、深思。那时，我犹如回到了中原地区夏商时代，听到了自己远祖的呼唤，感到了上天和大地对他的子孙的关爱和期盼。原来，这个地区的人民对人和自然关系的理解以及其自身的精神，要比我们和一切发达地区和国家的人们要先进得多，真实得多，直白得多。他们的"落后"只是在经济方面。但是，人类前进的步伐，难道应该用，或者说只能用经济这杆尺子衡量么？人的价值应该，或者说只能用钞票来衡量么？

受感染而深思的不光是我，所有同行之人，都被这样原生态的文化所深深打动。可是能去到这些地方的人毕竟是少数，怎样把这些可贵的、珍稀的，而且是正在消失的文化保存下来，传播出去？这是我一直在思考并践行的事情。我认为，通过纪录片的真实影像，可以最大化地保留和传播我们这些珍贵遗产。于是，人文纪录片《天赐普洱》项目启动了。现在各组导演正深入到中国最基层的边陲村寨、人迹罕至的原始森林，用前沿的理念、先进的设备、现代的手法来记录这些古老、原生、"落后"的对象。这本身就是一种让人感喟的对冲，这是对当地文化的深度纪录，也是我们所有参与者一个深入的学习过程，更是对将来要观看到这部纪录片的广大观众的一次文化唤醒。文化，不等于都是阳春白雪；深刻，不等同于晦涩难懂；核心是意蕴的深沉，感情的醇厚。我们力图用人人喜爱看、看得懂的画面，揭示居住在"发达"地区的我们曾经经历过、本不该遗忘的淳朴信念：感恩、敬畏，友爱、善良。

四 跨文化对话之翼

在跨文化传播中，纪录片是一个很好的载体。我们要有中华本位，也要有普世思维；要有国家高度，也要有人本情怀；要有国际视野，也要有原生呈现。我始终相信一句老生常谈：民族的就是世界的。但这句话应该从更高的层次去理解，民族的不代表去搜寻那些几乎人类都会并都曾沾染的阴暗、灰色、"绝对"和封闭，而是要从人与自然的亲和，对崇高信仰的坚持，对社群和谐的追求这些最本真、最原生，同时也是最普世、最国际化的角度去发现和记录。我相信，一直困扰中国，也在困扰全世界的难题，应该从这些角度和对象中去寻找答案。

向国际上传播，实际上就是在和各国人民"对话"：中国和外国对话，历史和现实对话，片子里的人物、草木、山河在和各国观众对话。因此，一定要摒弃过分的阳春白雪和经院化倾向，要在微观的个人、事件中寻找到最"一般"的意义。要知道，跨文化传播的对象对中国的了解甚少或者是零，他们希望看到真实，获得感触，引起共鸣。反过来看，能让外国人引起兴趣、获得共鸣的人物和故事，也一定能让我们国人从中收获感动，引起思考。只要是真实的、普世的、原生的，就是最具传播力和穿透力的。

纪录片和真实影像所能影响的对象，不仅仅是广大的观众群体。我一直认为，文化的交流和传播可以分为三个层面：

第一个是政府间的交流，主要是因时、因地、因人（对象），围绕着国家间的利益进行。这种交流决定着国家间的政治关系。第二个是学者间的交流，这种交流学术性强，参与者寡，但却直插文化根底，接触彼此的价值观、世界观、伦理观，其影响久远。这种接触的成果可以观照文化的所有领域，真正了解对方的"心"和"根"。第三个是大众间的交流，也就是现在开始引起注意的"公共外交"。商贸、旅游、留学、演出、体育竞赛等都属此类。

这其中，我尤为看重的是学术交流层面。作为相对最不具功利性和政治性的交流空间，学界的交流可以超越政治和意识形态；上可以影响各自的决策者，下可以影响大众，在文化的根本上产生影响。相应地，纪录片所锁定的受众也呈现出高文化、高学历、高层次的"三高"特征。相对于好莱坞类型的影视文化，这些精英更加相信也更看重纪录片所呈现的真实，因真实是思考的基础，也是思考的终极目标。

跨文化交流需注意道、器之别。固化的文化形态、文化产品，从本质上看，都属于"器"的层面；我所说的"四观"则是"道"的层面。而在"道"与"器"之间，通过纪录片把人文化、普世化的中华文化之体——它一直活跃于学者的书斋和沙龙中——转化得更加具体而深刻，朴实而鲜活，这实际上是一个"植道入器"和"因器见道"的过程，就是"技近乎道"的过程。在中华文化复兴、文化走出去的征程中，纪录片真实影像作为其中推动之一翼，在跨文化传播中所能起到的作用，值得期待。

文化战略论说

发掘传统文化瑰宝　建设社会主义新文化[※]

　　习近平同志近期一系列关于文化的讲话可能是中华文化发展的一个巨大的加油站，还可能是个历史性的拐点。他这一系列讲话的意义酝酿着中央迟早会出台一个关于弘扬传统文化、发展社会主义新文化的《意见》或《决定》。给我的感觉是，国内知识界、媒体界、理论界，对近平同志讲话的重视程度不如美国。美国公开的几个最主要的基金会都拨了专款，调集了最高的精英研究近平同志的这一系列讲话。我们尼山论坛组委会站在弘扬传统文化和中华文化与世界文明对话的最前沿，因而我们更敏感，我们今天的研讨会也是要对近平同志的讲话作出呼应，展示中国学术界、思想界现在思考些什么。

　　近平同志的讲话体现出中央关于引领社会主义新文化发展的思想越来越深入、越来越清晰。概括起来说，第一，建设社会主义新文化，必须继承、弘扬优秀的传统文化。在优秀的传统文化当中，儒释道当然是主干，但在儒释道三家中，儒家又是中坚力量。第二，一定要进行创造性的转化，创新性的发展，也就是"扬弃"。扬弃这个词，学术领域很早在翻译黑格尔的《小逻辑》时就已经用到了，黑格尔的《小逻辑》提出了要"扬"要"弃"，"扬"就是弘扬，"弃"就是弃除，扬的是精华，弃的是糟粕，扬弃本身是一个事物的两个方面。第三，13 亿人，每个人都要成

　　※　2014 年 1 月 16 日在尼山论坛组委会"学习习近平总书记曲阜讲话精神座谈会"上的讲话。

为展现、传播中华文化魅力的主体。我体会，这三点都是有方向性的指导。第四，在中华传统文化当中重要的、核心的、急需的，和今后的社会发展、增强国力最密切相关的是道德伦理。

中华民族的道德观决定于中华民族的宇宙观、价值观，再加上审美观，四者浑然融合为一。（今天我们为了说得方便，不得不借用西方哲学的这四个词，其实在中国是不分的。）道德观直接体现着中华民族的价值追求，也就是精神追求。这种追求是源于万千年的生活、生产经验和不断思考，在历史长河中逐渐认识、完善、总结、发展出来的。所谓价值，既有个人的价值，又有社会的价值，而中华民族的社会价值就由多数的个人价值所组成。我认为这就是稳定、和谐、生生不息、允执厥中，提高到形而上就是中庸之道。从《尧典》的"允执厥中"到孔夫子所说的"夫中庸者，天下之至德也"，以后演变出《礼记》的《中庸篇》，后来人们也常常提"中和"。个人的价值呢？即构成稳定、和谐、生生不息、允执厥中的社会价值的个人价值是什么？概括起来说就是仁义礼智，也就是中华民族几千年来的伦理观。

仁义礼智的特点是内在的追求，不是遇事只求于外，而是求于自己内心。因此每个人应该不断地完善自我，而且这种完善是无止境的，因为中国人主张"止于至善"。但是，按孔夫子的思想，"至善"是极难做到的，只能并且应该不断追求、不断提升。仁义礼智四者的核心是仁，仁之外，义、礼、智、信、忠、孝、廉、耻等等，都是在不同领域里体现的重新命名，也就是宋儒所说的"理一分殊"。理就是一个，即处理好各种关系，包括人和天的关系，但体现在不同领域有不同的特点，因而有不同的词语。因为要做到仁，就形成了中国人、中国传统文化当中的"推己及人"，由"推己及人"扩展到"推人及物"，这是非常博大的视野和胸怀。这种伦理、这种价值，如果论证起来，其必要性就是非此不和，离开这条路另寻他途一定是不能和谐、不能稳定，因而也不能生生不息。例如经常有人谈到，世界其他几个古代文明都中断了，只有中华文明没有中断。我想补充一句，那几个古代文明，人种都变了，对比之下我们就会清晰地意识到"生生不息"之重要和不易。我们人种没变，文化没断，这是世界的奇迹，必有其理。那么可能性呢？人怎样才能够不断追求内在的完美、止于至善？中国人认为人性善，这种人性善就给我们传统文化的伦理观、价值观提供了可能性。当然，人性善也是一种假设，其实人生出来没有善恶之分的，但是我们这种假设和一神论的预设有根本不同：它是着眼于人的，以人为本的，是符合民族的愿望的。历代学者、百姓的观念对人性善坚信不疑，于是形成了我们深厚的历史渊源。而性恶之说，虽经荀子提出来（仔细剖析，荀子也并不是认为人性本恶，恶是有条件的），但在中国后来的历史中几乎无立足之地，这不是偶然的。因此与其说人性善是一种假说，毋宁说它是对人生的肯定、对人自身的赞赏。所以中华民族的价值观，即我们常说是人生观，是积极的、乐观的、深沉的、入世的，是以人为本的。

其实我们的"以人为本"观念是有个历史发展过程的。从传世的文献看，例如《左传》上提"民者，神之主也"，发展到《孟子》的"民为重、社稷次之、君为轻"，再发展到后代越发明晰。人不仅仅是自己的主人，是国家的主人，而且是宇宙之主、之心，但这并不意味着把宇宙作为自己可以从心所欲地利用的资源，这就又和西方不同了。西方哲学上千年来所不断反复讨论的所谓"存有"，也就是存在和意义，按照中国人的思维，无不都指向人、人生和人群，人群就是社会。

中国人的伦理观、价值观，根植于自己独特的宇宙观和世界观。我自己有一个体会，要想开掘好、研究好，要创造性地转化、创新性地发展，就必须把中国优秀的传统文化提到理论的高度，提到形上的高度去认识和阐释。不然就会把裹小脚、纳妾都算儒家文化了。实际上，儒家文化也好，释、道文化也好，看到它的核心就知道，是跨越国度的、跨越时空的，具有永恒的魅力。中国人的宇宙观是"天人合一"，其实眼前最好的说明，就是中国人在古代很少谈"宇宙"这个词。东西南北上下谓之宇，古往今来谓之宙，其实就是天地。所以中国人从古就说天下、天下、天下，其实包括天上；一用"宇宙"，无形中就把时间与空间作为两个物质分别开了，而且抛开了二者的关联。

到后代才有更多的人谈宇宙，特别是宋人喜欢说，但是他们所说的宇宙也不是时间和空间的二维。这也有一个发展过程。例如在《周易》上说"大人者，与天地合其德，与日月合其明，与四时合其序，与鬼神合其吉凶"。发展到《中庸》就说"可以赞天地之化育，则可以与天地参矣"，天、地、人"三才"正式形成。"赞天地之化育"，因为天地是生生不息的，一切的万物全是天地之所生，人类应该助之。再晚一点的《说文》上，就改造了《老子》的话，说"天大、地大、人亦大"。此后这种形上的研究沉寂了几百年，到了宋代，张横渠（载）在他著名的《西铭》里说"天地之塞，吾其体"，天地交合的时候，就是人类的存在；"天地之帅，吾其性"，天地所展现给人们的榜样就是我自己的本性。大家常用的"民胞物与"，也是浓缩张载的话而形成的，天下所有的人都是我的同胞，世上所有的万物都是我的朋友。前年我给孔子学院大会1000多名外国专家讲《我的宗教观》的时候，就特别讲解了"民胞物与"，受到他们的赞叹和理解。到了陆九渊，他说"宇宙内事是己分内事，己分内事是宇宙内事"。到了王阳明，在他著名的《大学问》这篇文章里说，"大人者以天地万物为一体者也"。这些都是大家所熟知的。也正是因为天人合一，所以我们悟到了和而不同，从物质上的和而不同到精神上的和而不同、学说的和而不同、人群的和而不同，所以中华文化具有巨大的包容性，中华大地上出现了三教融通的奇迹是有着深厚根基的。提到形上、提到理论上看，这些都是民族瑰宝、突出优势。是不是宝，是不是优势，是不是突出，是比较出来的。我们与天人对立、精神物质对立、现象本质对立、肉与灵对立的西方思想截然不同，哪个更适合人类的生存、繁衍、幸福？古希腊也曾经有过要靠近天人和谐的学说，但是由于它在哲学上的二元对立观而终究走到了祈求神、相信原罪、寄希望于救赎这条路上去了。

拿物质与精神的关系来说，我们从来不认为两者是对立的，用佛教徒的话说，从不是"两橛"。因为物质可以变精神，精神可以变物质，物质影响精神、表现精神，精神寄于物质、贯注于物质，物质体现了生活，而精神则体现了价值。中国的形上学到宋代达至高峰，可是我们的形上学研究从来不是一个职业，不是一个狭小的专业性学问，而是几乎所有的士君子都很关注，甚至很有见地。研究了形上，还要回到人间，关怀人间，解决人间的种种问题。孔夫子曾经说过"下学而上达"，我领会就是从现象界走到形上界去认识主客观的根本规律；我想添五个字："上达而下潜"，也就是从形上要回到人间、进到人心，指导人间的生活。这种"下学而上达"，以及"上达而下潜"，时间长了就形成了中华文化的基因。这种基因潜藏在、隐伏在13亿人每个人的心底。即使是杀人犯，当执刑前记者问他还有什么话要说的时候，许多犯人也会痛哭流涕，说对不起我妈妈。这说明，即使是"一阐提"心里还是有这样的基因的，但是法是无情的，不能因此而减刑。我们的任务就是既"下学而上达"，又要"上学而下潜"，不带宗教色彩地去唤醒这些基因，培育这些基因。要做到古为今用、去粗取精、去伪存真，要想让它跨越国度，保持永恒的魅力，必须如此。

据我所知，世界几大宗教从第一次世界大战以后，就开始自觉地进行改革。犹太教真正的改革就是一战以后，高潮是六七十年代；天主教的第二次大公会议是改革的标志；基督教就更不用说了，它本来就是马丁·路德和加尔文改革的结果。上一个世纪他们也一直在改革，不必去读他们的神学著作，只需看看宗教电视就行了。我亲眼看到，华盛顿的一个最著名的神父，拿着卫星火箭模型上台讲道，把教义和现代科技结合起来。我还看过美国神父拿着话筒跳迪斯科、唱歌、讲故事，并不张口伊甸园，闭口大洪水。这不仅是方式方法的变革，主要的还是教义也在改革。例如 God 到底是什么？有的基督徒认为不是一个人格神，而是冥冥中一种最大的 power。这些都是改革，他们改革之后就可以在我们中华大地上迅速普及。如果我们对普通的民众讲述中华文化时仍然还是古语一大堆、术语一大堆，那听众只能跑掉。

中华文化必须走出去。这既是中国的需要，也是世界的需要。现在是最好的契机，一方面是西方的经济、社会出现了很多问题，他们在反思；另一方面，而且是更重要的，科技的迅速发展颠覆了神启论、二元对立论等思想的基石。他们的宗教改革也是为适应近几十年来科技的发展而兴。所以我们要全面客观地认识世界，西方许多思想家也在启发人们尽量反思，在他们的演讲里和笔下，越来越多的人开始承认中国的智慧不但可以解决社会的问题，更根本的是有助于解决人心的问题，而社会问题是人心问题的反射。而且西方科学家和思想家举出越来越多的例子证明，当今西方科技发展获得的最新成果，常常与中国古老的哲学和理念暗合。现在摆在我们面前的任务是，我们必须"三关注"：关注当下、关注世界、关注未来。

其实九十多年前罗素有一段话在某种程度上已经对西方文化的反思带有预言性，在《怀疑论》里，他说："事实上我们常有两套道德标准，一套是只说不做的，另一套则做而不说。哪两套呢？实际上我们所行的道德都是透过斗争以追求物质成就，不但国与国如此，人与人也如此。我们乐于以力服人，而且以力服自然。我们的道德导师专以干涉他人为荣，完全不能怡然自得。在我们观念中所谓美德其实往往是指好管闲事，以至一个人必须到处的惹人嫌。这种态度来自于我们对罪的看法，也就是自以为在赎罪，它不但导致了干涉自由，而且形成了伪善。"紧跟在后面的一句话有意思："在中国就不然。"是不是罗素出于对中国的偏爱呢？不是。就在一个星期前，《参考消息》上登的西班牙一位中国问题专家胡里奥·里奥斯的一篇文章可以代表现在西方思想家对中华文化的思考。他说，中国的发展变化兼收并蓄了三个主要元素，第一个，与古典文化相关的传统思维，由一切有助于在发展进程中促进稳定的因素组成，越来越强调道德和恢复过去的某些有利于保存社会凝聚力的行为准则；第二个，共产主义思想，中国的特点是不断根据自己的形势适应新的思想潮流，同时还要提出自己的想法，换句话说中国的特色；第三个是西方的思想，他所说的是指当代的西方思想，反映出中国给予法治国家和法规为基础的政治文化的重视，这是在中国越来越被承认的原则。一个是100年前的伟大哲人，一个是现在哲人的判断，就证明，西方不仅仅在经济生活领域需要改弦更张，他们的精神生活也需要吸取异质文化的有益成分开辟一条新的道路。所以我说世界需要中华文化。而我们的文化要走出去，必须采取别人喜闻乐见、听得懂、愿意听的话语和形式去表述，这是我们对世界责任的担当，是世界的需要，也是我们当前急需克服的难题。

（根据录音整理）

影响中国未来的系列讲话[※]

习近平同志最近的一系列讲话重点在谈弘扬优秀传统文化和现实生活相协调，建立中华民族新时代的价值观。从这里可以看出中央的重视。

两天前，他和党外同志座谈的中心话题是改革开放、党所领导的多党合作制度，其中也贯穿着要用强大的中华民族文化做支撑，来推进下一步工作，要在自己民族文化的基础上认真地学习世界上一切好的东西，走自己的路。他谈到中国的历史、中国文化的发展，以及我们所追求的中国特色社会主义是中国五千年文明逻辑的延伸发展。

任何民族的传统文化并不只是学术显微镜下的标本，而是活生生的存在，是民族未来的基础，因此，所有有关的学问都应该为了现在和未来。这将引发我们这个领域里的一次思想解放，鼓励人文社会科学学界加强研究，挖掘、弘扬和舍弃，其实也就是在人文社科领域里面又一次姓"社"姓"资"的大讨论。

大家都还记得 80 年代末 90 年代初，全国关于经济领域里姓"社"姓"资"的讨论吧，小平同志两次南巡，就是要解决这一问题。他没有在北京发表讲话，而是到实地去看，根据地区的信息做出科学的论断——特区姓"社"，不姓"资"；资本主义有市场，社会主义也有市场；股票这些手段资本主义可以用，社会主义也可以用，等等。

其实在人文社会学界始终存在着一个姓"马"还是姓"孔"的争论，也在影响着传统文化的继承和弘扬。所以，山东大学儒学高等研究院着力

※　2014 年 1 月 24 日在山东人文社科研究协作体第二届年会上的讲话的一部分。

研究"马克思主义与儒学"这个课题，就是想从学理上和历史回顾、现实剖析方面解决这个问题。近平同志这次到山东来的一系列讲话，在我看来其实也就是要解决在这个领域、在中华民族精神文明建设领域中的姓"孔"还是姓"马"的问题。

运用马克思主义的立场、观点、方法对我们的优秀传统文化作一番深入的研究，进行扬弃，使之和时代精神相协调，逐步建立起社会主义的新文化和价值观，这本身就是马克思主义中国化的一个必然的、重要的过程和一个重要的组成部分。近平同志在纪念毛泽东同志诞辰 120 周年讲话中，对毛泽东同志有一句话应该引起我们的高度重视——毛泽东同志是马克思主义中国化的伟大开拓者。细想想，毛主席领导我们革命和建设的几十年，在毛泽东思想里，很多内容都根植于我们五千年的文明。在政治上的一个明显的例子，就是把统一战线作为中国共产党的法宝之一。马克思主义中国化这几个字是毛主席 1941 年提出来的，后来迫于第三国际的压力收回了，改为马克思主义的基本原理和中国实际情况相结合，直到后来江泽民同志再一次提出"马克思主义中国化"。其实中国共产党九十年的奋斗过程，领导革命和建设的实践，一直都是在探索这个中国化，走中国化的道路。

谈到马克思主义中国化，谈到中国的国情，第一位的国情应该是中华民族五千年的文明。这是中国独有的"国情"，其他方面的情况，在物质方面、社会层面的问题，比如人口众多、地大物"薄"（人均占有少）、文化教育科技落后等等，世界上许多国家和地区都有。唯有中华的五千年文明，在世界上独一无二。你有你的文明，我有我的文明，各不相同。每个民族的文化都是独有的，因此每个民族的发展道路也都具有自己的特色。中国各个方面的建设必须跟国情的这个最重要方面结合才能把中国建设好，抄谁的都不行。所以我说与中华优秀传统结合是马克思主义中国化的一个重要方面，一个重要过程。

近平同志的一系列讲话，在逐步地由点扩散到面，由浅入深，由分散到提出纲要。它势必将影响中国的未来，甚至影响世界的走势。

在这种情况下，协作体及时地举行了今天的年会。从今天大家发言的题目看，大多在考虑的问题一个是对传统文化进行解读，一个是思考如何把我们研究的成果推向民众、推向社会，包括提出进行传统文化教育的建议等等。我觉得这就是我们协作体的活力所在。当下山东需要，全国需要。例如山东省开展了相当长时间的"四德"教育工程，在广大农村取得了很好的效果，更大的放射效应将慢慢呈现。现在，广大干部，特别是基层干部以及村民，城市的工人、知识分子和公务员，都急需了解、把握、领会传统文化的途径，需要接受优秀传统道德的熏陶。中国传统文化的基因就在每个人的脑细胞里，体现在日常生活和习惯之中，但是"百姓日用而不知"，需要一定的理据武装。例如，在"四德"教育中为什么提倡个人的品德？今天的品德应该包含哪些内容？"四德"之间的关系是什么？为什么在村民中首先提倡孝？现在我们的工作所依靠的，是老百姓对优秀传统道德的怀念和渴求。在社会文化水平提高之后，谁都要问几个为什么。只是因为现实需要而形成一股力量，一阵潮流。如果没有持续的动力，这股力量会慢慢消耗尽的。当人们明确了为什么之后，才能在脑子里生根，渗透到血液里，才能一代传一代，才能在齐鲁大地、中华大地扎根。这又是我们几千年的经验。

但并不是说所有从事研究传统文化的人都"走出去"。我们还要做基础研究、理论研究、书斋研究，要"下学而上达"。同时我们也需要"上达而下潜"之士，也就是需要大批善于把孔夫子的学说用通俗的语言、人们喜闻乐见的形式，浸润到更多人心里的人才。这既是中华民族素质提高的必经过程，也是我们目前的困境、极大的弱项。解决这个问题的途径只能是各种形式的教育，推动这项工程的主要力量则是政府。要做到这一点，就需要先从 GDP 综合症的病房里走出来。

在我接触以色列人或美国的犹太人以及德国人的时候，无论是企业家、议员，还是大使，常常坐下来主要是谈文化，包括历史、艺术和哲学，有的人则用哲学剖析文化现象。将来到山东来的外国学生、学者、官员，可能会跟当地人就中华传统文化、孔子思想、世界文化的走向以及中华文化的长短进行交谈。如果我们各个阶层都能有一批人谈出个一二三来，那时中华民族就强大了，就会真正受到尊重了。也只有到了那个时候，我们的民族之根扎得才更深，根深才能叶茂，才能风雨不动，社会才能持久地和谐。

协作体要协作。在这一点上我看山东带了个头。虽然各省都有社科联（社会科学联合会），那是官办的。其实平时并没"联"，开会时候才联，有事了才"联"，平时很少或根本没有学术上的协同。而今天世界的科学研究动向，不管是文、理、工、法、医，都在走协同的路子，甚至是跨学科、跨行业的协同。这种协同如果提到哲学的高度看，就是要从原来以分析法为主导的科学发展，转到整体论、有机论的方向。因此，我们这个协作体除了开研讨会，还建议大家一起商量做一些什么协同动作和活动，思考通过什么样的形式、载体和平台才能真正协同起来。

在组建协作体的时候，我曾经提到过用科研项目促协同，现在根据近平同志讲话的精神跟当前山东与中国的需要，是不是也应该通过举办活动来促进？通过科研项目加活动，形成合力。其实全省人文社科界面临着共同的任务，就是立足于科学技术的新进展、新成果和经济社会发展的新水平，对先圣先哲留下的遗产作出新的阐释。例如，何为仁，从孟夫子到宋儒，关于王道、霸道，义与利的论述和争议，和当前世界的现实有何关系，等等。同时对这些应该继承的优秀传统在国内、国际生活中如何体现，也应该给予极大的关注。又例如，儒家学说当中非常重要的一点是礼乐问题，今天在社会上，在教育体系中，礼乐的作用是不是逐渐降低了？在弘扬传统文化的时候，礼乐应该处在什么地位？需不需要逐步形成新时代的礼和乐？孔夫子、毛诗序，包括小序，对音乐和乐教的论述分析是糟粕还是精华，还是二者兼有？有哪些适合今天？有哪些需要重新阐释？《乐记》不管是不是《乐经》的残本，对其音乐理论如何扬弃？这类具体问题我们可以列出很长的单子，即使挑选出最紧要的问题来，恐怕也是靠一两位学者或某一个单位无法解决的。这还属于基础研究，至于应用研究，把基础研究的成果转化成普及"产品"，让它走进百姓家，就更需要多单位甚至多行业的协同和协调。

我们在研究和普及优秀传统文化中的角色，不应该自诩是民众的导师，因为在我们身上的传统文化基因未必多于农村的老人们：我们只是书读得多一些，在学理上多知道一些。按照孟夫子所说，先知觉后知，先觉觉后觉，我们不过先知了一步，先觉了一步，只能充当一个唤醒人们习俗和记忆里沉睡着的传统文化基因的角色。当然，唤醒的同时也就给了人们一种更高的知与觉，也就是一些理据，这样，大批后知后觉者也会逐渐成为先知先觉者。

为了把扬弃的工作做得更好，我们也需要了解海外的人文社科、物质科学的前沿动态。为此，建议协作体的触角向外伸得长些。例如，依托一个单位建个海外人文社科学术动态的搜集、整理中心，给各个单位提供犹太教、基督教、天主教、东正教、伊斯兰教神学家、哲学家研究的最新动态概况；还可以委托自然科学领域的专家给我们介绍世界科学领域里的最新成果和动态。这些信息会提醒我们，现在我们对孔夫子、孟夫子，以及诸子百家的诠释也需要与时俱进，只有与时俱进才能适应现实，超越前人。

在经济领域，当年的姓"社"姓"资"问题直接阻碍了深圳的发展——其实是在阻碍着全国的经济和社会发展——和深圳每一个人的命运紧密相关，所以在深圳反应最为强烈。当前儒学振兴形势逼人，希望从现在起，我们能尽快有所思考，有所策划，有所行动。我提几点希望。

希望协作体能朝着国家文化建设与发展，包括文化体制改革的智库方向建设。

第一，当省里或各市需要的时候，由协作体组织负责给我们的干部在群众路线实践教育的过程中或者是党建其他场合讲解一个人应有的价值和道德，这是一个重要的主题。无论是贪腐，还是官僚主义、奢靡之风，剥开来看其实根源很简单，就是自己追求什么和为什么有这种追求。这用儒家思想中的精华和时代特色结合起来讲，最有说服力。打"老虎"，打"苍蝇"，既要治标，更要治本，本者，根也，就是人之为人根本，也就是价值追求。人们追求的价值有高尚的，有平庸的，有邪恶的，摆在每个人面前就是要走哪条路的问题。

第二，是不是可以和多个机构联合起来，在省文化厅的支持下，搞一个"传统文化嘉年华"，用种种文艺形式、商业形式、学术形式在各个市普及传统文化？现在许多地方办了多次"文化庙会"，十分火爆，因为传统文化走下了神圣的殿堂，这正是人们之所需。这也是学者的一种探索，话语体系转换的探索。我们不可能在一个"嘉年华"或"庙会"的讲座、咨询中，说那么多术语，说那么多只有狭小专业圈子里的人才懂的语言，也不能不回答游客提出的种种现实问题，而那些具体的，也许显得琐细的问题，是百姓不能不求得其解的，也正是我们这些长年坐在书斋里的学者难以了解到的。

第三，根据需要和可能，组织学者深入城乡百姓，深入社区。一方面去做 Morning call，同时发现与开掘在广大群众中鲜活的坚守传统文化的事例，而这些实例都是我们进一步研究的资源、文化创意的题材。学术界应该支持文化创意事业。现在文化创意的思维是近乎枯竭的，反复吃四大名著和金庸，或者由四大名著延伸胡编，除此之外没了。让他读《二十四史》或野史、笔记，里面的故事可多了，但是编剧导演们看不懂，也没耐心去读，因为出片要快，投资者急于收回成本、赚钱。老百姓当中鲜活的实例可以吧，民间传说可以吧，懒得去采风、体验。学界在这方面能不能帮上忙？中国台湾、韩国的文化创意通常是产、学、官、研结合的，这是它们比较成功的原因之一。

第四，大家都来思考，一旦中央有关于文化建设与发展或者是文化体制改革的《意见》或《决定》出台，我们如何应对？应该未雨绸缪，不要再反应迟钝，那就太对不起孔夫子和家乡人了。例如，协作体的各个组成机构，像儒学高等研究院、省社科院、孔子研究院的体制、机制、管理模式等需要不需要改革？如何改革？科研项目如何更加适应新的形势？这类问题要及早思考。总之，行动一定要快，抓紧跟进。

经济、文化与富强：重温古代圣贤※

文化问题是非常难谈的，因为文化无边无际。当前，社会开始重视文化，什么都要冠以文化标签，弄得人们更加抓不住什么是文化。至今，全世界还没有一个人能把文化用简短的语言精确而清晰地描述出来。

我想就几个问题谈谈自己的想法。

一　文化是花钱的，不是赚钱的，经济是文化的基础

经济是文化的基础，是人类一切社会活动的物质保障。道理很简单，文化是花钱的，不是赚钱的。有的文化品种、文化形态是可以赚钱的，例如电影。但就文化整体而言，是赔钱的。现在有一种误解，一说发展文化，就觉得赚钱的机会来了。比如说教育，是文化的一部分，但我认为教育不能产业化，教育是一种公益。"仓廪实而后知礼节"。在文化初始阶段，人们吃不饱穿不暖，凭着有限的生命力向大自然攫取生活资料，他们谈不上去追求文化。到了今天，对多数人来说，也是这样。

我所说的经济，并不是具象的，如农夫山泉或联想电脑，而是高度概括的抽象的生产力和生产关系。在经济领域里，生产力和生产关系具有决定性作用。在生产力和生产关系确定之后，稳定的生产方式对文化的发展变化有着巨大的贡献。中国的优秀传统文化，成长、定型、发展于农耕时期。无论是大家耳熟能详的和而不同，还是人们常说的仁义礼智信，乃至

※　2013 年 4 月 16 日在岳麓书院讲坛的演讲。

孔夫子所说的君君臣臣父父子子，无不和农耕这种生活方式紧密联系。因此，研究文化，无论是纵向的过往文化，还是横向的其他民族文化，都不能离开当时当地的经济，即生产力和生产关系以及与生产方式的关系。因此，不能就文化谈文化，必须与社会和历史紧密联系在一起。

二　文化是社会发展的决定性因素

到底文化是什么？据有关的学术机构和专家统计，全世界关于文化的定义有 500 多种，比较知名的有 200 多种。其实在我看来，文化的定义是无限的。任何一个人写篇文章，都可以给文化下个定义。

我对文化不采取精确定义，而是用描述性语言。首先文化是人兽之别。宠物在经过训练之后，可以做一些让你感到高兴、发笑的动作，那是条件反射，有食物做诱饵，并不是它发自内心的一种创造。推而言之，大象画画、猴子画画、黑猩猩画画，画得再好，标价再高，那不是文化，那是兽画。人之为人，同禽兽分化，一个关键问题就是文化。文化就应该提升人性，而不应该把人性拉回到兽性上去。今天的文化领域里，有些文化就是让人性变回兽性。

文化是一种生活方式。文化是多元性的。即使是孪生兄弟、夫妻、慈父与孝子，两个人的生活方式都不可能完全相同。文化是体现人类对于自身及他人的好恶、是非、荣辱的判断。文化无所不在，从衣食住行到文学艺术、宗教礼仪，一直到法律，都是文化。贯穿于所有文化，体现人的好恶、是非与荣辱的红线是什么？我归纳为"四观"：人生观、价值观、伦理观和审美观。

四观体现在哪里？体现在人的心灵里。在日常生活中，体现在人和人、人和物发生关涉的时候，也就是人的交往过程中。文化在哪里？固然在屏幕上，在博物馆里，在舞台上；但是它和每个人关系更直接，因而更广泛存在于每个人心中，每个家庭里，每条街道上。如果我们国学研究蓬勃发展，成果累累，出版物汗牛充栋，我们的舞台将会好戏不断、观众如潮。但是，如果心里混乱了好恶、是非和荣辱；如果家庭不和睦；如果在街道上，彼此碰了一下，不能说声"对不起"，对方笑一笑挥手告别；那么花了无数资源的屏幕舞台，就都白费了。文化就是人化。所有的文艺、宗教和制度，都体现了我们的人生观、价值观、伦理观和审美观。

文化之力在哪里？很简单，人人养成了在一定文化当中的生活习惯。湖南人吃辣椒是生活环境决定的，成了一种生活方式。只要在饭桌上一吃辣椒，"你是哪里人？贵州人。你呢？湖南人。咱们都吃辣椒！"马上有亲和力。和生活习惯相同的人生活在一起就会觉得舒服。这就是为什么炎黄子孙走到世界各地，仍然保持着华人的生活习惯。习惯引出认同。最高级的认同，是信仰。到了寺庙之后，和居士接触，很可能一个来自东北，一个来自广东，但是由于共同的信仰，马上成为好朋友。信仰也是一种习惯。文化之力就在于此。一个民族如果没有共同的信仰，就没有凝聚力，就散了。如果一个民族或者一个国家内部彼此不认同，为了小利而争吵，文化就散了。

文化既然是社会发展的决定性因素，就要看到文化同社会凝聚力的关系。一个社会的凝聚力，首先要靠"德"的自律，同时要靠"法"的他律。"法"也是文化。当一个国家或社会完全靠成文法来对所有公民进行他律的时候，这个社会实质上已经散架了。只有一个民族所崇尚的"德"成为社会的共识，大家以此来进行自我约束，不仅是消极的约束，而且是一种高尚的追求、无止境的追求，然后用法律来保证社会的底线，这个民族才能永远立于不败之地。德是判断优劣的，法是判断有罪无罪的。德的自律比法的他律更应该得到关注。以德为基础执法，效率一定高。

三 中国崛起需要文化复兴，必须续接当前的文化断裂

首先应当看到，中国是世界的一部分。现在的文化危机是世界性的。无论环境问题、资源问题、社会贫富差距问题等等，其实就是与中华文化截然对立的另一种价值观侵蚀的结果，是对物的无限追求，或者说是贪婪。今天我们生活得很被动。强有力者用了很高明的工具，在引导价值观，改变原有价值观。什么工具？第一是科技，是军事科技用剩下的、过时解密的，来变成民用，例如IT、无线通信。第二是用刺激感官的办法，因此我说今天的消费经济，是广告经济、模特经济、时尚经济和虚荣经济。这是中国现象，也是全世界的现象。

中国现在遇到了两难选择。我们一方面需要快速发展，另一方面加快发展就犹如一辆高速行驶的汽车，后面扬起的尘霾，正是今天所出现的种种社会问题。

当前文化出现了几个断裂。一是文化传统和当今时代断裂。突出的是文脉的断裂。今天的时代，是不出现大师的时代。何时才能出现像梁漱溟、冯友兰、牟宗三、钱穆这样的大师？二是研究与现实的断裂。学问既要在课堂上传播，更要在课堂外传播。学者的研究要和现实挂钩。因此我认为，研究汉学的人，要关注当下、关注世界、关注未来。三是宣传与心灵的断裂。其后果是主流与非主流的倒置。咱们当前的重大危机，是13亿4千9百万人缺精神、缺信仰。精神与信仰，是softpower最重要的东西。一个没有信仰的人，是可怕的人；一个没有信仰的民族，是可怕的民族。

怎么办？最重要的是要自觉了解和把握文化发展规律，坦诚地承认文化发展现状，反思危机在什么地方；然后研究如何建设自己的文化。第一要重新建设文化的社区，让所有人生活在一个和谐温馨的环境中。第二是在教育系统中贯穿优秀传统文化和时代精神的结合。第三是要善于利用宗教，利用它引人向善的一面。这样才能实现文化的复兴。中国崛起本应该包括文化复兴，因为只有文化复兴，才能真正强大。持续发展最重要的、永恒的动力是文化，也就是凝聚力。只有在物质基础上精神丰富了，才是真正的富而强。

既然有三个断裂，就必须要接续。因此学者要关注人心、关注家庭、关注街道。这需要整个民族，特别是社会精英和执政者反思。

文化的多元和中华文化特质[※]

一　文化的本质是多元的

人类的历史，从来是文化多元及其发展的历史，是多元文化相互接触的历史。这是因为，文化是人类的生活方式，民族文化是民族的生活方式。由于地理条件（包括气象条件）、生产方式以及偶然性等因素的孕育和制约，各个民族的生活方式自然形成差异，文化呈现多元。由于人是社会性动物，在社会的发展进程中，逐渐形成人类所特有的理性，形成不同的文化，不同文化必然发生接触。或因迁徙，或因种族的生存和延续，保护和争夺仅有的物质生活资源而与文化他者相遇。

在前现代的久长时间里，人类对文化多元的感知和应对，是不自觉的，是"跟着感觉走"的。人们只觉得他者和自己不一样，"非我族类"，好奇，警惕，防范，抗拒，冲突。在这段历史里，多元文化之间的接触是有限的，知道山外有山、天外有天的氏族很少。接触，不管什么样的接触，文明的和野蛮的，都促进了多元文化的各自发展，积累了大量关于多元文化相处、相离的经验和教训。对于像中华民族这样重视历史记录、善于以史为鉴的民族，一代一代的后来者不断享受着前人的经验和教训，这是中华民族延绵不绝而文化永远常新的重要原因。纵观全世界的情况，则相反的例证却数不胜数。为什么有此截然的不同？这的确值得人们深思。

　　※　2013 年 3 月 26 日在"澳门论坛"上的主题演讲。发表于《社会科学战线》2013 年第 7 期。

二　文化是各个民族的文化，有本质不同的交往方式

为了维护自己的生活方式和信仰，人们（民族、人群和个人）对他者的文化总抱着怀疑的态度。这是因为，人们习惯于已有的生活习惯、风俗、礼仪；而信仰是与生命及未来直接相关的，切断信仰以及由信仰派生或影响的礼仪、风俗几乎等于断绝了自己和后代的未来，即使在同一宗教或同一系统的宗教内部也是如此。这是历史过往中世界上宗教战争不断的根本原因或借以号召民众的口实之一。

处理与不同文化接触的方式，也因不同文化的核心理念不同而显现出明显的差异。总括起来，对待异质文化不外乎以德相融和以力相抗两类。以德相融，避免了相抗所造成的苦难，各自的文化也因为有了异质文化的刺激和启示，有充裕的时间和空间去消化吸收他者文化中的营养而继续成长；以力相抗，其效果自然相反，除了死亡的灾难之外，遗留下来的恶果之一则是扩大了与异质文化的心理距离，不但自身的文化成果受损，而且一旦结仇，百世莫解，给后世的再一次相抗埋下可怕的种子。相抗双方有时有正义和非正义之分，有时则难判是非。如果姑且不着眼于对与错的划分，而从人类生存的历史长河看，对抗之不可取，是自不待言的。所幸的是，在中华大地上，自进入文明时期起，就没有发生过任何宗教战争。这在人类历史上是罕见的奇迹。

不同文化之间其实还有一种关系，即彼此隔绝。这在工业化之前不足为奇，而在经济全球化时代，绝大多数民族即使想自我隔离也是不可能的。或者我们可以换句话说，这种方式也不可取。

三　文化的多元性受到空前重视

文化多元是历史的和现实的存在，但是对于人类来说却是个新话题。约一百年前，即 1914 年，发生了在科技最为先进的欧洲内部的相互杀戮——第一次世界大战。于是，统治全世界百年的大英帝国衰落了。接下来是德国之复苏和再一次由科技最发达国家发动的第二次世界大战，整个欧洲衰退，美国取而代之。那些坚持认为唯有世界中心的文化才是文化的人们注意到了东方，于是冷战开始，殖民地纷纷独立。居于世界巅峰、睥

睨众小的狂傲者，只有在自己身心俱疲的时候才会发现他者的存在。于是，自 20 世纪中叶以来，特别是在前些年 21 世纪即将到来之际，世界文化的多元性越来越受到重视。可能其中有以下几个原因：

其一，人类的理性已经比较成熟。经过从农耕时代到工业化时代无数先哲先圣的观察、思考、探究，人类渐渐把握到文化的本质和基本规律，认识到不同文化接触应遵循的"规则"。但是，人类的理性总是有局限的，因而在认识到文化确实是多元的、应该是平等的之后，在对下一步该怎么办的判断和选择上必然出现差异。亨廷顿教授的《文明的冲突》就是在这一背景下出现的。

其二，在关注文化多元化的潮流里，以学术界为主提出的不同文化应该相互包容、相互尊重、相互学习，把文化的排他性转化为与他者相融的刺激和动力的声音越来越强。认为不同文化必然冲突的观点受到越来越强烈、越来越深入的挑战。但是眼前的事实还常常与人们的期望相左，可能也正是一件接一件的文化冲突事件，唤醒了更多的人对世界的现在和未来进行理性的分析。

其三，以德相融的处理方式取得成功的例证逐渐增加并为人所知。例如从 20 世纪六七十年代起犹太教和基督教关系的改善；天主教和基督教、犹太教关系的变化，中国以和平友好的方式处理和邻国边界问题，乃至香港、澳门平稳回归等等，都为处理不同文化之间的关系、摆脱千年不变的思维和狩猎农耕时代的老经验，提供了确凿的例证。

世界各国越来越多的智者加入到呼吁不同文明对话、和谐相处的行列里来。这些智者的文化背景、学术积累、呼吁的对象、研究的方法、预想的目的不尽相同，但是主张不同文化应该对话，可以对话，应该通过对话相互了解、促进和平，是完全一致的。学界的声音在各国产生了不同程度的影响，下启民众，上达政要，起到了促使思考、增加选项的作用。联合国的教科文组织、社会和经济组织、文明联盟以及国际公众论坛、中国尼山论坛、国际炎黄文化论坛近年在世界各地的积极活动，为尊重和重视文化多元化的声音提高了分贝。

当然，我们不是盲目的乐观主义者。工业化、信息化和工具理性，正在以远远超过尊重文化多元化的力量在世界许多地方发威；武器的智能化正在并准备着以越来越精巧的方式威胁着人民平静的生活和宝贵的生命。这些，也使得处理不同文化间关系的活动出现许多不可预测的变数。不同文化间的对话将是长期的、艰难的。我的一位天主教朋友说，这将是一种长时间的"苦行"。我认为这个比喻恰当而形象，对此，所有关心和参与不同文化的人们都应该有充分的心理准备。

四 多元文化对话的核心是信仰和宗教

文化的排他性从来会以宗教或对带有宗教性学说的信仰为支撑。例如十字军东征，伊斯兰从 7、8 世纪开始的扩张，以及亨廷顿教授所"预言"的当代主要冲突，无不如此。这些冲突或赤裸裸地以宗教的名义，或用其他说辞做些遮掩，但是如果剥开外皮看看内瓤，其中的宗教性是路人皆知的。

任何形式的排他性，无例外地都出自于恐惧或贪婪，许多时候则二者兼备。如果出于恐惧，则常常是主动地侵略或被动地自卫；如果出于贪欲，则必然是主动对对方的无情侵略。

虽然排他性是所有文化的共同点，却有轻重之别，这体现在对待和处理与他者关系的态度和方式方法的差异上。这种差异取决于不同文化的核心，即宗教或学说的哲学基础。

毋庸讳言的是，一神教的哲学是非此即彼、非好即坏，二元对立。虽然德国图宾根大学著名的天主教神学家孔汉思认为基督教的二元论属于古代库姆兰修道士，而库姆兰是受了波斯哲学的影响，但是即使我们不到《福音书》中去寻找，就在《旧约》的《创世记》里就可以看到后来愈益完善的二元对立论的基础，即上帝是造物主，而宇宙中的一切都是被创造物，二者永远不能互换位置。此处要指出的是，一旦神学用哲学武装起来，其所排斥的就不只是另外的神，而是与己意不合的一切。这虽然已经背离了创建一神教的本旨，但久而不以为异，竟成为指导一切的原则了。[①]

---

① 孔汉思教授正确地指出了《旧约》和《新约》中的耶稣基督都不主张采取武力对抗。以上所述均见孔汉思《论基督徒》，杨德文译，北京：生活·读书·新知三联书店 1995 年版。

未
达
集

五　中华文化的特质

　　众所周知，中华文化的伦理观最突出的一点是主张"和而不同"，其哲学基础是整体论、综合论、经验论。这和一神论的二元论、分析论、先验论形成鲜明对照。

　　中华文化的三大支柱儒、释、道，在经过冲撞、融合之后，在哲学上基本达成一致。在中华民族看来，每个人都是社会人际网络中的一个节点，自然是整个社会的一部分；进而扩展，一国之人是一个整体，人类是一个整体，整个宇宙，包括所有的人和物也是一个整体，因而个人、家庭、国家、人类都是宇宙的一个极其微小的部分，这就是所谓天地一体、天人合一、"民胞物与"。用以处理人际关系、国际关系、人与自然的关系，都以儒家的"仁"、佛家的慈悲、道家的"善"为原则。这就是几千年来中华大地上不同源头的地域文化，外来的佛教文化和后来的伊斯兰、基督和天主等宗教不但可以和谐共处，而且相互吸收经验和营养，从而不断发展、创造，保障了中华民族的繁衍壮大的根本原因。

　　在中国人心里的"天下"，随着地理知识的不断扩展和交通的便捷而不断延伸。在经济全球化的今天，我们所关心的不仅是一己，而且是全人类，不仅是眼前，而且是属于子子孙孙的无限未来。在这种思维下，我们对应该如何对待多元的文化，用不着反省、思考、反复论证，就可以得出符合宇宙规律和人类社会规律，符合世界未来需求的结论。

　　中华民族的这些观念来自于无数世纪的经验。即使后人是从先贤那里学习而获得启发和教诲的，但是寻根究底，先贤的智慧也还是从实践中总结出来的。例如在古代，强势文化对于相对弱势的亚文化，从来就不是采取强制压迫和消灭的态度。那时有夷夏之分，其标准则在于教化水平之高低，对所谓"夷狄"，不存在种族性歧视，所以孔子"欲居九夷"（《论语·子罕》）而不以为"陋"，认为"微管仲，吾其被发左衽矣"（《论语·宪问》），提倡"远人不服，则修文德以来之"（《论语·季氏》）；孔夫子知道其"道不行"，曾又发出"乘桴浮于海"以达东夷的感叹，因为他主张"四海之内皆兄弟也"（《论语·颜渊》）。现在，几乎全世界都知道并赞赏孔子所提倡的"己所不欲，勿施于人"（《论语·颜渊》），这里所说的"人"，应该是囊括了全天下所有的人。看看近代以来中国对待其他国家人民的态度和方式，就可以清晰地感到先祖的宽阔胸怀仍然完好地保存在中华文化的基因中和国人的血液里。这已经不仅仅是中国人的处世经验，而且是一种民族美德，也是可以奉献给当代世界的一份礼物。

中华文化特质之"特"，就在于和弥漫于大半个世界的一神论哲学相比而显其异，还在于当许多人把文化的多元性视为新大陆的时候，中华民族已经履践了几千年，视之为已然和当然。应该说，有中华民族这样坚守文化多元、包容他者的成员，是世界之福，人类之幸。

六　中华文化的哲学特质在己身内部的表现

中华文化的哲学特质表现在自己的主流文化对待亚文化的态度上。

中华文化内部不但也是多元的，而且是多种源头的。以黄河流域为主体的中原文化，不断吸收了其他地区和民族、部族的文化而不断成长，同时又渗透式地反馈给周边。而各个亚文化也同样与异质文化相处、互动，相得益彰。说到这里，不能不提到中国亚文化地区之一——澳门这个多元文化的城市。

几年前，我曾在这里说过，澳门可以说是中华式的文化理性的缩影和样板。人们熟知澳门的过去。几百年中，在主权已不在我的情况下，澳门的中华文化并没有中断，而是以中华文化为根基，大度地容纳来自远方的异质文化，并形成了面貌既异于彼，也与中华文化本体不完全相同的文化。回归之后的短短十几年，澳门的文化又呈现出喜人的稳步发展的态势。澳门文化坎坷的和幸运的历程，将为整个中华文化提供不可多得的经验。

不能回避的是，澳门和祖国大陆，乃至和当今世界各个民族文化一样，正在面临着空前的严峻的挑战。这就是受到前面所提到的工具理性、物欲横流、个人至上这一强势文化的逼迫。但是，澳门既有几百年的经验，现在又有祖国经济蓬勃发展和文化建设稳步前进的依托，一定会和全国一样，逐步寻找到回归人之本性、具有澳门特色的文化，使澳门成为中国南端的中华文化重镇。

经济永远是社会得以存在和发展的基础。我衷心地希望，澳门在更好地发展经济、改善民生的同时，更为自觉地探索未来的文化发展之路，继续为祖国大陆提供难得的经验。

未达集

提高传统文化素养是领导干部的历史责任※

今天，院方给我出的这个题目"领导干部如何提高传统文化素养"是个非常难回答的问题。但是命题作文，总需要回答，所以我只能结合自己的学习经验跟大家交流一下。

一个世界性的难题

一百年前德国出版了一本书——哲学家斯宾格勒的《西方的没落》，出版不久就是第一次世界大战，所以当时没有引起人们的重视。之后就是德国的萧条，同时又在酝酿着第二次世界大战。第二次世界大战有多种原因，但根本原因是西方列强的争霸，直接的动因则是一次大战所造成的德国的萧条以及西方对德国战后的惩罚，使这个民族感到屈辱而且生活极端困难。20世纪30年代以后，当德国重新崛起时，一种民族的情绪就是要复仇，希特勒不过是这种情绪的一个集中代表，他又组成了一个集团，所以第二次大战应该说是势所必然。

因此，《西方的没落》这本书沉寂了几十年，冷战的时候热点也不在这里。在冷战的后期，人们感到世界分成两个对立的阵营有问题，乃至柏林墙倒掉以后，世界出现另种景象的混乱、纷争和残酷，这些促使西方的思想家、学者反思作为西方统治思想的所谓的传统——这传统指的是二百

※ 2013年5月18日在浦东干部学院的演讲。标题为编者所加。

五十年来，文艺复兴以后的传统，后来扩展到全世界。这时候斯宾格勒的书引起了人们的注意，斯宾格勒的盛名出现在他身后。这部书很难读，艰涩得很，因为他的知识太渊博了，那么洋洋两大巨册的核心问题是什么，为什么他说西方的没落，以及他提到的很多建筑、美术和学者等，常常让很多从来没接触过这些的西方学者都不知道。大家都知道20世纪的头一个十年，西方还没有那么发达，他怎么就说西方没落了呢？他是看到西方的工业化极速发展之后，农村大量消失，西方正在进入所谓城镇化。他认为人类的文化产生在农村当中，当都发展为城市，欧洲人都成为城市人，工业化的文明形成的时候，文化就没有了，因为没有了源头。而一个社会如果文化没落了，这个社会就没落了，所以他从欧洲的工业化就看出了西方正在没落。这本书中有的论点今天看来经不起推敲，但它的总体判断给了人们一个思考的角度。

今天中国面临着城镇化（原来叫城市化后来改为城镇化）和建设社会主义新农村的问题。作为一个参政党的领袖，作为一个中国的知识分子，我当然全身心的拥护这个决策。因为它是历史的必然，不这样做，我们广大的农民很难和城里人一样共享改革开放的成果，全国也很难走向全面小康，就无法实现"中国梦"。但是同时我又有隐忧：当人们远离草木虫鱼，没有时间和空间去观察日月星辰、日出日落的时候；当外边下雨、下雹子和人没有切身的关系的时候，从浅近的地方说，就开始没有了童话，没有了诗歌，没有了优美的散文。如果对大自然的观察，只是在天文台通过望远镜和科学家背着行囊上山下乡，而没有了广大人民对大自然的关心，没有了真切的邻居与邻居、亲戚之间那种细微的、温情的相处，中国人的智慧就要枯竭。因为截至目前，中华民族的智慧都是在农耕时代积累的，她真切地体悟大自然与人的关系，她有时间、有那种物质条件可以静下来思考自己的身与心的关系。

什么是人类的智慧？不外乎处理好四种关系：1. 人和人的关系。2. 人和自然的关系。3. 作为社会个体自己的心与身的关系。4. 今天和明天的关系。而所谓创造了一种新的生产方式、生产工具，或者做出了一个二十万行的软件，等等，这些只是技能，最多是聪明而不是智慧。

在中国现代化的过程中，在全世界科技高速发展和经济全球化的现实中，仍然存在着刚才所说的四种关系的种种困难、疑惑和矛盾，仍然需要人类的智慧。我们有幸作为中华民族的一分子，从中华民族汉族聚居地区的华夏文化和上海附近的余姚地区的河姆渡文化两种文化中，可以推测出一万年以前中国已经进入农业社会，也就有了对大自然、对人自身、对人与人的关系、对今天与明天的思考，虽然那时候还没有文字。有一万年农耕的经验，有传说记载的五千年，以及有文字记载的三千四百年的历史，中国人的智慧应该说在世界上也少有，它们合起来就是中国的传统文化。在谈到中国的传统文化的时候，我们不能忘记自古以来中国就是一个多民族的国家。"中华民族"这四个字是孙中山先生最先明确提出来的，它是一个文化的概念，不是一个种族的概念，就在我们的传统文化中，已经浸透了很多少数民族的文化和智慧。所以我说中华文化就像长江和黄河，从发源地就这么浩浩荡荡的，有很多条支流汇集到里面，然后才有了这条万古流淌的大河。我们观察一下少数民族的文化，无论是古代的还是现代的，仍然都是在农耕阶段或者农耕与畜牧相结合的阶段积累的，所以这条规律适应我们整个中华民族的优秀传统，也适用于全世界的文明。

我的隐忧就在这里，我们既要走一条城镇化的道路、新农村建设的道路，可是怎么又能把产生文化的土壤留下？当然一到周末城里人就会驾着私家车到农村走一走，但是这只能得到片刻的身心的放松和愉悦，获得愉悦，并不能获得智慧。有时候翻一翻古代的诗词，我的这种感觉就更为突出，即使是诗圣、诗仙，离开了大自然也不会有他们的诗、他们的词。因此这是一对矛盾：我们怎样在城镇化建设过程中既保留产生智慧的土壤与空气，又不片刻稍离世界各国共同发展的道路方向？

这也是一个世界性难题。

为什么要强调干部的传统文化素养

现在回到正题上来，如何提升，说老实话，我也在提升过程中，我怎么提升的我都说不出所以然来，因此只好和大家一起来讨论这个题目。既然说提高，大家首先得就什么是传统文化的素养这个问题取得共识，最后才水到渠成说怎样提高。

为什么要强调干部的传统文化素养？除了刚才我所说的要探索中国的发展之路，还可以分解成环境保护、民生提升、资源配置、城乡二元体制的改变以及收入分配等问题，还要考虑超越于这些问题之上的背后的问题是什么，那就是文化问题。在工作中，在学术研讨中，这几个方面当然要分开，但其实它们之间有着你中有我、我中有你的一体关系。

我想从以下几个方面说：

第一，文化素养是我们每个人诸素养中最重要的素养。虽说从身体到知识、到技能、到举止仪态都是素养，但最重要的是文化的素养。文化素养必然是以传统文化的素养为主体，这和民族的文化一样，任何时期的新文化都是在旧有文化的基础上和时代精神结合的，绝不是移植或者照搬的。我们个人也是如此，孩子从父母那里、从老师那里所接受的教育全是他们曾经受过的教育，可是孩子绝对不会像父母、老师，特别是在时代发展快速的当代。在家里我们都是为人父母者，我们的儿子、女儿他们是最先接触新事物的，如果我们不了解新事物，不接触新事物，自然出现代沟。我觉得，出现代沟的责任首先在父母，因为孩子前进了，你没前进，当然孩子前进有个方向问题，走错路了父母得给他扳回来，走错路那也是新的，现在稀奇古怪的消费，对孩子的诱惑也都是新东西。

第二，文化素养要以传统文化素养为主体。这是今天的干部必须具备的。中国流行的话说，我们的干部都是"五加二"、"白加黑"，大家整天忙于工作，很难有时间到党校学习、到培训学院学习；很难有时间坐下来看点东西或者思考点东西。可是老百姓在接触新事物，在被新事物诱惑或者引导。中国有句古话，"礼失而求诸野"，当人类社会出现城市之后都是城市的文化向农村辐射，当城市固有东西丧失了以后可以到农村找到。我们城里人、现在的大学生们，以及干部由于二十几岁就从政的缘故，在身上丢失、缺少的东西，在我们的广大农村、在城市的小巷子里仍然保存着。如果我们这方面丢的多了，传统文化没有，那么跟老百姓都没共同语言，就很难融合到一起，因为我们只会说套话、说官话。所以只有自己有较好的传统文化的素养，才能够和老百姓同语同心。

我讲一个我们过去领导人的故事。有一位曾经做过政治局常委的领导，当初年轻的时候在西北工作，发现当地的穆斯林不听县里干部的话，只听阿訇的。他就调查原因，当了解了情况之后，回来自己苦学《古兰经》。后来他又到回族地区下乡，在和村民谈话的时候引用《古兰经》，说真主、先知怎么教导人向善、关心他人的。说完之后老百姓高兴啊，以后县里再做什么决定，用这种方法来解释，老百姓非常拥护，因为我们政府采取的措施、出台的政策都是想利民啊。他并不会当地的方言、民族语，但用文化的方式做到与老百姓同心了。所以作为干部，当传统文化在自己身上保存着同时又和时代精神结合，这时候就很容易跟老百姓打成一片，所以我说这是干部必须具备的。在座有新疆的干部同志，这让我想起来我到新疆去视察的时候，和当地汉族干部说，我希望他们学学维吾尔语、哈萨克语，当然维族同胞、哈族同胞和其他族同胞也应该学汉语，因为要走向全国。如果干部还带着翻译，或者说那些老大爷不会汉语，还需要他儿孙一边听着一边给他翻译，这就隔了一层。当然要做到这些很难。

第三，唯有具有较好的传统文化素养方能执政符合民望。举咱们最近的例子，大家从习近平总书记在党校和视察南方等地的一系列讲话中，（尤其是担任副主席期间在党校的讲话）能看出来他的传统文化的素养是很高的，所以他提出来的一些东西就非常符合民望。例如我们现在常常说的"中国梦"三个字，它的内涵是什么？就是中国特色社会主义，就是我们的四化，就是不断改进民生、改进社会公平，而这不过就是老百姓所期望的富裕、安宁、和睦和安全。把它们都合起来又是什么东西？就是古人所期盼的小康，它就符合民望。

中国传统文化中的政治智慧在全世界是独一份的。例如在反腐中谈到了干部培养的问题，中国从秦始皇开始实行郡县制，郡县制暗含的一个理念就是贵族可以享乐，但他的儿子、孙子不能随便参与地方和中央的管理，只有有能力的人才能参与政权管理，于是中央用客卿李斯，地方郡县也不用贵族，这在全世界是第一家，中国从这时候开始严格地说就不应该叫封建社会。当初我们翻译用"封建"这个词，封建是封土、建国；周王朝时这块地给你叫郑国，那块地给你叫鲁国，从训诂学上说"封"就是边界上的土堆，像蒙古语的敖包，实际就是地界。但郡县制就不是"封"了，是行政单位不是王国，当然执行中有起伏、有回潮。

汉代时改变了选举制度，由地方推荐，这种推荐容易被垄断，但是也实行了几百年。隋代建立了很完善的科举制度，但是这个王朝时间太短。唐朝完全继承了隋代的制度，更加精细化，形成了一套覆盖全国的制度。这一在全国读书人当中选拔人才的制度，我们实行了一千三四百年。直到17世纪，欧洲仍然是贵族和宗教统治一切，后来西方人到中国来了解了中国的文官制度，才把它介绍到欧洲。英国开始学习中国的文官制度，这才从贵族手里把权拿过来，遴选杰出人才，由精英来做官员。所以现在全世界流行的文官制度来源于中国的智慧。

孙中山先生1924年在广州讲民权主义时说："你们年轻人（指在场

的党员干部）整天跟着喊要平等、平等。"胡闹！——这是我追加的，他没说"胡闹"这个词。他接着说："中国一向是平等的，西方人为什么喊平等？因为中世纪太不平等了，教会统治一切，连老百姓要跟上帝沟通都必须得经过神父。为什么说中国人一向是平等的？人不过是有先知先觉、后知后觉、不知不觉，如果努力，你可以由不知不觉变成后知后觉，由后知后觉再努力可以变成先知先觉，先知先觉的人如果不努力，（用咱们今天的话说就是不与时俱进）可以跌到后知后觉，再不努力又变成不知不觉，它是流动的，人人都有这种机会。但是受教育的人不多，所以要发展教育。"他的话是不是那么精确，我们且不管他，但是说的确实有些道理。所谓"知"和"觉"就是对世界事物的了解、对事物规律的把握以及执政所需要的本领，而传统文化就是这些东西的宝库。有了这种文化素养，我们所做的才能符合老百姓那里的传统的东西，我们的决策才能符合老百姓的愿望。

第四，唯有具有传统文化的素养，才能够具有独特的思维方式，避免二元对立等思维的干扰。这是在我们实际工作当中所需要的。什么叫二元对立？就是不是白就是黑，不是这个就是那个。这是违背辩证唯物主义和历史唯物主义的，违背毛主席《矛盾论》的论述的。我举什么例子呢？我举一个可能稍微带点极端的例子。现在我们对宗教的认识当中有没有二元对立？把马列主义跟宗教对立起来，因此我们的干部不敢谈宗教，不敢接触宗教，这样的情况是有的。甚至有的干部不敢在自己的工作报告当中谈到"仁义礼智信"，要说也全从中央领导的话里找词。实际上如果了解宗教史的话，就会发现宗教也是要满足人们解决四个关系才产生的。它要解决我是从哪里来的、最后要走到哪里去的问题，要解决人和人的关系，要解决自己的身和心的关系，这和我们今天谈文化、谈哲学能不能殊途同归呢？这要看今后人类思想的发展。

今天我们读康德和黑格尔的书大概没有戒心，因为貌似不涉及宗教，其实康德跟黑格尔最后论证结果还是上帝，而马克思却不怕这个，他既从黑格尔那里学习辩证法加以发展，又从费尔巴哈那里学习唯物主义，把二者结合创建了马克思主义的哲学体系。毛主席说佛教是文化，江泽民同志也说佛教是文化，我们看到的是表象，今天的香客企业家甚至花几十万元要去庙里撞钟、抢烧头炷香。一般老百姓也喜欢找好日子去烧香，其实人家和尚说了，头一炷香跟后一炷香是一样的。可是香客烧香是要表达那种功利的心情，希望烧炷香我的企业就会怎样，我家里就会怎样，但这些都不是佛教的宗旨。佛教是教导人怎么处理心的问题，特别是中国的禅宗。

宗教里有哲学。恩格斯早就说过东方的哲学都在《吠陀经》（婆罗门教的经典）中体现。我们对宗教的恐惧感、危险感，来自于背后的二元对立的思维方式。二元对立不是中华民族传统的思维方式，而是西方的希伯来—希腊·罗马的思维方式。中华民族传统的思维方式特点是整体的、辩证的。试想今天我们天天处理的各种工作，哪一项不是跟别的工作纠缠在一起？一定要用二元对立把它的界限分得清清楚楚，是不可能的事情。学习传统文化就可以把我们的思维方式加以改善，能够整体地、辩证地、实事求是地去研究它的规律。

在我们实践中其实已经积累了很多经验。比如为什么一项工作，当地的一把手或者是办公厅要把各有关局委办叫到一起来协调啊，就是因为事务是相互牵扯的。但这通常是自发的行为，只是工作逼得我们要多设几个副秘书长来进行协调，还没有提高到自觉的程度，这就需要通过学习传统文化，把它变成一种思维方式。从个人到工作思维方式，是逐步提高和深化的，需要加强修养才能实现。

从自觉到自信、自强：洞察表层、关注中层、筑牢底层

那么什么是传统文化的素养呢？文化是无边无沿的，有人的地方就有文化。正如有些西方学者所说，文化简而言之是人化，文化就是生活方式。什么是文化，至今没有精确的定义，有一个学术机构统计过，说全世界有五百多种定义；知名的、国际性的学者所下的定义就有两百多种。哪一个都不是权威，因为既然有人的地方就有文化，因此观察角度不同，定义也就各不相同。要给文化下精确定义本身就违背了文化规律，它是西方思维，是要用研究自然科学和物质世界的方法来解决人文和社会科学的问题。总的来说，研究物质、研究自然科学必须精确，但是人文的东西、心灵的东西是难以下精确定义的，因此我这么多年从事文化工作，却不想给它下精确定义。

既然"文化"没有精确定义，那怎么把握啊？这有很多方式，比如如果个人有点爱好：唱歌、跳舞、玩乐器、下棋、看戏或者写点字、画点画

都可以从某些方面把握文化，但是我这里强调的是把握文化规律，善于观察现状。这就是所谓"文化自觉"。

"文化自觉"这个词是费孝通先生先提出来的，但是我用这个词的时候它的内涵跟费老先生有点不同，我指的是能够基本上把握文化（包括民族文化）发展的规律，把握现状，预测文化发展的前景，这就是自觉。也就是我们作为一个干部要学会牵牛鼻子，而没有必要把牛从牛头到牛尾都管遍，不必眉毛胡子一把抓。

文化规律指什么？文化本身是多元的，如果极端地说，有一个人就有一种文化，夫妻两个就是两种文化，父子也不同，但是这就无法抓，无法琢磨了，那么应该找文化的共性。不同民族有不同民族的文化，不同地区有不同地区的文化，不同社区有不同社区的文化。我所说的社区不是指今天我们所说的城市的居民小区，它是社会学上的概念，包括农村、村庄，包括同一行业的群体。例如企业，像华为总部在深圳，它的经营网络遍布半个世界，中国移动在各省都有自己的分公司，但是合起来华为是一个社区，中国移动是一个社区，这个社区的文化是一致的，因此才能按照总部的意图去发展自己的企业。

目前最流行的说法是，人类全部起源于非洲，它后面体现的是欧洲中心论，他们说了算，于是说人类的原始祖先在非洲，因为在埃塞俄比亚挖掘出一个三百多万年前的智人。她被挖掘出来的时候，这两个考古学家正好拿着半导体的收音机在放音乐，那音乐的名字叫露西，于是就给那具化石定名为露西。我为此在访问埃塞俄比亚的时候特意去看了看，想象远古人的生活条件、交通条件，从非洲产生了智人，最后成为真正的人类，然后要靠两个铁脚板走到中国来，或者走到美洲去，还要通过白令海峡，我想象不出来，但是我不能证伪。为什么从百万年以前的猿猴慢慢经过南方古猿、能人、直立人、智人到最终变成人，今天无法解释，宗教有办法，神造的，可是也不能证实。

话说回来，由于各地的地理、气候等的不同，于是文化一出生就不一样。但是有很多类似的，例如原始人也爱美，于是把贝壳、石子，想方设法串起来挂在脖子上，这是共同的；再有在身上涂抹图案，就是现在的刺青、文身，这也是共同的。但是越往后各种文化就越不一样了。全世界的阿拉伯穆斯林只吃羊肉和牛肉，因为最初沙漠地区的游牧民族只能养牛羊马。后来他们征战到了城市，或者是发展了农业以后有了粮食，定居下来

未达集

可以养猪了，但是猪的生存环境是脏的，而穆斯林都非常讲卫生、爱干净。由于已经形成了上千年的习惯，闻到那个味道就不行，同时感到这是脏的，所以他就形成了自己的生活方式，自己的文化。

在非洲，至今有一句中国人编的俗话，"冷了扯块布，饿了爬上树，累了靠援助"，最后一句话不好听了，"说话不算数。"为什么饿了爬上树呢？非洲专有一种树，中国人给它起了名字叫面包树，它的果子摘下来就可以吃，味道像面包。这是一种生活方式，中国跟别的国家不一样。我访非的时候警卫跟司机都很照顾他们，都给他们一笔钱，让他们自己去附近找饭吃。可是他们有的人吃饭就吃面包树，有的吃饭蕉，就是能当饭吃的香蕉，跟我们吃的香蕉不一样，当地香蕉淀粉比较多。这是它的文化。我看了很多非洲国家的舞，都和它的生活环境相结合，所以文化本身是多元的。

再拿中国来说，少数民族文化和汉族文化不一样，东北的文化和广东的不一样，上海的文化也和北京的不一样，本身是多元的，同时文化的发展是渐进的，因为文化创造者的根本是老百姓。就举眼前的例子，结婚的礼俗，在中国要迎亲，从前迎亲贵族用马车，游牧地区用马；后来到清朝有了轿子，就变为抬轿子，一直到民国、到解放初期还是抬轿子；以后就用三轮车、黄包车；到六七十年代是骑自行车接新媳妇；后来用汽车，而且要用奔驰、凯迪拉克等等；但不管怎么变，也是渐变，而且根始终没变，那就是要迎亲。

饮食文化也是渐变的，不能突变。比如我们访问欧洲不得不吃西餐，但是吃了三天之后就满街找中国餐馆了。不同的文化之间是相克的，文化的本质、功能、性质是排他的，这排他是自发的。但是如果自觉了，觉得这种排他是不对的，慢慢就可以走向相融，这是中华民族的智慧，西方走的全是相克的道路。例如佛教的传入，据传说是东汉末年从西域传来的，最初他们传道是靠灵异，也就是特异功能，其实很多都是魔术、戏法，但教义的内容没能流行。又经过了六七百年到了唐朝，在教义上经过发展形成了中国的禅宗，到了宋代，禅宗大放光芒，它的顶点也是它衰落的开始，佛教走向大众化，也就是把复杂的教义变成很简单的开悟。佛教在开始传入时也是受抵触的，儒家骂佛教，道家也骂佛教，但是在中国"君子动口不动手"，大家写文章相互辩驳却绝不打架，因此没发生过宗教战争，但要看到在相融的时候曾经有过相克，我们把相克转化为相融了。

同时文化对人的影响是浸润式的。这个靠行政命令没用。正因为这样，它深入人心，所以它叶茂根深。我们一般都说根深叶茂，我给颠倒过来，首先说文化的枝叶是非常茂盛的，为什么？因为它根深，尤其指中华民族。深在什么地方？深在亿万人民的心里。那怎么现在社会治安弄得我们城里人，特别是大城市包括二线城市，人人都住在铁笼子里，安全窗、安全门不断更新？因为雾霾太多，金钱的刺激、物质的刺激，把我们优秀的东西遮住了。今天的任务是去掉叶子上的灰尘，让它显出像上海、江苏一带草木的翠绿，这是我们的责任，但是也很难。北京的树也不少了，仍然是灰蒙蒙的，为什么？尾气啊！那么下一场雨不是冲掉了吗？不行，尾气排出来的细颗粒是黏的，沾上以后雨水冲不掉，所以还得发明新科技，新科技包括在我们的文化政策中。

那么我们的文化现状是什么？出现了二元对立或者二元并存的现象，就是官方的宣传和最广大的受众之间有着相当的距离，学校里面所教育的和街上所宣扬的很不同，场面上说的话和回家或者两个最好的朋友在小屋里说的话不一样，这就是二元。我不知道各位怎么样，连我有时候也是。文化的二元化就意味着社会的断裂，不是一体。有的电视台，我听到的反映都是太低俗，但是它的收视率却是最高的，怎么办？说它太低俗的人是一种文化，看那个叫好的也是一种文化。这个现实，作为文化自觉我们不能不承认，而且要善于观察它。另外我们还受到了西方文化的侵蚀，这种侵蚀是从天上到海底、到陆地上，从物质到灵魂的。一百多年来，西方的文化已经侵入到我们的每一个细胞——细胞就是家庭、单位等群体，例如学校、机关、企业。例如我和在座的各位，我们接受的大学教育分系，系分教研室，各守一摊，你这个教研室是专管指甲盖的，我这个教研室专管耳朵的，互相不搭界。但是人文社会科学是整体囫囵的，硬给它切成块，照自然科学的方法去肢解就不合适。因此在中国出现一个现状，搞文学的不懂哲学，搞哲学的不问历史，搞历史的文哲都不通。搞文学的，我是搞先秦的，你是搞清代的，说搞清代的这一位生病了，让我这个搞先秦的代课，结果代不了，其他学科也是如此。今天是专家多，通才少，研究自然科学的方法适应于自然科学，可是研究人文社会科学的方法只应该是另外一种方法。现在出现一个尴尬的现象，全国都掀起了国学热、儒学热，但是在学科目录上却没有国学和儒学。你想上大学学国学和儒学，行，你喜欢哲学还是文学还是历史啊？我文学好像偏重一点。那好，你上文学院。

名义上是学国学，其实还是按这个分割，所以今天是出不来大师的。政府分工也是这样，所以常常一个事情涉及好多部门，部门之间不搭界，出现政府协调的尴尬，结果是三个和尚没水吃。

而且，以当前的现状，我们优秀传统文化将要断绝！这个断绝不在于书，不在于兵马俑和故宫，关键是传承的人没了。我们这一代距离我们上一辈已经在业务上有一个差距了，我和我的学生又有一个差距。在讲台上的博导有的是我的徒孙，那又是一个差距。应该说在文化方面的学术研究真是一代不如一代，50年后怎么办？所以我在北师大人文宗教高等研究院、山东大学儒学高等研究院、中国文化院都提出，我所做的工作之一就是给中国的文化留下种子，我不保证你成才，但是我告诉你，成才的路应该怎么走！希望你们几十年后成为栋梁，如此而已。

但是，我觉得最近出现了转机，我很乐观，所以我后边用了个"可续"，就因为中华民族晚而速地进入到文化自觉了。为什么说晚？最早真正反思本民族的传统和对现当代工业化过程中所造成的人类危机的是欧洲人，有七八十年的历史了。我们只是近二十年甚至是最近十年，比别人晚了半个世纪。但是作为一个民族，从中央到老百姓都觉得再这么下去不行了，进入到自觉阶段，我们用了二十年，西方经过了八十年也没实现全社会的觉悟，所以我说可续。为什么中国能这样？因为我们有五千年的沉淀，我们还有历史的记忆。拿历史跟今天比，发现出问题了，所以自觉了。我举个节庆的例子——汉族的清明节，过去多年不提倡，后来大家都呼吁，最后也是我在中央的会上，提出来清明也要放假，中央采纳了。当时，我还有一个建议，不妨在这儿说说，那天我的建议大概90%都吸收了，包括八月十五等几个假。我说我建议清明节各家各户扫墓的时候，由锦涛同志带着我们到纪念碑给我们的先烈献花圈，后来这个意见被吸收了一半，就是献花圈了，但是日期改成了十一，不是清明，第一次我也参加了。但是这就有一个问题，十一是中华人民共和国的政治节日，如果清明这一天到那儿去献花圈，对全民的震撼和鼓舞会更大，因为清明节的核心理念是：不忘先人，不忘先人就是不忘历史，不忘历史经验，同时让人知道要像先人一样艰苦奋斗往前走。现在明明一件事情被分成两个，今天我在这儿坦率地说，我还要提意见，希望清明节也献花圈，这是和人民同语同心啊。地方上所有的清明节都有去烈士陵园扫墓的传统，少先队员、党政干部等都去，这不是中央跟地方也二元了吗？十一本来是一个政治节日，现在变成了商业节日，是不是也二元了呢？

讲到这里，我说说祭祖。各家给父母上坟的时候（有时候在牌位面前），那是祭自己这一支的祖先，台湾人也在认祖归宗。那么我们各民族共同的祖先伏羲炎黄呢？祭伏羲我参加，祭黄帝我参加，祭孔子我也参加，常常还是主祭，尽管我的级别在这儿，但我只能代表我自己啊，而马英九在台湾年年遥祭黄帝。我不知道我们的障碍在哪儿？哪一次祭黄帝或者祭伏羲，哪怕副主席去，把它变成一个国祭，这有什么不行呢？抗日战争的时候毛主席还派董必武到黄陵县去祭黄帝的衣冠冢呢，我们的思想怎么不能追上毛主席？那个祭文还在黄帝陵，黄陵县还刻着碑呢，这是不是二元？唯有中秋，中央在大会堂宴请北京市文化界的朋友，我也参加过好几次。但这能不能走到老百姓当中去？到大学里去，到打工仔的工棚里去，一起吃块月饼？

年轻人现在过什么节？复活节、圣诞节！每到平安夜的时候北京的交通，特别是南城的交通严重堵塞。我并不反对过这些节日。但是盲目的去过就没有意思了。台湾地区现任所谓的"文化部长"龙应台，在她任台北市"文化局长"的时候曾经写过一篇文章说，现在年轻人过洋节，就等于走在路上看见一个祠堂，进去就磕头烧香，出来了都不知道人家姓什么叫什么。一种爱好是一回事，变成一种风气是另外一回事。为什么？我们自己没有母亲节和父亲节，我们没有感恩节。所以现在我结合这个想法，最近发起一个活动，打算确定中国的父亲节、母亲节，或者是双亲节的时间。爹妈本身是一体，为什么非得把父亲和母亲分开？看看行不行吧。因为政协不管，人大不管，国务院更不管，那就民间管。为什么要做？我背后的思想是让二元变一元，变成上下一体；同时又是包容的，允许多元的，那你们的古尔邦节该过就过，汉族也可以跟着一起跳舞，所以文化繁荣了，大家心情就舒畅了。

除了自觉还要自信。怎么能自信？三句话：洞察表层，关注中层，筑牢底层。这是我自己的分法。所谓表层，就是围绕着日常生活的好恶取舍。我喜欢用毛笔，你喜欢用圆珠笔，他喜欢用钢笔；钢笔、圆珠笔、毛笔本身不是文化，我喜欢用这种笔，这是文化。今天我穿了奇装异服来，上面一个扣子都没有，为什么？方便。我取这种样式，订做这种衣服是我的文化。但是这个是表层文化。我们从社会上人们对于衣食住行的好恶取舍的观察，就是洞察表层。

要关注中层，中层是什么？风俗礼仪、艺术、文学、政治制度、法律、宗教等等。刚才我特别用了五六分钟的时间谈宗教问题，我是希望我们的干部都懂得宗教，不是去信，而是要懂得、要关注，共产党还是要坚持唯物主义。因为不管个人相信不相信，宗教是客观存在。我在路上和咱们的院长说了一句话：佛教是无神论。大家听了奇怪吧？这就需要了解，了解了以后再看表层，就明白那些烧香的是怎么回事了。我们不能做鸵鸟，把头埋在沙子里，以为就太平无事了。地下宗教该活跃就活跃，人家该上庙里就上庙里。我们不能掩耳盗铃——我没听见，难道就没了？

筑牢底层。什么是底层？是一个民族，一个国家的宇宙观（也就是世界观）、价值观（也就是人生观）、伦理观和审美观。这四观结合起来就是哲学的全部，也就是应该学点哲学。特别是我们自己的四观要筑牢，底层的东西都体现在表层和中层，表层和中层的东西要不断地渗透到底层，因此对表层的东西和中层的东西不可小觑，任其发展会动摇我们中华民族的四观。这样一来，做到这三句话——"洞察表层、关注中层、筑牢底层"，我们才有真正的自信，中华民族这个大家庭才散不了。中华民族文化的主干，是汉族的文化会不断吸收少数民族的文化丰富自己形成的。我一直说，其他民族的文化千万别丢，语言千万别丢，丢了咱们整个中华文化就少了一个支流，大河里少了一股水。我和有些领导同志也说，设想一下，如果50年代不是一批艺术家深入少数民族地区挖掘，最后形成了非常好的藏族的、蒙族的、新疆的、西南少数民族的歌舞，我们今天的舞台会是什么样？所以我们应该有真正的自信。

自信之后还要自强。只了解中国文化不行，还需要内外比较，要了解一点境外的文化。在比较中才知道自己的可贵，在比较中才知道我们的缺陷。对异质文化，对各国各民族文化要吸取它的精华。文化自强是个与时俱进的过程，传统的文化必须和时代精神结合，创造新的文化，才能在世界中站住脚，这样才是真正的自强。比如说西方的思维方式基本上是二元对立的，但不要一概排斥。在物质世界就需要分析，一分为二地分析，他们不足的是分析完了不能还原。例如我小腿疼，西方就给你看腿了；到外科，怎么看也看不出病来；最后发现是骨癌，骨癌能造成你脚和腿那部分的肌肉疼。而中医是整体思维，它通过号脉观察，按它的理论是怎么样，它就给你下药，这个下药其实是遏制了骨癌的发展，疼痛减轻。又比如说手麻，到外科去不行，我们治不了麻，只能治疼，吃多少药都没用，越吃越坏。到中医去看，吃几副药，不麻了。这种事例太多了。但是要研究物理、化学、计算机，必须借助二元对立，因为分析它，但是也必须加上中国的整体论，才能最后回来看整个宇宙、看整体物质、看整体的人，两者相互补充。

西方文化的根本问题是：认为神是第一推动力，即一切的知识、世界的来源、人的来源都是神告诉你的、神创造的。人类的祖先亚当夏娃受了诱惑，吃了禁果，乱伦生下我们这些后代，于是人类就有原罪。也就是说人从根上就有罪，生出来就有罪。有罪怎么办呢？救赎。怎么救赎呢？信仰上帝。在怎么信仰上帝上，又分两派，一派认为信仰解决一切，做善事（基督教的语言叫"善功"）没用；一派认为靠善功就可以救赎——这两种争论其实是半斤八两。无论哪一派都认为信仰他们这一派最后都能达到彼岸，这个彼岸就是回到上帝身边，回到天国，而不下地狱。因此，它的思维方式是二元的，加先验的，就是说，讨论一个问题先假设个主题，因为上帝本身就是假设的。既然是假设的，那怎么证明上帝？答曰：它就是存在，无须论证，也论证不了。虽然把西方上千年的神学研究都简化成这几句话不见得准确，但大体能说明问题。

西方文化是外向的。因为一神论，自然排除第二个神，第三个神。碰到中华文化好办，我们是多神论，再加一个没关系。所以从唐朝景教就传进来了，而且奇怪得很，传进来的景教是基督教的聂斯托利派，他在君士坦丁堡被认为是异端，排挤到了波斯（现在的伊朗）。波斯换了王朝之后又认为它是异端，要赶尽杀绝，就跑到中国来。中国皇帝说，来吧，给你建庙，在中国风行了两百年，建了很多的寺庙。后来因为整个中原动荡，也就消失了。我们不怕它们，这就是中国的包容。而他们一神教碰到另一个一神教就坏了，那就是现在中东的乱象。打伊拉克的几天后，小布什有一次说，这是一次新的十字军东征，全世界批判他，包括美国人。他只好说：我说错了，收回。话能收回吗？君子一言驷马难追，收不回来了，但是这句话体现了他的真正思想。历史上的十字军东征造成了巴勒斯坦地区无数的人死亡，有时候是屠城啊！这种排他，看看古代，再看今天，差不多。

我们研究物质世界所需要的东西，应该借助西方；但要研究精神世界所需要的东西，就需要我们的传统文化。传统文化怎么那么好？其一，它适合中国这个版图之内各民族在一起和睦相处地生存和发展；其二，它讲伦理，它的伦理跟别的宗教有相通之处，所以在某种意义上说是带有普世性的，适合全世界人类的生存延续和发展，例如"己所不欲，勿施于人"，被多国的政要和学者认为，全世界都应该如此。

提高传统文化素养的方法

最后，用简单的话说说怎么提高传统文化素养。这个药方真不好开，我只能谈方法。

第一，由表及里。我们可以从社会的表象去观察，然后深入到我们的底层，最好能提高到哲学的高度来对它有理性的认识，就是由理性到感性。我们不是一个一无所知的人，特别有马克思主义、邓小平理论的武装，我们用理性来观察感性，一下就能抓到脉搏。并且自己要学习，要思考，要行动，也就是知行合一——这是中国文化传统，毛主席也一再提倡知行合一。具体来说，学习包括读书，包括朋友、同志之间的交谈；学习之后要静下来思考，所以再忙也要找一个安静的时候思考；但更重要的是行动，基于学习和思考之后的行动，包括我们的工作、私人的生活。我作为老师，就跟学生明确地说，我信仰的是儒家；我家庭的生活，我个人的举动，我对你们这些学生的指导都是按儒家的教导去做。信仰不能是只存在心里，应该体现在行动当中，我想我们做干部的也是如此。

第二，不怕忙，只要不绝如缕就可以积沙成丘。我给大家讲讲自己的故事，我本来就是一个老师，普通的知识分子。20世纪80年代，既做了学校的领导又做了北京市政协副主席，事情就多起来了。后来又做了人大常委，本科生的课我就不能上了，因为本科生定在星期三上午，不能改时间，我就只能带研究生。当时我有一个自我的命令，就是不绝如缕，缕就是绳子，藕断丝连，千万别断了。我一有空就读书，讲一点课也逼着我去读书。所以30多年后从政治岗位退休，回过头来我能接上大学的教学岗位。大家都是忙人，可是能不能够像习主席要求的要读书，哪怕一天有半小时，我想还是能挤出时间读书的。

再讲一个自己的故事，上个世纪80年代，当时已经是部级干部了，有次记者采访时问我说，你的书房叫什么名字？当时我住的房子也没有单独的书房，可是灵感一来，就脱口而出，"日读一卷书屋"。没两天报上登了，我儿子看见，回来质问我：爸，你的"日读一卷书屋"在哪儿？

我说"在我心里，在整个学校里"，他也就没话说了。从那时候起，我这几十年来一直坚持，每天要读一卷书。因为我跟古书打交道，一卷书是笼统的说法，就是五千字到一万字文言文。我现在仍然坚持，包括这次出差，我每天睡觉前还要读几千字的东西，还要做摘记，我这里有很多摘记的本子，这个本子不离开我，我感到积沙成丘是可以做到的。

另外我主张阅读和交谈可以宽泛一些，可以读历史谈历史，读哲学谈哲学，读宗教谈宗教。另外对自然科学的最前沿的动态，不管懂不懂一定要知道。我这生最大的遗憾，一是上了大学就把自然科学扔掉了；二是由于全面学习苏联，不许学英语，我的英语中断了，而俄语我又不感兴趣，所以俄语也没有学好。后来自己学了一段日语，一忙起来扔下了，这是我的两大遗憾。

要了解自然科学，例如我这些年在做计算机自动化处理中文文献的工作，正因为这样就逼着我了解前沿。所以当美国刚提出云端计算的时候，我就在国内开始呼吁；而且这样我就敏感了，例如，我去年就了解到，世界著名的出版社牛津大学出版社，从前年开始它的电子销售——就是下载它的东西——已经占到它收入的六成，纸质的书只占四成。所以了解这些新的动向才能把握时代的脉搏，跟上时代。不懂就请教，我向杨振宁都请教过，聊一次天就长一点知识。

第三，要读原典。儒家，那么首先就读《论语》。《论语》的基础没打好，最好不要读《礼记》，《礼记》里引了很多孔子的话，但很多是以孔子的名义说的，里面的思想是改造过的，不是原汁原味。等读完《论语》，把孔子真正了解了，再看后面的著作，就能居高临下地处理，甄别哪些是真儒家。我最近改一本我主编的书，里面的内容把我着急坏了，上来就谈儒家的三纲五常，"三纲五常"是汉代才出来的，在孔子那儿没有，硬加到儒家身上，那是帝王的。所以读原典最重要，就像我们提倡读马克思要读原典，读毛主席要读原典，读邓选要读原典一样，不能只看党校老师写的文章。

第四，要学会涵咏。不管是古代的文还是诗，不是一看而完，最好是反复吟诵——如不好意思可以关起门来。涵，指内涵；咏就是念出来，只有涵咏多了才能品出味道来。我也不是诗家，但是有些古诗，我就是因为反复吟咏，才有所体会；一有体会，我就找各种选本注释，来对比自己的体会。

我举一个大家都熟的例子，苏轼的诗"横看成岭侧成峰，远近高低各不同，不识庐山真面目，只缘身在此山中"。各种《诗选》常常收录这首诗，而且可能连注释都没有，因为太好懂了。我就琢磨它怎么是好诗啊？哪个山脉不是"横看成岭侧成峰，远近高低各不同"？要是同了就成平地了。这两句诗平平，不是好诗。为什么它成了好诗了呢？后面两句，"不识庐山真面目，只缘身在此山中"是画龙点睛。然后我体会，这不是一首普通的诗，是禅诗、哲理诗。可是再看看选本都没说这个，当然我可能是错的；但是我能有这个想法，并作用于我心，那就是常常身在福中不知福，身在这个岗位不了解这个岗位，因为你是在庐山当中，你跳出来看，远近高低各不同，你才认识庐山的美，远距离才能观察得细致。哲理啊，自己受益了，涵咏也练了练。包括"学而时习之"，"不患人之不己知，患不知人也"，我都是反复涵咏的，才品出来了一般注释没有道出的问题，然后再反思自己。所以我提倡涵咏，它对自己提高有好处。

互动环节

问：现在很多学生花大量时间在外语学习上，却忽略了语文水平的培养，这个问题您怎么看？另外，我们应该读哪些国学经典来提升自己的语文水平呢？

许嘉璐：现在的学生，乃至博士生参加工作之后，语文水平很低，而教育部门一直花很大的资源投到英语教学上，可是在实际工作当中，英语却用得很少，这个问题如何认识，如何解决？我想几句话就可以解决，在长期封闭、被制裁和自闭国门之后，大家急于要了解世界，因而学习语言变得很重要。孔子学院受欢迎也是因为其他国家要了解中国。所以责任不在于学习英语，而在于我们没有注重语文的教育。结果甭管是博士还是博士后，他的语文水平就是高二水平，因为高三就要准备高考，上了大学，语文课就没了，但外语课还有，大学的外语课基本又都是英语课，所以就一头扎到英语里。再有就是功利主义，因为掌握了英语可以出国，可以在外企里做高职，即使在朋友面前也可以炫耀。学中文能带来多少好处啊？这种浮躁和急功近利就造成了对语文的忽视。杨振宁说过："我在西南联大毕业以后，到美国去，当时英语水平并不行，但是我也掌握了。"丁肇中跟我说，他初中以后去的美国，基本上是在那儿学的英语。所以我们让几岁小孩就开始学英语，也有一点偏。在中学、大学的教学中，不仅仅是语文的问题，还有历史的问题、地理的问题，高考不考历史，弄得我们孩子对我们的祖先，对世界上的事都不了解。所以基础教育的改革任重道远。好在现在我们的教学大纲、教学计划已经在动了，但是不能急动，真正要大力加强语文教学、历史教学、地理教学，我们的教师队伍跟不上，历史课的教师没那么多人，地理课的教师没那么多人，也缺乏教具。改革已经开始，希望大家等待，也希望大家促一促，能不能用各地的乡土教材做点补充？这是一个大问题。

国学经典包含哪些书？如果我对学生讲，对博士生讲是一种说法，我会给他们开很多书，但是我想对在座诸位最好不圈书，因为各位时间太宝贵了。我对现在让小孩子去读《三字经》、《弟子规》是有看法的，但是也不好反对。第一，这是民间的活动；第二，家长已经感到孩子上的小学这么下去不行，我得教他做人，于是花钱去读《三字经》、《弟子规》，甚至背《大学》、《中庸》。如果我提出反对意见，家长就会问：那你说怎样行？我也没招。那对于我们干部，也出了《干部必读》什么的，说老实话，这些书都是为了出版社效益的。我建议大家，如果有时间，读点好的注本，看看《论语》、《孟子》、《老子》、《庄子》，有这四部书打底子，再看别的，会发现后来的思想不出这两家。墨家就基本没什么东西，《墨子》是清朝才发现的，已经不可读了，后来经过一些学者的校订才勉强可读。选注本很重要，《老》《庄》我建议大家看中华书局出的台湾陈鼓应教授的注本，《论语》、《孟子》我真不敢向大家推荐任何注本。杨伯峻先生曾经在"文化大革命"前出过《论语译注》和《孟子译注》，实在不行找来看看也可以，于丹就是读了《论语译注》后讲的《论语心得》。虽然说当时的研究水平还不太理想或者说很不理想，但是总比现在铺天盖地来的各种《论语》的注释要来得扎实、要好。

问：我既是母亲节促进会的副会长，也是父亲节促进会的副会长，刚才听您的讲话当中提出来两节合一的想法，我想请您再详细谈一下。

许：李汉秋先生是这方面的专家，凌孜女士也是极其热心的人，他们为此奋斗十年了。母亲节难定不好找日子。有人说定孟母的生日，但那是假的，没有史实根据。台湾把孟母的生日作为母亲节，也没太流行。我们既然要建节，最好有一个学理的依据。父亲节也不好找。谁是中国最好的、能做榜样的父亲？我想既然如此，一个思路就是把父母亲节合在一起，只有母亲没有父亲就没有我，只有父亲没有母亲也没有我，自身是父母情投意合，为了家庭的未来才生育、教育了我。既然父离不开母，母离不开父，那么为什么不可以一起拜祭纪念呢？当然也有困难，父母也有离异的，有继父，有养父。这只是一个思路，还需要学者和大家来考虑。我觉得中国应该有自己的父亲节和母亲节，因为中国人讲孝道，而且人的一切高贵的品质都是从孝开始的。

这里我想解释一下"百善孝为先"（或者孝为首）。首就是先，人的出生就是头先到世界上来的，所以咱们说"首先"是什么，其次是什么。一个人不孝，你想让他忠，你想让他对朋友也有爱，你想让他对不相干的、需要救助的人去同情和友爱，都是不可能的。今年六月在山西的绵山举行第二届慈孝文化论坛，与会者有来自海内外的学者。山西的绵山在介休市境内，为什么叫介休？因为春秋时晋文公的大臣叫介子推，陪着晋文公在外流浪了 19 年，备尝艰难困苦。后来晋文公在封官的时候忘了他，他也不去要，等晋文公想起来，他说：我尽忠已经尽过了，我不要这官。于是跑了，跑到哪儿？跑到介山——就是介休境内的山，现在起名叫绵山，原来叫介山，是晋文公命名的。晋文公派人去找他，他不出来。于是放火烧山想把他熏出来。当他要上山的时候，他母亲说：你下定决心了没有？他说下了。"那好，妈跟你一起走。"他就背着他母亲上了山。晋文公放火烧山，等火扑灭以后发现母子抱着一棵大树双双被熏死。于是晋文公下令，全国每年这个时候整个晋国境内禁火三天，这就是寒食节。寒食节传传传，就成了当地的民俗，最后成了全国的民俗，到了宋代，向后移动一天定为清明节。所以我在清明节就举行孝慈文化，母亲对介子推是慈的，他对母亲是孝的，同时由孝就变成了忠。定母亲节和父亲节就是想提倡孝道，能感母恩，感父恩，谁小时候没顶撞过父母？谁小时候没觉得父母落后？通过母亲节和父亲节，通过清明上一束花，不一定要磕头，扫扫墓碑，就补偿了自己过去的过失，补偿了自己不懂得父母心的缺憾，自己心灵得到了安慰，同时也给子孙们树立了一个榜样，我想这是很有意义的。怎么办呢？通过这个研讨会，话说回来，我想征集大家的意见，然后大家制定一个路线图，要举行一些活动宣传，写一些文章宣传，最后在网上投票，由老百姓来定，行不行再说。

问：人的文化素养和道德有关吗？干部的文化素养与群众有什么不同？

许：首先说第二个问题，没有不同。要说不同的话，那就是我们应该更有文化素养，才能做领路人，才能做表率。文化素养和道德有没有关系？文化素养首先体现于道德，我们所说的文化素养不是文化知识，不是会拉胡琴、会画画，而是为人是不是堂堂正正。有两个词大家都有一点误解，一个是"清廉"，一个是"廉洁"，都有一个"廉"字。"廉"指的是什么？"廉"指的不是不拿回扣、权钱交易。从前古代的房子，在正房的前面有一个方形的平台，就是堂。因为是方形，所以每一个角都是90度，这边角叫"廉"。因此，"廉"是指方正，"清"才是不浊，不浊就是洁嘛，才是不贪污的意思。现在我们提倡廉洁廉洁，落在"洁"上，把"廉"忽略了。但二者是辩证的，只有做人堂堂正正，才成为表率，成为言而有信的人，老百姓才信你。要堂堂正正，我必然是清，必然是洁。"正"包含很多内容，比如说真话不说假话。真话不见得全说，因为真话要看时间、地点和对象，以取得最佳效果为宗旨，而不是一吐为快，像这些都属于"正"的方面。所以，道德和文化素养不是一般的关系，道德是文化素养的集中体现。

问：中国文化得到了世界的认可，而为什么好多国家的人民对中国人民没有好感？

许：雅斯贝斯提出世界的轴心时代思想，就是公元前800年到公元前200年这600年间，出现了四个伟人：柏拉图、亚伯拉罕（犹太教之前的创始人）、孔子和释迦牟尼。他们那时候所提出的问题到现在仍然没有解决，这些问题像是地球的轴心一样，整个世界围着它们转。当然雅斯贝斯也提出来应该出现一个新的轴心时代——工业化时代。如何解决世界面临的危机？就我自己的所见、所接触，的确越来越多的政要、思想家、宗教家认可中华文化。那么怎么越来越多的人对中国没有好感呢？很多外界人对中国没有好感是事实，首先我们要面对现实，要承认这一点，我想这位同志就是正面承认。之所以如此，我认为有几个原因：

第一个原因是欧洲中心论，认为只有欧洲才是世界的中心，是文明的地方，其他地方包括中国都是愚昧落后甚至野蛮的地方，这种观点宣传了三百年，而在西方人的心目中根深蒂固。只是他们号称有绅士风度，不说而已。今天早餐的时候，我就谈到，日本维新党的党首声称"慰安妇"是编造的，安倍他们已经是山本五十六那一代军国主义者的第二代和第三代了，"中心论"的优越感仍然这么牢固。第二个原因就有部分出国的人损害了中国形象。这个我就不多说了，大家也都知道。

第三个原因，我们不善于向外讲述中国的故事。我觉得话语体系的转换或者叫话语方式的转换非常重要。用外国人听得懂和喜欢听的那种方式和语汇来介绍中国，这才是好的宣传。这是方式转换但不必伤筋动骨。

现在孔子学院起到了非常好的外宣作用，到今天为止在全世界五大洲112个国家建立了414所孔子学院，565所孔子课堂，被外国人称为（我说的外国人都不是普通老百姓）第二联合国。联合国有195个成员国，孔子学院是110多个单位。而且，联合国大会参与者是不得不来，一年一度的孔子学院大会是你不开都不行，是各国孔院主动要求来。现在，在孔子学院总部排队的还有100多个外国大学，他们都希望能批准建立孔子学院，但是我们必须要把握速度，因为我们是没有准备好而仓促上阵的。最近，美国分管这个事务的助理国务卿和若干世界著名大学的校长纷纷表示全力支持孔子学院，说孔子学院是中美两国人民之间的桥梁，而中美两国的关系是世界上最重要的外交关系，所以我们美国要了解中国，希望通过学习汉语可以进一步了解中华文化。后头这句话要命了，让人家了解中国，就必须把中华文化推出去，但是我们这个教育体制下培养的老师，甭管学哪个学科的，绝大多数对中华文化认识不足，也不会组织合适的语言表达，甚至于很多人外语比中文还好。所以没办法，我们现在是爬着前进。更可怕的是，身后还有一批国内外的人极力反对孔子学院。我们经常要迈过地雷、迈过池塘、泥淖，所以会时常跌倒，满身伤痕。但是还好，这支队伍真是可爱的，百折不挠，大概还有两年，估计到2015年，将提前达到原定于2020年建成500所孔子学院的目标，因为挡不住外国的需求。孔子学院是一个综合文化交流平台，各个部门各地区都可以借着某个大学在外面的孔子学院去展示自己。我想了想，咱们国家的部委，除了国防部和外交部外，没有一个部委的业务不能用来展示中国的。

我想这样的方式是中国人的一个创造，这也是外国人的一个评价，希望我们再创造一些新的方式。这也是中国在改革开放以后要探索的一个重要问题，就是怎么让世界了解真正的中国。

第四个原因，我们底气不足。文化在哪里？不仅仅在荧屏上、舞台上、书本上，更重要的是在街道上、在家庭里、在人心里。你介绍得挺好，人家一到中国旅游，不是那么回事，过去所获得的全得到相反的效果。这一点是我们底气不足，因此我们要加强文化建设，要把中华民族的精神灵魂建筑在人的心里、在家庭中、在街道上。

问：您怎样看繁体字？另外，中华民族传统的核心价值观是什么？

许：繁体字的问题，这个大家有兴趣的话，看看我的《未央集》，上面有我关于繁体字的一些看法，至今我仍然坚持那些看法。

现在大家都急需传统文化，但是目前像进入了战国时代，大家各行其是，纷纷扬扬建各种基地，建各种学校，多数都是好心，部分是只想赚钱的。我想这也是文化复兴当中必经的过程，在中央更加重视这件事之后会进行调理。实际上现在读《弟子规》、《三字经》的学校，甚至于读《论语》、《孟子》的学校，全国民办的有几千所了，会引起我们的注意，会研究这个事情。

怎么精准地表述中华民族传统的核心价值观？这个我今天不下结论，也请大家考虑考虑。但是我们常说的"己所不欲，勿施于人"、"和而不同"等都属于我们的核心价值观，我觉得不妨把老话注入实际的、时代的内容，比如如何结合时代精神解释"仁义礼智信"等。我们对社会主义价值体系宣传这么多，形成的内容太多。"仁义礼智信"是我 5 岁的时候知道的，到现在记得清清楚楚，一直指导我的一生，因为它简单而凝练。所以，怎么精准地表述是我们大家的责任，各个省各个城市都在搞自己的精神，比如爱国、包容、载德、创新，大家弄完是一样的，你这个城市核心价值是爱国，难道上海就不是爱国？大家都爱国，结果就变成一句空话，一点价值都没有。所以说这个需要时日。中华民族这么聪明，将来一定会形成我们核心价值观的最简洁的说法。

中国传统文化在中国当今社会的价值和意义※

这次讲座的题目是校方给我安排的。我们都在思考中国传统文化在今天有什么价值，思考这个问题的前提是已经注意到中国的传统文化，同时也注意到今天我们需要一种价值或者人生意义的见证。相信同学们已经有很多理性的或者感性与理性相结合的思考。我希望从下面四个问题出发，把我的一些想法提出来，供大家参考。

一、文化的发生发展及其层级。

二、中华文化的形成与定型。

三、中华文化与西方文化的对比。

四、中华传统文化在当今时代的价值与意义。

有了前面三个方面的铺垫，第四个问题就水到渠成了。因为只有认识到人类的传统文化、民族的传统文化是怎么发生、形成与定型的，才能够理解它在今天的价值和意义。同时，如果我们只停留在自己的文化当中来认识自己的文化，这就会出现"不识庐山真面目，只缘身在此山中"的问题，因此要对比。所谓对比，就是把眼光放到中华民族栖息地范围之外去进行比较，也就是跳到"庐山"之外才能看出"横看成岭侧成峰，远近高低各不同"。但是又在"此山中"，这才能对局部的秀美，微观上也有更深的理解。当然仅仅这样还不够，因为这还是以"我"的眼睛来看中国文化，而每个"我"都受到思维惯性的局限，怎么办呢？这就需要

※   2013 年 5 月 19 日在上海交通大学的讲座。标题为编者所加。

了解他者，看看欧洲人、美洲人、东南亚人、非洲人如何看待中国文化。这就是中国文化走出去和把人请进来，以及不同文明对话的意义所在。不然容易成为一种俗话，"关起门来称老大"。因此要借鉴不同文化中的人的视角，当然他们也有他们的局限，可是毕竟可以参考。

一　文化的发生发展及其层级

（一）文化的发生

其实这个问题很简单，文化的发生是和人类的出现同步的，也就是当人类意识到自己和豺狼虎豹不同的时候，就开始有文化了。因此，有的西方学者说文化就是人化。这不是精确的定义，而是从发生学上给出的一个说明。中国的文化，应该说真了不起，不仅仅因为我们幅员辽阔，地貌多种多样，民族众多，而且即使进入到现代社会，我们仍然可以在自己的国土上，某个角落里发现证明文化就是人化的证据。我们从自己的语言文字文献上也可以找到，以"文"这个字为例，在古文字当中，（右图）是一个正面站立的人的形象，在他的腹腔部有个花纹，这是什么意思呢？按今天的话说就是文身。这告诉我们，从这时候起文化发生了，为什么？任何的野兽，包括最聪明的大猩猩，也不懂把自己胸前的毛剃光，刺上花纹——它们也没有工具。人却会这样做。文身的具体目的多种多样，人类学的学者说法也不同，有的说是一种图腾，有的说是恐吓别的部落的一种野兽。当人意识到自己是某种不同于野兽的东西的时候，文化就产生了。这后来就变成审美的一项内容，到了这种文身真正成为审美对象的时候，人类的智力已经又有了长足的发展。在人类的幼儿期，几大洲的原始的人类所走的路几乎是一样的，我们从澳大利亚土著那里，从仍然残留在北美和拉丁美洲的印第安人的保留区里，以及在非洲的丛林里，可以找到一些现象，这些现象还可以印证大家走的路几乎一样。例如歌舞，围着篝火狂欢；又如直到今天，原始共产社会仍然存在，打了一只鹿不是独食，而要按照部落里的人平均分配。

几乎各个民族的开始都是如此。就中国范围来讲，无论是红山文化、半坡文化，还是余姚文化、河姆渡文化等等，能推测出来的当时的历史文化都差不多。

（二）文化的发展

当人由群居形成部落的时候，文化的发展就加速了。由于每一个地区的地理环境，气象条件等都不一样，这些不一样就造成了生产方式的不同。文化的发展就是在一定的时空条件下、在生产的环境中形成发展的。这关系极其密切，因为各地方情况不一样，既有平原丘陵，又有深山密林；有近海的，有江河边的；既有温带也有寒带，还有热带。这样不同地区的文化就形成了自己的特点。一旦某个特色形成，各个民族的文化就沿着自己的特色和社会的需求不断地前进，例如，中国文化的源头之一就是黄河中下游，这个地区特点是什么呢？靠近母亲河黄河，气候温暖、潮湿，利于耕作。同学们听我刚才的话可能很诧异，黄河南北岸还潮湿啊？我说的是古代，要知道，直到商代定都郑州，后来迁到南阳，那个时候在树林里还有成群的大象。在河南郑州一带，曾经发现过不止一具大象的完整遗骸，甚至在咸阳，在渭河边，就我知道现在保存完整的大象遗骸有7具。比如说"为"字，它的甲骨文字形，（右图）就是一只手牵着一头大象的形象。后来考古证明殷商时代把大象驯化之后用它做代步代力的工具早于用牛马。

我们回到黄河中下游，有利条件和不利条件是什么？原始耕作锄头镰刀都是石头磨的，有了它才能砍树，后来又发明了木制的工具。用木头的、石头的东西挖地，那是非常艰难的，用铜已经是很晚的事情了。人们为了提高生产力，就去找新的代用品，一旦发现了铜以后就迅速地普及，于是冶炼业、铸造业就发展起来了。还有，黄河上游都是高山密林，由森林涵养的雨水慢慢地渗漏。但是天有不测风云，今年雨水多就可能发洪水，明年雨水少就可能是旱灾，一旱虫害就要出来。洪水一来家园被毁，旱灾一来连树皮都被吃光，这是大自然对人类的挑战，任何生物，包括无情的植物都会本能地应对挑战，能很好应对挑战用我们今天的话说叫适应。后来成为中华民族骨干的黄河中下游这一支，就在种种大自然的挑战当中，不断应战增强了自己的科学和人文。

前几年跟一位国家领导人一起接见中美洲一个岛国的元首，交谈中他提到，他们国家每个人平均有6头奶牛，人均收入1万多美元，并且自然条件很好，没有任何天灾，连飓风什么都没有。于是他很感慨上帝的不公平，把这么好的条件给他们，而中国却灾难不断。我用这个观点参加讨论，我说如果中国这块土地没有这么多自然灾害，中国人不会变得如此聪明；条件太好了，就会变得懒惰。他想了一下，表示赞同。

我们的文字虽然晚于两河流域的楔形文字，晚于埃及文化的法老文字，但是我们的文字始终没有断。今天如果给你几个甲骨片临摹出来，你还能认出几个字来，而且我们字体的变化是有序的。因此，今天我们幼儿园的孩子如果认几种字的话，他能流畅地给你读出"床前明月光，疑是地上霜"。这在世界上任何一种文化都是难以想象的，为什么会这样呢？这又涉及文化特色了，华夏之族的人在他从事农耕生产当中体会到只有团结、和谐，在扩大领域中一统才有利于生产，自己才能吃饱饭，穿暖衣，养儿育女，因此文字就是一个极重要的东西。我们方言很多，像广东话、闽南话，见面语言是不通的，如果文字不通行怎么一统啊？无论是北京还是当初的南宋的杭州，发出指令之后，由于语言不通，如果用口头传达听不懂，但是文字是统一的，只要识字，就可以读懂。

中华文化是多元的，又是多源的。今天看来，中华文化的源头包括巴蜀文化、吴文化、湘楚文化、东北文化，乃至山东一部分地区的文化，到了近代又吸收了西北西南少数民族的文化。因此用长江与黄河来比喻我们的文化发展是最形象的。在昆仑山发源的时候是涓涓细流，越流水越大，沿途随着地势的变化逐渐形成了它的河道，溪水、小河不断汇进来，大江大河都不断注入，于是形成了世界著名的两条河流。流向哪里呢？"白日依山尽，黄河入海流。""海"是什么呢？海是人类的整体文化，但是过去由于利益、信仰，还有交通等种种历史原因，所流入太平洋、大西洋、印度洋的河流在它们之间都建了一个壁垒，不能真正汇成一个大洋。不同的文化各具特色，且一种文化就是一种生活方式，乃至说是一种习惯，当异质文化来了以后，扭曲了你的习惯，却无法代替你的习惯。因此，民族文化或者地域文化天然就有排他性。

我在谈到上交大进行的一项医药研究的时候，说现在的中医走向国际障碍很多。例如，当初针灸传出去的时候，受到抵制。因为不合所在国的习惯，他们那里什么都要在实验室里反复实验得出结论才是科学的，才能应用，而经络用现代实验室里的仪器证明不了。后来我们的针灸医生治好了一个又一个的病人，每位患者都是广告，结果影响越来越大。现在针灸按摩的医院遍布全世界。一个小小的英伦就有3000多家会所，伦敦有2000多家中医馆，但是我们不要忘记它本身受异质文化的排斥。今天我们吊盐水、用激素已经开始受到越来越多的人排斥，因为跟我们的习惯不一致。然而，中华民族文化既有排他性的一面，又有包容的一面。因此我们学习西方的人文社会科学、宗教学以及自然科学、工程技术是非常快的。全世界都在探索为什么中国三十几年就发展这么快，造就了人类经济史上的奇迹，自古至今没有这样的先例。究其原因，金融管理、投资显然不是，你再做个数学模型也解不开，这其实就是中国人的兼容并蓄，拿来主义，但是不是照搬主义，"拿来"是我们消化之后再创造。所以我曾经和 6 位获得诺贝尔经济学奖金的学者说：你们都是世界经济学界的翘楚，可是我作为一个非经济学领域的人，我觉得你们没有人能解释中国 30 年的经济奇迹是什么原因。经济和文化是分不开的。也许哪一年，你们的学生或者你们的朋友能够深入了解中华民族的文化、心理、思维模式，中国人对待传统的态度，再来考察中国的经济，那个时候才能够比较真切地解释中国的现象，而他就是那一年的诺贝尔奖获得者。6 位经济学家分别对我的观点表示赞同。

最后是文化积累的长期性。中国的文化是从在这块土地上的原始人到现在，从人们生产生活中一点一滴积累的。文化积累的长期性既是一个规律，又是人类的一宝，由于它的长期性，由于它是人化，由于它是一种生活方式，甚至是习惯，因此，它的渗透性、渐近性以及牢固性就自然形成了。

（三）文化的层级

文化太难琢磨了，任何一个人文学院都不能把文化全概括，特别是在商业发达的今天，什么都是文化。我们思考文化不好切入，于是我建议把文化分出层级来再观察，就好理解和把握了。首先是表层，表层就是可感知的，围绕着衣食住行的好恶去取。衣食住行所用的物质本身不是文化，真正的文化，不是物化，而是精神的，是对物质的好恶去取。例如上海人习惯偏甜的食物，这就是本帮菜的特点；四川人不怕辣，贵州人辣不怕，湖南人怕不辣，这就是辣的文化。有的同学喜欢穿 T 恤，有的同学喜欢穿衬衣，我喜欢内中外西。麦当劳一进来都喜欢吃，这也是一种文化。衣食住行等外来的文化很容易被接受，因为有新鲜的味道。一个人的胃口偏好大约 10 岁形成，一旦定型之后一辈子难改变。我提倡学英国人的一句话："最好吃曾祖母吃过的东西"。现在海鲜多了，嘌呤也高了，痛风出现了；反季节蔬菜是新鲜，冬天我们能吃到夏天的菜，可谁知道这些催生出来的食物在你的身上会有什么影响？就算此生没有影响，没准你的孩子一代、孙子一代就出现了。吃美国转基因大豆做的油，谁知道到孙子一辈会产生什么变化？所以围绕着衣食住行去取好恶，不但体现于个人的爱好，民族的爱好，还涉及一个深层的问题，就是我刚才所说的对后代的影响。基于理性思考的时候，你又产生了一种或者接受或者抗拒的心态，这本身就有精神文化。

表层文化的特点是容易改变。就拿我这件衣服来说，是清装，包括咱们开 APEC 会议发给各国元首的衣服都是清装，民国之后公家就不穿了，但是民间还流传，一直到我们"文化大革命"的时候，穿的棉衣还是中式的。改革开放后又变了，我也赶快做西装。穿了 30 年西装总觉得不舒服，做得贴身，但不方便。于是我又穿回来了，你说这个变化快不快。吃东西、住的房屋、走的道路也是这样。我刚上大学的时候北京师范大学前是一条窄窄的路，到了我上学的第二年开通了一条公共汽车线，那时候我们可以在马路上散步，为什么？没有汽车。现在马路拓宽了 3 倍，车水马龙，50 年变化太大。

表层文化的第二个特点是直接作用于人的感官的，眼耳鼻舌身。所以商家专门刺激人的感官，以增长消费，就是这个道理。表层文化所体现的东西在一定程度上是和动物性密切相关的，小猫小狗也知道挑好的吃。那时候我们经常下乡，我喂过猪，放过羊，赶过马车。那时候的猪食哪有饲料，都是些剩的饭菜，再割点猪草剁一剁，锅里煮一煮。猪很精，它把鼻子直伸到汤水底下去，为什么？粮食都沉底了，猪先吃沉底的粮食，吃完它才吃一点上面漂的猪草。所以只注意感官就是放大了的动物性，忽略了人兽之别。

其次是中层文化，有的学者称为制度文化不太准确，是感而未必知的文化，包括文学艺术，风俗习惯，制度法律，礼仪宗教等等。这个"知"是什么呢？如果把它放到文化规律中来认识，莫言的小说就是一个文化形态，它在整个文化链条上处于什么地位不知道，它的特点是什么，也很难改变。又如宗教，传说佛教是在汉末传进来的，到现在超过两千年，但是没有物证。一开始佛教靠着灵异故事，就是特异功能似的变戏法吸引人。可是深入到佛教的教义，就跟中国的文化冲突了。儒家跟佛教争辩，道家跟佛教争辩，佛教为了适应中国，西来的高僧就学中国的东西，糅进它的内容，让二者接近。这样经过了将近七百年，到了唐代才开始中国化，形成了中国佛教——禅宗，禅宗的形态和释迦牟尼创建的佛教已经有很大的不同。又经过了二三百年才普遍开花，穷乡僻壤全知道了，甚至信奉。你想想慢不慢？基督教是在唐代传入的，当时有一派叫景教，在基督教的王国被认为是异端受到排挤。当时的基督教对异端教徒是要杀掉的，为了逃难向东移，先到波斯（伊朗），慢慢进入到中国。中国是包容的，你信奉天主，当时叫神，我们信奉的是德行和祖宗。但是没关系，给你一块地建寺庙，同时到别的城市也可以建寺庙，在中国传了两百年。到了唐末五代社会大乱，各种文化都受到摧残，景教逐渐消失。后来又经过几拨元代基督教徒再进来，传播到现在，天主教总体的人数大约才500万人，因为要入教就得改变自己的文化观念，难啊！我举佛教传入的例子是想指出整个形态适应是缓慢的；举基督教的例子是想指出一个人的观念文化的改变是艰难的。

中层文化既关系到人们的物质生活，如衣食住行方面，又关系到非物质的生活。例如宗教礼仪，关系到物质，是物质里承载着文化。清明节给自己的父母上坟，再节约总得带一支花或者一束花，它是物质。以前是烧纸，但是容易引起山火，污染环境，所以现在就变了。非物质生活像文学艺术、礼仪宗教会作用于人们的心理。到了这一层为什么难变？因为各个民族都是有意地保护自己的传统，拒绝外来。例如艺术固然像百老汇、巴西的狂欢我们也看，但是如果想要年年在上海的大街上举办，那还得若干年，为什么？不是有意的，就是老百姓不喜欢，看一遍两遍还好，再下去他就不来了。这不是政府行为，是群众行为。例如犹太教在中国也曾经存在过几百年，中国是保护的，犹太人社区里还出现过宋代的高官，做到四品，现在都有石碑文献的依据。但是本土人信奉犹太教的几乎没有，都是他们的后人。后来黄河决口把开封淹了，再加上金兵南下，宋朝连自己都顾不上，哪还顾得上犹太人的社区，于是犹太社区就散了。犹太人真了不起，他们在世界的社区只有在中国自然消失，只有在中国的犹太人后裔被同化了，剩下在世界各地都仍然保持自己的传统不被同化，他的文化的生命力在全世界是最强的。所以民族是有意保护中层文化的，因为这关系到民族的团结，以及国家一统和安定。

底层是精神文化，一般人是难以感知的，或者是知其然而不知其所以然。底层指的是宇宙观、伦理观、价值观和审美观。宇宙观是思考世界怎么来的，世界将来怎么样，世界怎么构成的。中国人认为自然它本来就是这样，找不到原因，过好了今天和明天最重要。西方人理解世界是神造的，你怎么知道是神造的？不需要证明，也无法证明，如果没神哪来的世界，循环论证。这是宇宙观。价值观、伦理观和审美观，特点是极难改变。

底层是要影响到中层和表层的，同时又受中层表层的反作用。若干年前我给美国400位中学校长和地方教育官员做过一次报告，给我出的题目是讲中国文化。中国文化博大精深、源远流长，让我两个小时讲清，这怎么讲。后来我想给外国人讲还要话语转换。于是我上来就问他们吃过中国菜没有，好不好吃，大家都说很好吃。我再问为什么的时候，就冷场了。接着我就举了几道在中国风行的菜肴，麻婆豆腐、宫保鸡丁、大馄饨等。因为你给他做本帮菜，做杭州的西湖醋鱼他未必喜欢，我就举宫保鸡丁，酸甜苦辣咸都有，厨师这个加一点，那个加一点，好吃！五味调和。再展示几张画片，八月十五，一家人吃月饼。我说中国人特别喜欢圆，月饼、元宵都是圆的。为什么中国喜欢圆？周边与圆心等距，大家一样；同时圆是无数的点构成的，没有死角。如果是方的就有角，距离中心不一样；同时圆是最满的，同样的外边长度的最大面积就是圆。这就是为什么中国人追求什么都要圆，要团结，包括剪纸，双喜字也剪成圆的贴在上面。这个就是我们的审美观、伦理观和价值观在表层的映射。所以三层是这个关系。

二　中华文化的形成与定型

中华文化的形成是在夏商两代。夏商两代的特点在于他们的底层是对天的崇拜，虽然他把天和祖先合一，但是根本还是天。《说文解字》解释"天，颠也"。它的字形在甲骨文中是一个人的形象（右图）。上面是圆疙瘩代表头，下面是躯干和四肢，象征人的头指挥全身，这就是中国人的一种宇宙观，跟信仰和崇拜都有关系。其实那个时候各个部族诸侯信仰都不一样，后来周王朝灭殷之后，定都陕西，传说是周公治理，他希望让全天下的文化走向定型。为什么这个时候能够定型？当时出现了几个有利条件：

1. 社会条件，周王朝前300年社会稳定和谐，这是农耕生产的要求。农耕社会讲继承，祖先和父辈开辟的土地不能随便舍弃。你的农具，把石头打造成了镰刀，把木头磨成个锥子，能随便不要吗？人们需要和自己的土地，森林树木以及野兽、家禽、昆虫经常打交道，所以他就需要思考。农耕生产第一次给人类提供了除了即时消费之后的剩余，因此分出一部分人去搞手工业，分出一部分人去搞文化。古代的巫就是高级知识分子，会看病，会算卦，他是专职的。这时候一部分人开始悟道了。什么是"悟道"呢？就是思考宇宙的规律，今年的今天，午夜子时我看南方的正中是28宿的某一宿，明年这一天子时你再看它又来了，它是循环的。知道宇宙循环，同时发现它的一体，发现了天和季节的关系，和生产的关系。"天人合一"就是这么开始慢慢地运作。人生的规律，有生必有死，跟植物和昆虫是一样的。说将来到末日的时候，上帝恩典所有过去千百年的死人全活了，这是天主教的教义，中国人不信，"人死不能复生"这是中国古话。中国人没有彼岸，但是死可以不朽。什么叫不朽呢？《左传》给了回答，"立德"、"立功"、"立言"，也就是说你的业绩，你的学术成就，你的精神会永远流传下去。怎么流传呢？转世了，不是佛教的轮回转世，是我的精神传给我的学生，他再传给他的学生，这就是长期性、牢固性。

2. 定型还需要中央政权有权威性，而周的政权则极具权威性，同时还要有杰出的领导人和学者。杰出的领导人就是周公，杰出的学者就是孔子。周公从制度上保证治国建学校等一系列措施的推行，孔子从理念上继承了之后，整理形成了一套学说，比较完整地体现在《论语》这部书里。虽然《论语》短得只有12000多字，可是如果归拢起来深入研究，就会发现中华文化的要素都有了。

《论语》的主要内容是什么？

首先是"礼"。所谓"礼"是制约人际和天人之际关系的规范。《史记》上有两句话："究天人之际，通古今之变"，通古今之变是纵向的，究天人之际是横向的，要解决人和大自然的关系，这里天是自然的意思。这两个加在一起就是人文社会科学的全部。公元前2世纪司马迁说的话到现在适用于全世界所有的民族。

其次是"仁"。在儒家看来，人从来不是自主的主体。通俗地说我们每个人都有多种身份，这多种身份表现在多种关系中。对于父母来说我是儿子，对于子女来说我是父母，对于学生来说我是老师，对于老师来说我是学生，人在不同节点上接触不同关系。如果每一种关系都打架，我跟父母吵，跟子女吵，跟老师吵，这人还活不活了？因此讲究"和"，"和"的前提是包容，遇到问题要协商。这个完全是生活和生产决定的。孔子说"性相近也，习相远也。"孩子什么都不懂的时候，小嘴到处找，把奶瓶一塞就不哭了，这有什么善恶？他为了自己的生存，这是本能。"和"是多么的重要，我自己要修养，胸怀要宽，对人要好，受点委屈没关系，但是这些道理需要学习，这就是儒家的基本。

另外，最可贵的是所谓"礼"和"仁"都是以人为本，所以，中国的人文主义在世界上是最早的。但是五四以后，我们要学习文艺复兴，殊不知文艺复兴的人文主义本身就是中国传过去的。文艺复兴的启蒙思想家发现原来东方有超过我们的智慧，就吸收了，后来我们把它翻译成人文主义。"仁"，就是爱人，有等差的爱；同时给这有等差的爱以不同的名称，对父母的爱就是"孝"，对兄弟与朋友的爱就是友，对更远的有某种关系的或者不相识的人的爱就是"义"，都是以人为本。为什么呢？不以人为本就是不以生存为本，不以人为本这个民族就要完蛋。如果一个人一个文化，一个人一个爱好，一个人一个行为肯定不行，社会得有共识。所以"礼"既是制约的，但是又给你空间让你发展。始终有一种理解，认为中国的礼治是扼杀了个性，我在研究中持怀疑态度。我和两位教授聊天，三个人研究方法不一样，但我们都得出"礼"约束人行为的同时提供相当的空间让你发展个性。

有一个事实很清楚，佛教的中国化就是中国人的创造。在"礼"和"仁"的这个领域里，孟子跟孔子无法比，但是孟子提出了"性"的问题，这就是开始带点形而上；然后到荀子，然后是董仲舒，虽然有些他创造的东西是荒谬的，但是社会和学术允许他这么做；然后到唐代，特别要提出的是柳宗元和李翱，李翱写过中国哲学史上很重要的一篇《复性书》，又创造了；到了宋代形成了理学，也就是宋代的儒学。所以在帝制时代它是鼓励创造的，否则就不可能在明代的中期以前，中国的科技一直居于世界的首位。

礼的内容很丰富，包括山河一统，社会分级等。人多了必然是一层一层地管理。总统、国务卿、国防部长、联席会议的参谋长、各州州长、各市市长，是层级的，是网络的。我说的是现在，古代中国也是一样，皇帝，各省到各府的官员，讲个人的道德修养，让社会往前走的，是一个一个人的道德修养的汇集，同时允许个性。

仁的内容很难概括，用孔子的话就是"爱人"，体现在不同领域有不同的内容，后来又概括了"仁义礼智信"。这五个字当中"仁"是核心，"信"也就是内在的诚，是爱所必然派生的，比如对父母，对师长，对同学，用你真正的诚恳，一点虚的没有，所以前提是你要爱他。你不爱他，甚至讨厌他，你能对他诚吗？实际上信就是诚的外在表现，儒家特别强调诚，他指内在。我们今天谈的诚信，其实诚是内，信是外。

说了半天，你把"天"弄哪里去了？周公在治理的时候，规定祭天是天子的特权，诸侯只能祭领地里的山川，老百姓更不可祭天，也祭不起，这样一来似乎抬高了天子的地位，但是让广大民众距离天越来越远，也就不关心了。

儒家敬鬼神而远之，为什么对鬼神敬呢？百姓都信鬼神，我不能离他们太远，我心里也敬，适应当时的民俗，这就是中国人对于虚无缥缈的彼岸的态度的一个雏形。

由礼和仁再扩展就是大家所说的"修齐治平"。先是跟我关系最近的老婆、孩子、父母，古人说的齐家是指家族。再扩大就是"国"，国是指诸侯。"平天下"，平不是讨平、征伐，平就是和，所以现在说"和平"。中国人"天下"的观念是随着地理知识的扩大逐渐扩大的。孔夫子那时候的天下，不过就是中原地区加上今天的苏州如此而已，后来扩大为整个华夏。海运发达后，发现原来海外还有山，还有国。今天中国的天下已经包含了宇宙。但是在这当中要强调"修身"是无止境的，虽然在儒家嘴里有君子、贤人和圣人之分，但是边界是模糊的。"圣"，后来人们把"圣人"强加给孔子，我想他活着一定让人把他这个帽子给摘掉。"圣"是没有止境的，一代一代追求的最高境界。因此孔夫子告诉你就要做君子，不要做小人。

因为是"人化"，是渐近的、牢固的、渗透的，因此社会层级之间形成了凝聚力。为什么能凝聚呢？我个人认为是因为习惯，例如嫁到台湾的大陆新娘，就有一点不习惯，甚至很痛苦，所以有的离异了，有的经常吵架。因为嫁过去之后，甭管你是不是博士毕业，早晨起来第一件事是沏茶端到婆婆面前，老太太可能根本不喝，说你去做别的事吧，这就批准你别来了。我们嫁过去的人首先对这个不适应。谁好谁坏我不评论，我想说换了一个生活习惯，不适应。

因为习惯所以就认同，湖南人见到湖南人特别亲，为什么？今天咱们可以多吃点辣椒；山东人见到山东人，咱们今天一起来大葱蘸酱；跟上海人一起就不敢吃大葱，嫌你口里有味道。这就是为什么认同。乃至你去留学，耳边响起中国话来，虽然不一定是你家乡的人，只要是中国人你就会很兴奋。认同之后产生凝聚，于是这个国土就是"超稳定"的。"超稳定"是引了英国历史学家汤因比的话，他经过研究世界的历史，最后得出结论说中华大地五千年来是"超稳定"的。为什么？因为他用历史主义的方法，把中国放到整个世界的背景去比较，这是我开头所说的外国人在庐山外看庐山。

这样一来民族已经是一个文化的概念，例如，"中华民族"这个词是孙中山先生先提出来的，中华民族是多民族，因此中华民族这个词是文化的改革。民族也是一个凝聚的实体，靠的什么？靠习惯，靠人民。

三　中华文化与西方文化的对比

通过对比来认识我们文化的价值。西方文化的形成是在游牧时代，以游牧为主，也有一些农业，这个农业集中在巴勒斯坦地区。顺便提一下，把文化分"东西"这个本身就是欧洲的观点，例如巴勒斯坦在我们的西边，为什么被称为东方呢？因为它在西方的东边。西方文化用方向来命名是准确的，但应该界定一个范围。我所指的西方是希伯来—希腊·罗马——开国才二百年的美国不在这个范围，因为它是移植过去的。它的根基是希伯来，也就是犹太。

生活在巴勒斯坦这片土地上的人以游牧为主。人总要解决我来自哪里，要走向哪里；为什么我放着牛突然雷电来了；为什么去年我到这里草木茂盛，今年却这么荒芜；为什么又发生地震了这些问题。他要找原因，于是就假想一个神，本来犹太人信的是多神教，后来慢慢变成了一神。注意一神教这个"一"就不是"二"，就不能接受二，因此一神教天然的就是排他的。我要维持一个神怎么办？杀！同时这个神是我的神，你说你的是另一神，一山哪能有二虎呢？杀！后来基督教演变到中世纪压迫太深，于是宗教改革了，创造了基督新教，就是现在的基督教。老教就是天主教，天主教当时是整个罗马帝国的国教。还有西罗马帝国和东罗马帝国产生纷争，东罗马帝国延续一千年，留在这里的教叫正教，就是现在的东正教。当时的基督教统治巴勒斯坦和阿拉伯人，阿拉伯人就开始反抗，创造了伊斯兰教。伊斯兰教吸取基督教的方法形成一神教，也是谁也没看见过那个真主，只有穆罕默德一个人听到了真主的声音，并且赶快记下来。它的教义和戒律几乎都是从《圣经》里抄来的。

一神教的基本教义是人有原罪，生来就有罪，罪可以遗传。亚当夏娃有罪，让你别受诱惑，你怎么就让蛇给诱惑了。本来应该是天下所有的东西由上帝来创造，结果你们乱伦，生出孩子来，你们创造了，所以孩子是非法出生。若要得救赎，第一条就是无限地信仰上帝，在社会上你就应该拼命地去工作，这是上帝的意思。到了资本主义初期，就是要拼命地赚钱，不择手段地赚钱。上帝又说只赚钱不行，你要过简朴的生活，你死的时候把剩余的钱交给社会，这就是救赎了。救赎的结果是什么呢？回到上帝的社会，而不下炼狱。而犹太民族是什么地位呢？是上帝特选的人民，选民从犹太跑到美国，因此美国天然地给老百姓一种自豪。上帝选民特权在哪里呢？领导全世界，大家都这么做，最后就能上天堂。

基督教有摩西十戒，《古兰经》有七戒，这些戒律都是引导人向善的。我把中西信仰对话引向伦理的对话，为什么？因为谈信仰谈不拢，外国学者都知道我是无神论。但伦理咱们强，不许奸淫，不许偷盗，不许说谎，中国社会的生活本身就不允许，我是自觉地遵守，而不是一个有形的手控制的。因此西方从罗马法发源到现代法，《古兰经》上面说偷了东西要砍手，但是社会上的罪是多种多样的，你这些戒与法不行的，就由社会的领袖解释。后代在文艺复兴提出的自由、平等、人权、民主都是从这里出来的。上帝告诉你们，我造的山川草木都是供我们的选民用的，所以你们去用吧，于是乱开发。平等当然平等，在西方祷告里称上帝为天父，父亲只有一个就是主，剩下大家都是兄弟。西方真正的父是主，简化了人权，人权是天赋的，天指的是上帝。而我们理解的"天"是自然生出来的，是大自然宇宙的赋予。

美国式思维特点，自以为是上帝选民，所以唯我独尊。他对世界的理解只是皮毛，甚至是物质的；他了解的都是他本国的事情，认为只要了解了自己就行，所以又是脱离现实的。另外因为利益的驱使，养成讲实用主义精神，讲实用主义就不顾他过去说过的话，过去做过的事情。倒是有一个好处，很坦率。人家不怕，为什么？因为实用主义。说中国人好面子，为什么？其中一个就因为不是实用主义。

这种思维方式形成的原因跟地理环境有关。现在面临一个问题：整个人类走到十字路口，甚至有的学者提出来照这样下去人类将要走向灭亡，因为人类的战争，环境的污染和资源的枯竭。一旦资源枯竭之后，大量我们没见过的病毒细菌就要蔓延，因此必须另寻出路。这时候西方的思想家就开始思考自己的转型，能不能从二元对立的环境观转变到整体论。同时，我们也要思考如何向西方学习，东西结合以解决我们自己生存的问题。但是西方文化如果要转型，就需要放弃一神论的信仰和由此形成的理念以及哲学，太难了！因为文化是一种生活方式，是一种习惯。"习惯的力量是最可怕的"，这是列宁的话。举个简单的例子，让咱们上交大的男生，以后上课全穿背心，咱们不说学校允许不允许，恐怕咱们自己都不习惯吧？就这样简单的习惯都难改变，你想转变思维方式和信仰，就更难了。与之相比，中华民族的转变会更直接而快捷，为什么？这就谈到传统文化在当代的价值，我们的四观是老祖宗教给我们的，而这正适合人类的发展，只要我们回忆起来，用来指导实践就可以了。当然我们还有一个重任，就是要学习西方，在解决物质世界的问题的时候，我们的整体论、二元论等这些思维方式不够用，还应该参考西方的分析论。举例子说，只有中医没有西医，解决不了中国人的健康和疾病问题，只靠西医不要中医也不行。恐怕就需要中西医结合。真是出现急性病得赶快送西医，出了慢性病你别上西医，你得找中医去。我这说的是表面，其实任何一个疾病都要中西医结合。现在很多大医院在癌症手术做了之后，很多大夫都嘱咐你出院之后用中药调理，这也是一个课题，还需要一段时间。因此整个观念的转变，对中华民族来说，不是扭转的问题，是回忆和升级的问题。

四　中华传统文化在当今时代的价值与意义

说到这里水已经自然流成了一条渠，我就做一个小结，中国传统文化在当代的价值，我想在伦理层面要大力强调仁。仁的思想应该讲究爱，但是我们又不是博爱，中国曾经出现过博爱的理论，这就是墨子的"兼爱"，对天下人的爱应该是一样的，但这违背了人性，也违背了中华民族的传统。但是不管怎么样，各家都共同讲仁爱。哲学层面，中国哲学讲一元论，整体论，中和论。所谓"中"，就是不走极端，不是非此即彼，应该参照多元，取不偏不倚、不极端的做法。中庸之道的内含比我说的"中"还要宽泛，"中"了之后还要"和"。

另外我们的目标是社会和谐，大同，天下和平，人民过上和谐富裕的生活。祖宗留下来的这些思想，我觉得在今天不仅仅有振兴中华的价值，而且有和一元论勾兑取得中和的作用。美国一位前几年过世的著名汉学家也说过，中国的哲学更接近于当今自然的发现与成果。为什么？美国的医学发现要学中医的整体论；同时在研究宇宙的时候，什么大爆炸，黑洞都是假设，但是假设当中，有鉴于《老子》，他们已经意识到宇宙原来是混沌的。同时中国的各种事物之间是密不可分的，不能机械地切断，这个理论已经在多学科当中感受到了。因此从 20 世纪 70 年代开始西方提出交叉学科、复合型人才、跨学科研究，就是意识到了这点。但是一位著名学者跟我说，在西方跨学科相互渗透、复合型人才培养至今是个神话。而我们缺的是什么？我们还在拼命学习西方，到现在国学、儒学、中华文化学在我们学科里面是没有的，申请都通不过。我们研究的国学、儒学、诸子学等都是综合的，所以即使是方法论、思维方式论等中华民族的这些理论都可以给世界参考。为什么我们强调参考？因为我们不能唯我独尊，东西方文明各有各的好处，他适合他的社会那是最好的，我这个适合我，但是我可以介绍给你，你自己选择要不要。

我有一次驳斥西方所谓的威胁论、价值观输出论。我说你们国家的文化是一个店，经常出售给中国。中国这个店过去尘封已久，现在我把门面打扫了，抹上油漆，准备重新开张。我们中国这个店，允许不允许在屋外插上商品介绍牌？逛市场的人你看一看，你看着商品好，你买走；你看着不好，你上别的店去，这怎么叫价值观输出呢？虽然跟我对话的人并不是这个观点，最后也说，你说得完全对。所以我们要注意，我们不管在孔子学院还是在哪儿，我只是介绍，只是讲述我们的故事，不是向你们推销。为什么非得推销呢？

从孔子时代到现在，中华民族始终存在着德与欲的搏斗。有些人问我，既然中国这么好，怎么中国历来有贪官，有荒淫呢？这就是二者在斗争，在一段时间里，可能欲还占了上风。五千年来，德一直在引导，其他的文明也是如此，现在西方人研究中国就是和他自己比较。前几年我到欧洲，欧洲汉学联合会的会长跟我说，几十年来我们在欧洲研究汉学的人是孤儿，现在你们崛起，我们找到家了，这是现状。但是这背后为什么他能坚持汉学，就是在和他们的东西进行博弈。同时我们在考虑它的价值的时候，要把帝王的添加和民间的创造与儒家的本体区分开，例如"三纲五常"这不是儒家的，是汉代的皇帝强加的。又如裹小脚也不是儒家的，是民间的创造，这和法国的妇女缠腰是一回事。所以不要把这些陋习算在儒家里，而应该剔除掉。

因此，我认为德在历史的过程中，每时每刻都在起制衡的作用，也就是在天平上博弈，但是在博弈之中还应该看到人类一直是向着崇高、和睦、太平蹒跚前进。回过头观照中国的历史，你从理性到感性看得很清楚。未来的路程也将曲折坎坷，但是人类总是朝着和平幸福前进。

互动环节

问：请问中国传统文化该如何界定和理解？

许嘉璐：感谢这位老师提出这样一个很高级的问题，这不仅仅是这个老师的困惑，也可以说是整个中国的困惑。我想从两个角度说，第一个与马克思主义的中国化有关。辩证唯物主义和历史唯物主义这不仅仅是方法论，也是一种哲学，但是在实践中马克思主义和中华传统简化了，虽然不等同，马克思主义与儒学什么关系至今没有解决。人们的认识没有解决，实践没有解决，理论也没有解决。因此我从 2010 年开始思考这个问题，在心里酝酿，到 2011 年，我就以山东大学儒学高等研究院院长的身份向国家申报了一个课题，我准备研究四年，这个课题的题目就是马克思主义与儒学。我试图从历史上，从文献上、从实践中、从理论上，理论上又分哲学、伦理等这些方面，提出我的见解，现在这个项目正在进行。但是这只是我的一己的、我们一个小小的研究院的努力，更细的东西需要我们在实践中探索。这个是全民的，不是政府的领导。

第二，为了思考这个问题我前几年又把《毛泽东选集》三卷翻了一下，我发现在毛主席的论述和他在建立共和国的过程中，经过国民战争和抗战，他的一些理论成果的来源不是从马克思列宁的书上来的，而是来自中国传统。

例如为人民服务这个思想，至少在马克思那里没见到。为人民服务，人民就包括资本家，也就是今天我们的企业家，政府不为他们服务吗？银行不为他们服务吗？这是结合中国的情况，不能二元对立。在中国共产党中央机关里，特别有一个统一战线的工作，多交朋友，和谐民主，团结民主。一方是我们党和国家的决策领导全大陆，一端当初是日本帝国主义和国民党，谁能战胜对方呢？看谁团结的人多，这个思想是中国的。

所谓叩其两端，任何事物两端都是最小的，地球南北极才多大一块地方，更大的地方在中间。磁铁的两极就那一块，更多的是过度的灰色地带，这都是中国的思想。军事上人不犯我，我不犯人；人若犯我，我必犯人。中国的思想，辩证唯物主义是正负两方相互依存，没有天就没有地，没有男也就无所谓女，成螳螂了。但是中国的哲学还有一个，正可以变成负，负可以变成正，这是《周易》，这是《老子》。

改革开放后，小平同志有这样两句话。第一句是："一部分地区、一部分人可以先富起来，带动和帮助其他地区、其他的人，逐步达到共同富裕。"在西方哲学里，只有我为了赎罪而捐钱，比如比尔·盖茨全世界最大的资产家，拿出 100 亿来成立比尔·盖茨基金会，然后是拿着基金会去做软件办公系统，再去做别的又收益赚了钱，拿一部分利润再做慈善事业，剩下的钱又补充到他的基金里，钱是谁的？比尔·盖茨夫人的。这和我们说上海帮助援建新疆和云南表面看是一样的，但内核不一样，力度也不一样。

第二句话，"我是中华民族的儿子，我深深的爱着我的祖国、与人民。"这不是马克思主义的原旨思想。再看，江泽民同志、胡锦涛同志、温家宝同志到美国耶鲁大学演讲，讲什么？全讲中国传统文化。概括地说，我们历代的人从李大钊开始一直到今天，就像我们在座的人一样，身上渗透着很强中国文化的基因，只不过我们没去反思，没去发现而已。我希望全国的思想家、党史专家都来思考马克思主义与儒学的问题，为什么说这些基因在我们每个人身上都有。我想在座的同学们没有一个不爱自己的爸爸妈妈，即使爸爸妈妈小时候打过你屁股，你都觉得今天我还希望他打我一下。每到节日都要给家长打电话，只不过我们都习惯了，没察觉这个东西。学一点中国理论就让你们走向理性。我相信大多数人都能背，"慈母手中线，游子身上衣，临行密密缝，意恐迟迟归"。这样的诗每个人都记得，当然记得更熟的是"床前明月光，疑是地上霜，举头望明月，低头思故乡"，这虽然很浅，但是大家都知道，这个是中华传统文化的基因。所以我希望大家给国家留下一些读书的种子，深入地研究中国的传统文化、儒学、语言学，等等。希望能够帮助大家，跟大家一起推动我们对文化的思考、文化的回忆和文化的回归。

（根据录音整理）

办好尼山书院　争做文化首善之区[※]

首先，我要感谢山东省领导和父老乡亲对我的信任，赋予我如此重要的责任。老子说自知者明。我自知无论是就学养，还是就经验以及能力而言，我很难承担起尼山书院山长这个职务。但是，我被山东省领导决心把齐鲁大地建设为世界东方的儒学重镇的气魄深深感动，被山东省领导和文化部门建设尼山书院的坚定决心和执行力度深深感动。今天参加这个典礼，受聘为尼山书院山长，心情既忐忑不安，又激动兴奋。这是因为齐鲁大地在中华优秀文化复兴的高潮即将到来的时候，实施这一弘扬中华优秀传统文化了不起的工程——到 2015 年年底，全省要建成市县级的尼山书院 153 家，到那个时候，山东就将成为全国唯一的全省铺开、用书院这一平台来促进儒学文化复兴的省份。在这种情况下，我只能尽我之心，竭我之力，以不负齐鲁大地将近一亿的孔孟传人的重托。

下面，我就书院的建设谈几点肤浅的想法，供山东省领导和渴望了解孔孟文化、学习孔孟文化的人士参考。

为什么要建尼山书院？

第一，道理很简单，刚才季省长和孙部长已经讲了，就是四个字：激活传统。习近平总书记去年 8 月 19 日在全国宣传工作会议上讲的"四个讲清楚"，后来又在政治局学习会议上讲的"三个活起来"，对我们传承和弘扬优秀传统文化提出了明确要求。我们的祖宗给我们留下了尼山孔庙和尼山书院。尼山书院到现在已经近千年，作为全国文物保护单位，作为

※　2014 年 5 月 22 日在"尼山书院"山长聘任仪式上的讲话。

一座建筑，它是"死"的；但是如果我们继续办成生气勃勃的尼山书院，它就"活"了，就成为普及国学、弘扬传统的阵地。这是贯彻落实习总书记指示的好途径。

第二个问题，为什么要激活它？

我有以下三个理由：

一是十三亿五千万人心灵的需要。不可否认，现在全国人民的心里，或者多数人心里想的是钱，是物质。而人的心灵里还应该装什么？希腊古哲学家曾经说过这样一句话：追求财富是追求平凡，追求精神是追求高尚。我们现在缺了一些高尚的东西。富不过三代，财富能保有千年万载吗？但是一个家庭，一位家长，其精神在有意无意中、自觉不自觉中、言传身教中，可以一代代传下去。今天我们继承和学习的孔孟思想，不是经历了两千多年仍然活着吗？孔家、孟家给我们留下的不是金银财宝，留下的是精神。习总书记说，中华优秀传统文化是我们十三亿人文化的基因。基因你想改变它都不行，何况改变了之后是福还是祸尚不可知。现在人民需要优秀文化，这就是为什么祖国大地在没有哪个领导倡导时就出现了回归传统文化热潮的原因。现在不算尼山书院，就我初步了解，全国已经有1500多家书院，除了几个古老的书院纳入大学体系里去了，绝大多数书院没用国家一分钱。几百万的儿童、少年、青年和老年人在里面学习。这说明人民的心灵需要它。

二是人民的生活需要它。从生活方式上看，现在我们每天坐在餐桌前或沙发上，手拿遥控器观看电视节目，这是文化生活的需要，是可能给人以启发的文化创意产品。这样的东西，可以给每个家庭、每个社区、每个城市带来正能量。文化是多元的，我们对各种文化风格都要包容。从催人泪下的影视片到听了半天不知所云的歌曲，从学术大家的讲坛到哈哈大笑之后不知所获的小品，都需要。但是在人的心灵中，在我们的传媒上，在我们出版的书籍里，应该落实我们老祖宗的那句话：开卷有益。这个益是精神之益、知识之益、智慧之益，智慧也包括了审美之益。有了尼山书院这个平台，不知道它将给我们这方面创造多少新颖的东西，不可预计。但是我相信，它一定是山东省文化生活的巨大的动力源。

三是我们的教育事业需要它。也可以换句话说，书院，这一古老而又年轻的事物，是对我们现有教育体制的有益补充。目前，新一轮的基础教育课程的改革即将开始，新一轮课改的核心是以德树人，这个宗旨要贯彻到所有课程当中。当然不应该是说教，而是要像季省长刚才所说的：以德化人。是"润物无声"，绝不是硬贴上去的，是本着学科自身的规律，让孩子们在获得知识的同时，能懂得中外前人获得知识时候的甘苦和抱负，以及人和学问都有个继承发展创新的过程。毕竟孩子们的需求是多元的，社会上成年人的需求也是多元的，有些人就想在儒家或诸子经典以及古人的智慧方面多知道一点。现在我们办的洋学堂，采用的是切豆腐的办法，设置多少课程，用多少课时，全都规定好了，如果想在某个方面多学一点，学校不可能满足。怎么办？由书院予以补充，不外乎少打两场乒乓球，少听一次歌会，挤出时间用来学自己想学的东西。有的孩子朝着传统书画去，有的学习踢球去，也会有人学习传统典籍和理论。

书院既然是人民心灵的需要，人民生活的需要，教育事业的需要，因此必须激活。

第三个问题，怎么样让它活起来。

我也想了三点，供大家参考。

第一，尼山书院首先要继承传统。

任何创新都是以继承为前提的。没有传统，那是胡思乱想。比如插花，把云南的花剪下来插到大明湖，半天就会死去。过去的书院，无论是管理还是师生的学习等，都积累了丰富的经验。从唐代兴起到宋代形成高潮，清末逐渐式微，其间积累了丰富的经验。它的功能和目标主要在四个方面：一是启智，开发人的智慧。我要强调这点。书院不是只讲传统知识的，这是和洋学堂最大的不同；书院要启发人的智慧：认识到"我"是谁，怎样处理好身心关系、人和社会与自然的关系，而且提高到理性的高度。所以它的教学方法会和通常的不同。二是知行合一。学了就要去做，不是把自己学到的东西当成往上攀登名誉地位的工具。三是培养儒雅。今天，应该提倡青年人活跃，但是我们也看到，很多活跃在足球场上的男生，脱掉运动服参加晚宴的时候，焕然是一位"绅士"，动作儒雅，不急不躁。似乎现在社会上缺了一些儒雅之气。四是培养人的气节，这种气节是人的骨气和胆略的结合产物，例如明朝的东林党，很有气节，这要归功于无锡东林书院的熏陶。我们看看黄宗羲写的《宋元学案》，无论是周敦颐、张载、程颐、程颢、朱熹，有一个共同点，那就是培养人的气节。有了气节才能追求真理，没有气节追到一半，受到外力影响就放弃了。有了气节就可以果断地、坚强地对待邪恶的挑战。文天祥就是中国气节的代表。

我们继承传统，不是继承我们师生之间行礼、坐卧之类的传统礼仪，而是从传统书院的体制、知行、儒雅、气节这样的传统中汲取营养，也就是培养新一代的完整的人。

第二，尼山书院必须创新。

书院的建设与服务，特别是在办学形式、教学内容上一定要有所创新。这方面我就不多说了，因为向红厅长讲的设施布局的"六个一"，活动内容的"五个版块"，很多都是创新的东西。但是我想强调，创新不是一次性的，我们办起来，今后还应在实践中继续创新。

第三，靠谁来办好尼山书院。

我想，还是靠两头。一头是靠山东省的广大学者。刚好，山东省几年前已经建立了人文社会科学的协作体，全省所有大学的相关老师和省社科院以及其他研究单位都在这个协作体当中。153 家尼山书院作为一个平台，里面有很多小舞台，谁来当演员，谁来当导演？就是我们协作体的专家们。既然让我当山长，我就以山长的身份，请协作体承担起各地尼山书院导师的职责。当然我们不能闭塞，要面向全国、甚至面向全世界，根据不同层次书院的需求，请海内外名家来讲学。无心插柳柳成行，2008 年筹办尼山论坛的时候我没有想到这一点，2010 年举办第一届论坛的时候也没有想到这一点，但是今年办第三届的时候我就想到了。我们办了三大三小六次尼山论坛，与会专家大多是世界各专业顶尖的，都可以做我们的教学资源。另一头，依靠广大群众。和我们制作各种生活用品一样，真正有发言权的是用户。尼山书院怎么办，开展哪些活动，请导师讲什么，应该是受众说了算。因为只有这样效果才最好，这就需要我们进行调查研究。比如到2015 年，153 家图书馆建成后就可以组织尼山书院校友会，凡是参加活动或前来读书到一定期限的，例如半年或三个月，就是校友。虽然他们不来听讲或活动了，我们也要关心、帮助他们，听取他们的意见，书院据此来研究下一步做什么，新老受众开菜单，我们到协作体里去找厨师，这样才能在尼山书院摆开孔孟文化的盛宴。

这是我对尼山书院的一种期望，也是对山东振兴中华文化、儒家文化，山东文化走出去、走到全国、全世界的期望。

在书院建设上，山东处于后来居上的地位。坦率地说，举办书院这件事，几年之前山东省还是落后的，其实是在蓄势待发。现在势已成，做出决定，由第一家省图书馆尼山书院开张，到明年年底 153 家，山东将成为全国唯一的由政府主导、事业单位主办、社会广泛参与的书院体系。我期望从这里不断生出创新的成果，那将不仅仅是山东省的收益，而且可以扩散到全国。

总而言之，不管书院设在哪里，是省一级的，市一级的，还是县一级的，都是为国育才，这个才不仅仅是青少年、将来的栋梁之才，即使现在已经成年的人，也要在已有的"材（才）"上面上一道漆，或者加上铁箍，让自己更能承重。人要活到老学到老，我相信齐鲁大地的有些老年人也希望学习。中年、老年都是才，什么才？弘扬中华传统文化之才。

最后我提议，我们大家努力，让曲阜市，进而扩大到济宁市，成为当代中华民族的文化首善之区。"首善之区"自古至今都被首都占用，但首都未必就是道德伦理文化的首善之区，我想，经过我们的努力曲阜和济宁是可以做到不愧于这个称号的。一旦国内外承认济宁和曲阜人民的素质、社会管理、群众生活、街巷气氛是首善的，那我们就可以说我们不仅仅是中华人民共和国的文化首善之区，也将是小小地球的文化首善之区。

让我们努力，让我们争取，这是为了人类的和平。因为大家都善了，恶就无所遁形，无所施其威。

（根据录音整理）

如何做好秘书工作※

秘书出谋划策时也应该清楚，领导在想什么，领导"忘"了什么，领导"顾"不上什么

记　者：您提的很多建议都被中央采纳，可否结合自身经历，就秘书工作者如何为领导出谋划策提点建议？

许嘉璐：先举个例子吧。一九九几年，有些地方拖欠老师工资很厉害，有内参说湖北大悟县发不出工资，就拿本地产的烟顶教师工资。大悟县是徐海东大将的老家。有的一家三口当老师，好几箱烟堆那儿。让老师摆摊儿卖烟总不好吧？当然还有别的事儿，如银行盖房子分给县领导啦，这么穷的县县领导还出国啦。李岚清同志点名让我带队下去查。我们随机去了两个镇、一些村和学校去考察。我听汇报，让秘书把附近所有的烟摊儿都问到了，烟摊儿没有一个是老师摆的。他还到附近的学校去向老师了解情况，为我拿到了第一手材料。最后发现问题没那么严重。大悟县确实穷，拿我住的招待所来说，那算是最好的房间了，睡觉的时候是零上八度。为了暖和一些，我让秘书跟我睡一屋，俩人总还热乎点儿啊。在房间里我向县委书记、县长了解情况，大家只能站着说话，因为只有一个单人沙发，坏了，不能坐，再说坐着也冷得不得了。其他的事都是事出有因，查无实据。后来，我在省里说得很决绝：现在离过年还有十天，我不管你

　　※　发表于《秘书工作》2014年第2期。

湖北省有多困难，春节之前，全省拖欠教师的工资必须发到位。

就在年三十那天早上，我接到大悟县给我打来的电报：向您报告一个好消息，昨天省里拨的多少多少钱到账了，我们保证在今天把现金送到每个教师手里，感谢您的关心和支持！我当时心里那个痛快和舒服啊！但是我知道，解决了一餐饭并不等于解决了永远的口粮。后来，审议《教师法（草案）》的时候，我坚持教师的待遇应当"不低于或者略高于"同级国家公务员工资。虽然"不低于"已经包含"高于"了，从法律语言方面讲，有点重复、冗余甚至是败笔，但强调一下有好处，也给地方政府一个空间：能做到"不低于"就算好了，做到"高于"就更好。

话说回来，这里面就有秘书的作用。秘书是领导的眼睛和耳朵。要领导眼观六路、耳听八方，谁也做不到，有秘书参与就好多了，秘书要主动给领导提供真实的信息。我下去考察的时候，秘书一般不在我身边，都是拿着录音笔去了解情况，回来后把情况报告给我。这二十多年，我记不清给中央写了多少报告，没人规定我写，就是我想给中央出出主意。秘书要给领导出点子，废话不用说，就把了解的新情况、新问题说明白就行，当然心里得有目标、有想法。以前我经常给民进的同志讲，我们参政议政时要明白，中央在想什么，中央"忘"了什么，中央"顾"不上什么；秘书出谋划策时也应该清楚，领导在想什么，领导"忘"了什么，领导"顾"不上什么。知道了这些，出谋划策就会更有价值。

记：为确保建议的科学性，您做过大量的调查研究。请您谈谈搞好调研的心得体会。

许：这里也先举两个例子吧。第一个是在农村推广沼气池。我下去调研，走了江苏、安徽、重庆、陕西、甘肃几个省市。我到农民家，先掀开盖子看沼气池，再到厨房、洗澡间、猪圈、厕所，而且还跟踪了解情况，今年我来了，明年还来，这样能看到进展、过程。建了沼气池，有了配套设施，厕所不臭了，猪圈不臭了，甚至苍蝇成了"稀罕物"。把秸秆、粪便、生活污水等放进沼气池，注入水，经过发酵产生甲烷，甲烷通向厨房就能烧火做饭，通到热水器农民就可以天天洗热水澡；还可以点甲烷灯，省了电。农民家里干净了。我进了厨房，跟主妇说："你家的厨房比我家的大，但和我家的厨房一样干净。"隔一段时间，沼液要抽出来，喷洒在果树的叶子上可以杀虫，这都是有机的，结的水果又大又甜，苹果、柚子、梨都是如此。沼渣掏出来，做堆肥，水果、庄稼既增产，化肥还用得少。在重庆，江边的农民原来靠捞"浮材"（从上游漂下来的木材）烧火，每年都有人因为这个溺死。有的上山砍柴去，误工，还毁坏山林。所以推广沼气池受到老百姓欢迎，乃至我们下去调研，有人"拦车告状"，说为什么他们村设了沼气池，我们村就没有。于是我们向中央提出建议，加大了这方面的投入。

第二个例子，在甘肃民勤调研防沙治沙情况。大家都知道河西走廊，"金武威"、"银张掖"，玄奘取经的时候，那儿水草丰茂，大片绿洲。武威再向北走就是民勤，这条 20 公里的绿带把巴丹吉林沙漠和腾格里沙漠隔开了。可是由于那里水草丰茂，土地肥沃，吸引了大量移民，人口翻了一番。种地就要浇水，降雨少，来水有限，于是大量抽取地下水。原来打十几米就出水，打到一百多米，水已盐碱化，人畜都不能喝，也不能浇地，于是地就荒了，过两年就变成盐碱地。那里有个青土湖，原来鱼鸟繁多，水清草茂；我去时站在湖底照了一张相，极目望去全是沙。我到了沙漠里一个监测站，检测的结果是，一米宽度的空间每年往南刮 7 吨沙石，主要落在民勤，更细的落在武威，再细的可能就飞到北京了。温家宝同志说过，"绝不能让民勤成为第二个罗布泊"。我去的时候，巴丹吉林沙漠和腾格里沙漠之间只有 5 公里了，最窄的地方仅 2 公里，左右顾盼就能看见两边的沙漠。一旦两个大沙漠合龙，就会南下，连武威都要吞没，"金武威"一旦失守，河西走廊就可能"全线崩溃"，那就不仅是民勤变成罗布泊的问题了。当地农民和干部真是可敬可爱。他们在沙漠里把麦秸和稻草编成绳，一平方米一个方格，在格子里种上耐旱植物，带着营养包埋进去，然后浇水。方格对固沙起了很大作用，但是人战胜不了天，风力太大了。我去的几次，越走越往里，为了找到源头，一直走到内蒙古阿拉善右旗。我和那里的领导交换意见，开了好多次座谈会，请农业部、林业局的专家和当地的"土专家"讨论，形成了一套治理方案报中央。这个报告不到两千字，后头附了一沓子照片，是我让秘书拍的，注明拍的是哪里。这个方案中央马上就批了，进行综合治理，上游（祁连山）治林、退耕，沿着石羊河实施节水农业，民勤就地移民、封井，建大棚，扶助农民种罗汉果、番茄、辣椒、南瓜，发展"林下经济"，办农产品加工企业。与此同时，帮他们建河西走廊星火产业带，转移劳动力。听说几年来那里变化很大，地下水上升了，湖水面积已达几十平方公里，鱼鸟"回来"了，农民收入增加了，两个沙漠"联手"的势头遏制住了。好想那里的干部群众啊！真想亲眼看看他们过得怎么样。当地也多次邀我回去看看，可惜始终没抽出时间。

从这两件事我想说：调研，第一，别把自己当官儿。我住在一个很穷的村子里时曾经想，如果自己住在这里会怎么样？会怎样想？这样就会当农民是兄弟是姐妹，他愁你应该更愁，因为你比他们站得高。第二，绝对不要觉得老百姓落后。我们大多数人几十年前才脱掉农民的衣服，上大学才出来，再远一点，三代之前都是农民。他们身上的缺点，我们身上就没有？千年积淀，好的不好的都不容易变掉。如果讥笑他们落后，就是五十步笑百步。我们在城市里生活，吃、穿、住都是农民供应的，他们是我们的衣食父母，哪有孩子讥笑父母的？第三，调研一定要到第一线。我在西南考察花椒、金银花、麻疯树等的种植，都是去问当地百姓，你这儿种什么行，种什么不行。英雄是老百姓，是基层干部。我的很多建议都是综合了大家的智慧，不过借我的嘴巴说出来而已。要向你所调查的对象学习。我是学文的，超出自己专业范围的很多东西都是农民、工人给我的。有了这三点，其他都是技术问题了。

我是写我心里的东西，你们是写领导心里的东西

记：您有很多文章和著作，2013 年 2 月在我刊发表的《我是怎样读书的》一文都深受读者欢迎。您能不能就如何写文章给我们的读者支支招儿？

许：这可难了！我还真没考虑过自己是怎么写文章的，只感觉文章就是"敲"出来的。你们约我写文章，题目是谈怎么读书，其实我是在谈我的人生价值观。我日读一卷书，几十年来始终坚持，昨天晚上也是看完"一卷"才睡。我觉得，继承传统、弘扬传统并努力有所创新，是一个知识分子对老祖宗应尽的天职，是一个公民、一个文化人对这个民族应尽的天职。在我看，你们写东西和我写东西是不一样的。我是写我心里的东西，你们需要写领导心里的东西。所以，在写作的时候，恐怕你们需要转换一下自己的角色。首先要把领导的意图弄清楚，确定写什么和怎么写；然后逆向思维一下，如果不这写，换个写法会什么效果；再换位思考一下，假如我是下属单位，拿到这个文，我会怎么领会；再进一步想，如果是你自己处理，你想怎么写？这点还是很重要的。当然，秘书和领导思

想境界、认识水平总是有差距的，但努力做了，就会好一些。比如说，给领导起草东西，论证往往不要多，不要展开。即使论证也是抓最关键的，一句话两句话就完了。

我举个例子。习近平总书记在 2013 年全国宣传思想工作会议讲话中有这么一段：

> 在全面对外开放的条件下做宣传思想工作，一项重要任务是引导人们更加全面客观地认识当代中国、看待外部世界。宣传阐释中国特色，要讲清楚每个国家和民族的历史传统、文化积淀、基本国情不同，其发展道路必然有着自己的特色；讲清楚中华文化积淀着中华民族最深沉的精神追求，是中华民族生生不息、发展壮大的丰厚滋养；讲清楚中华优秀传统文化是中华民族的突出优势，是我们最深厚的文化软实力；讲清楚中国特色社会主义植根于中华文化沃土、反映中国人民意愿、适应中国和时代发展进步要求，有着深厚历史渊源和广泛现实基础。

我说说自己的理解。"在全面对外开放的条件下做宣传思想工作"，这就是说我们还没有做到全面对外开放，两个多月之后召开的党的十八届三中全会才提出全面开放，但总书记已经预言了，这是秘书做不了的。"一项重要任务是引导人们更加全面客观地认识当代中国、看待外部世界"，换句话说，今天我们看中国特色社会主义还不够全面、不够客观，看待外部世界，也还可以更加全面客观。"宣传阐释中国特色"，以前只是"宣传"，"阐释"不足。要阐释中国特色，就要做到"四个讲清楚"。"要讲清楚每个国家和民族的历史传统、文化积淀、基本国情不同，其发展道路必然有着自己的特色"，这里要论证的多了，美国有美国特色的资本主义，俄罗斯有俄罗斯特色的资本主义，世界上自称社会主义的多啦，我们走的路是中国特色社会主义。这有什么奇怪的？如果这个道理没有讲清楚，老说中国特色、中国特色，就有人把我们看成另类。不另类啊！你走你的路，我走我的路，不允许有特色是违背人类发展规律的。"讲清楚中华文化积淀着中华民族最深沉的精神追求"，什么叫"最深沉的精神追求"？这是跟世界其他文明比的。如果说有着深沉的精神追求，那还不是总书记的意图，一定要说"最"。我们比其他一些价值追求更加深沉，这是可以写篇大文章的。"是中华民族生生不息、发展壮大的丰厚滋养"，这是在说中国五千年的历史。共产党领导不过六十多年，当共产党建设新中国的时候，中华民族已经经历了生生不息、不断发展壮大的过程，力量从哪儿来的？就是从"最深沉的精神追求"来的。"讲清楚中华优秀传统文化是中华民族的突出优势，是我们最深厚的文化软实力"，"突出"、"最"又是个比较。各国有各国的优势，我们中国有突出优势，突出在哪儿？花上二十五万美元，就可以在金色大厅或者肯尼迪中心演出，但那不是最深厚的文化软实力。关键还在于文化传统和底蕴。"讲清楚中国特色社会主义植根于中华文化沃土、反映中国人民意愿、适应中国和时代发展进步要求，有着深厚历史渊源和广泛现实基础"，如果我们说中国特色社会主义是马克思主义的又一次飞跃，当然没有问题。实际上也是延续了五千年的文化，到现在就必须、只能这么搞。把这点讲清楚了，老百姓会从感性到理性都坚决拥护的。就着这个问题写一本书不算过吧？但给领导写东西不能那么写。这就是给领导写东西的样板。

秘书应该树立一个远一点的目标
——赶上或超过自己服务的领导

记：在秘书工作者的队伍中，有相当比例的青年同志，可否给他们提些希望？

许：我常跟自己的学生说，希望你们超过我，你们应当有这种志向。学生当中有种情绪——我怎么能超过你呢？我说这是不对的，你就努力努力再努力，勤奋加悟性，早晚有一天会超过我。中国需要大量不断超越前人的人，世界也需要。我想，秘书的前途和他本人的胸怀、学问密切相关，应该树立一个远一点的目标——赶上或超过自己服务的领导。可能达不到，但有了这个目标，动力就有了。

当然，秘书工作是有明确要求的，具体可以概括为 32 个字：谦和待人，廉严律己，及时汇报，严格保密，通力合作，谨慎交往，团结友爱，加强学习。这是我对历届秘书的要求。多年来，民进的秘书都是这么做的。

秘书还得接地气。这点不容易做到，跟着领导出去了，得天天陪着，自己支配的时间不多。现在有一个办法很不错，就是轮着下去挂职锻炼。

另外，家在外地，走亲访友，这本身就是接地气，还可以专门有一两天时间到处走走。

做秘书工作最重要的是道德操守，换句话说，就是强调应该怎么做人。为什么？因为秘书是首长的影子，秘书单独出去办事，待人接物，对事物的剖析认识，背后都有首长的影子。做秘书工作，有心人将来是能成才、能做重要工作的，所以应在这方面不断提高。

秘书还应该有点书卷气，言行举止要有气质，因为背后是你的机关、你的首长。不要让人家议论：首长讲话好，举止好，大气，"可他的秘书有点……"啊，那就不好了。

语言与文化

语言功能的现代阐释[※]

各位来宾，各位专家，

女士们，先生们：

本次世界语言大会的主题——"语言能力与人类文明和社会进步"，鲜明地揭示了语言事业当前所承担的历史性任务。语言，是人类最伟大的创造。它为交流和思维而生，是人类思想、感情的直接体现。人类进入工业化时代，语言的功用急速地跨越了民族边界，成了不同文明间沟通的重要手段。但是，在近两个世纪中，"我对你说"或"我说，你听"成为常态，那往往是强制、训诫和灌输。在度过了痛苦的殖民时代之后，特别是随着民族觉醒、经济全球化和关注文化多样性的呼声日益强烈，语言的交流功能在民族与民族、国家与国家全面交往中的作用越来越突出。在许多国家，为了自身的全面均衡可持续发展，也把消弭方言之间、不同民族之间信仰、观念和伦理的隔膜寄希望于语言的沟通。总之，越来越多的人意识到，人类要可持续发展，国家要稳定，世界要和平，就需要多层次、多国别、多民族之间的对话。正是在这种背景下，"对话"（dialogue）逐渐成了在国际间使用频率越来越高的词语。"我说，你听"变成"你说，我说"，这是世界的一个极大变化，意味着平等、尊重和协商得到了国际交往"正宗"方式的地位，意味着历史所造成的鸿沟有可能逐渐填平，也意味着语言的交流功能超越了日常生活和相对固定的"话域"，面对的是无限的空间。

※　2014 年 6 月 5 日在世界语言大会上的演讲。

人类的智慧是靠对话而成熟和传播的。让我们回顾轴心时代的伟人们，孔子、孟子，苏格拉底、柏拉图，耶稣，释迦牟尼，岂不都是在和学生、公众无数次的对话中迸发出智慧的火花、探寻到真理的吗？人类历史上有过许多因对话而实现和平的事例，也有数量或许更多的因拒绝或不充分、不善于对话而发生的惨剧。正是因为看到了对话是不同文化间消除误解与隔阂，取得共识的最主要的手段，所以1993年在世界宗教大会上，6000位宗教领袖为了世界持久和平而通过了《走向世界伦理宣言》，联合国和联合国教科文组织则从世纪之交起，着力提倡并组织不同文明间的对话，成效显著。另一方面，在刚刚过去的几十年里，以维特根斯坦和哈贝马斯等人为代表的交往理论哲学家们，对于对话的逻辑和规则、公共领域中的语言沟通和演变，做了富有成效的研究，"对话"已经成为世界哲学界近年来研究的热门课题，哲学家们有意无意地把语言的沟通作为构建人类共同伦理或新人文主义必须解决的前提了。

但是，要达到联合国和教科文组织提出的目标，要实现世界人民，特别是前殖民地国家人民和平幸福的愿望，要如哲学家们所倡导的那样，通过对话追求人类共同伦理和宇宙的真理，国际组织的号召和呼吁需要扎实地付诸实施，学术精英们的研究和呼吁需要让世界广为知晓。显然地，对话必须要有亿万民众的参与。但是，目前的情况是，双方乃至多方交往的人们更为关注的是商品、古迹、景致和食品，意欲了解他者人文、信仰和伦理的不多。出现这种情景的原因是多方面的：今天是一个物质第一、精神被忽略的时代。物质的东西直接刺激人的感官，容易被理解和接受。就语言的运用而言，有关日常生活所涉及的物质和技术的语言，在不同语言间的对应较之人文的，尤其是比关于信仰、伦理的，要简单得多，虽然句子结构之间的对应也是极为麻烦的事。

这对语言事业是一个新的挑战。与经济全球化同时出现并且应该强调的是文化的多元性，而后者就在很大程度上涉及精神领域概念的表达。在这一领域，句子结构和修辞的差异反而退到了第二位。摩洛哥哲学家、2003年教科文组织沙迦奖获得者，2009年至今担任该国文化部长的本·萨利姆·希姆什教授（Ben Salem Himmich）在2010年发表的一篇文章里说道：

为了使不同信仰或文化间的对话变得更为明确和严谨，应当抵制杂乱、顽固和不规范的术语模式，并尽量使事物名称符合其性质和功能。

他举例说：

数百年来，欧洲人一直把伊斯兰教（Mahametisme）、伊斯兰和伊斯兰主义作为同义词或同源专有名词的变异。

因此他呼吁：

重新审视文化间对话的全部词汇并对其进行概念批评，这是为名副其实的和平文化创造重要条件。这种和平文化的基础是合作者间真正的对话。（*Diogene*，2010）

他所提出的问题在中国和西方文化的交流史中实际上已经存在了几百年。例如 16 世纪伟大的传教士利玛窦和 17 世纪伟大的数学家、哲学家莱布尼茨等人都是以基督教的"神"、"爱"、"善"、"礼"等概念来理解中国的儒家文化，甚至认为儒家所信仰的也是人格神，因而可以证明基督教教义具有普世价值，这一误解直至今天仍然是中西文化交流的障碍。近几十年，这个问题已经引起欧美和中国学者的高度注意。但是在没有出现希姆什所期望的那种情景时，人们只能用一种权宜之计，或者说是过渡的方法处理——在遇到中国文化的概念时，直接写出汉语拼音，例如道（Dao）、理（Li）、仁（Ren）、性（Xing）、气（Qi）、孝（Xiao），等等。但是这个办法最终只能用于少数词语，局限性是显然的。如果要想广泛而深入地开展不同文明的对话，希姆什所提出的难题必须解决。当然，不同文明间的对话所涉及的必须解决的语言问题远不止希姆什所说，例如以下一些问题近年来不断被人们提起：

在未来的人际交往中，一人多语（含本民族方言、本国其他民族语）的现象会越来越多，社会如何满足这种需求？

与此相伴的一个重要趋向是作为文化的符号，记载着不同民族或地区历史的少数民族语言、方言和人数较少的国家（例如马尔代夫）的语言，呈现出迅速衰落的迹象，我们应该采取怎样的对策？如何挽救和保存？

许多国家已经采取多种措施以保护国内少数民族语言和少数人使用的语言。但是，保护的目标能否达到？按照语言分区分校进行母语教学，利和弊孰大孰小？对少数民族学生的过度资助是否是"逆向歧视"？师资和教材的匮乏，所需成本过高的问题如何解决？外语教学和母语教学如何不相抵消，做到相得益彰？

为不同文明对话服务的双语或多语辞典如何编撰？在涉及他种语言人文学科的语汇时，按西方词典学的路径，是否能做到被释词和解释用语"等值"？

为了培养适应未来需要的语言人才，我们的语言教学和研究需要做哪些调整和改革？

日新月异的 IT 和网络技术如何直接为不同语种间的对话服务？

这类问题的单子，我们可以拉得很长很长，这说明为了建起人类交流合作的语言之桥，我们所面临的挑战是极其严峻的，需要长期奋斗。这些问题归结起来就是，为了填平国际和人际间的鸿沟，首先受到挑战的将是语言政策、语言教育和语言技术，首要的任务是说服各国政府采取足够的措施，说服具有经济和技术实力的企业积极参与到搭建语言之桥的工程中来。

单就 IT 和网络技术协助语言教育和交流而言，就有巨大而急迫的需求，当然这也是一个语言技术的巨大发展空间。现在一些国家在机器翻译和人机对话的研究和使用方面已经投入了不少资金和人力，取得了一定进展。但是，除了少数公司着眼于提高人们的语言能力、挽救濒危语言，制作了词典、教学软件（包括视频）外，多数还是围绕着经济事务和技术利益进行开发。这是资金来源的局限所带来的必然结果。以我所领导的一个技术团队为例，我们所开发的应用技术"中—英对译软件"（主要是专利文本），三年来耗资近 1000 万元人民币。到目前为止，面对真实文本的译准率和召回率已经达到 85%。预计到 2014 年底，这一数字还要提高。如果扩大翻译范围，继续提高译准率，所需资金将更多。我之所以专心研制应用技术的翻译软件而不敢旁顾，一方面因为我知道，要达到人机交流，必须先解决不同语种的对译难题；另一方面也是因为目前的课题筹集资金相对要容易得多。

很久以来，我一直梦想着能够研制用于人文交流的软件，也就是真正意义上的人机对话的技术。我知道其中的难度，并且正是因为难度大，所以没有更雄厚的资金后盾是无法着手的。人类在这一漫长道路上已经迈出了第一步，但是在这里停留得太久了。从我自己的经验中，我有这样的感触：这是一项需要引起世界注意的事业，更是需要无疆大爱的事业。因此我建议：希望 IT 业和网络运营商能够把人类的交流对话作为一个长远的事业，减少对眼前利益最大化的追求；希望各国政府高度重视语言教育，调整语言政策，保障不同语言间的完全平等，经济实力较强的国家应该慷慨地帮助新兴国家；希望有关政府在资金和政策上支持 IT 业，鼓励网络运营商，跨过纯商业的视域，关注人类长远的共同利益，加大语言交流技术的开发；当然我也同时希望教科文组织在这一进程中发挥更大的推动作用。

女士们，先生们：

我们在不断强调不同文明对话重要性的同时，也清醒地意识到，对话在解决世界和国家和谐问题上并不是万能的。对于那些以优越种族和上帝的现代选民自居，一意把利润、权力作为行动准则，坚持奉行殖民式思维，视人民为奴役对象者，对话不过是遮人耳目的游戏。但是，我们对人类的未来仍然充满信心。诚如联合国教科文组织《组织法》中所说，"战争起源于人之思想，故务须于人之思想中筑起保卫和平的屏障"。这句话反映出在经过了人类历史上最为残暴酷烈的战争之后，人类已经自觉意识到出路在哪里。我在不久前举行的第三届尼山论坛上说了下面一番话："这里的'战争'一词，指的是人类危机在层层积累之后最终爆发的极端形式；'人之思想'之所指，美国过程哲学家、密歇根伟谷的斯蒂芬·劳尔的一段话，可以被视为是一种较好的解读，他说：

现代性最糟糕的部分，是沉溺于物质主义的一己私利的'道德疾病'；对'消费主义'的过度迷恋，导致意识形态僵局的不成熟的将凡事都绝对化的倾向。最大的问题是高分贝地讴歌物质生活而贬低精神生活，贬低我们的人性。"（2014 年的一次对话，见《光明日报》，2014年 4 月 16 日）

女士们，先生们：

教科文组织所提出的"保卫和平的屏障"将由谁来筑起？人民！人

民的团结是战胜邪恶的最有力的武器。要团结，就要了解他者之心，扩大自己和他者的视野，大家一起从对物质的迷恋中解脱出来；要了解他者的心，就要无障碍地交流；要无障碍地交流，就需要提高语言能力；要提高语言能力，就需要行动，而且不限于各国自己内部的行动。这是一个基于理性的因果逻辑链，而从事有关语言事业者，各国政府加专家，则处于这一链条的终端。

让我们携起手来，共同努力！

未
达
集

弘扬汉字艺术　振兴中华文化[※]

我亲自见证了三次汉字艺术节的成功举办。的确，汉字艺术节像学者们所期望的那样越办越好、越办越大。对此，我们应该感谢大陆和台湾支持过、帮助过和参与过举办汉字艺术节的所有朋友们。同时我想说，我们还应该首先感谢我们的祖先，因为是我们特别睿智的、聪慧的祖先创造了汉字。

汉字在从金文演变到楷书的过程中，曾经面临着两条路的选择：一条路，坚持以表意为主，以六书、构形为使用原则。另一条路，是形声字的出现引导着人们，注重用音来表达概念。就在这个十字路口，我们的祖先没有进一步走向扩大通假的道路，没有把形声变化为单声。这是一个重要关头的极其重要的选择，否则在 21 世纪开始的今天，我们就不能自豪地向全世界说，历史上最古老的五种文字之一的汉字，是承担着别的民族所不能承担的，直接表达人的内心、审美等意念的艺术文字。

两岸汉字艺术节，在我看来，是海峡两岸交流以及振兴中华文化、让中华文化走向世界整个伟大进程中的一个重要活动。因为海峡两岸共同承担着一个任务，这就是弘扬汉字的艺术和理念，也就是弘扬中华民族之心。

毋庸讳言，现代技术以及全球化，对所有民族的传统文化都是一种前所未有的冲击和淹没。很多民族文化已经遭到了灭顶之灾，中华民族

※　2012 年 9 月 12 日在第三届两岸汉字艺术节上的讲话。标题为编者所加。

的文化也在危险的边缘。例如，现在大陆上有将近 3 亿人学英语，可我们现在有多少人专门习字？又如，大陆的方言，谁也无意去消除它，而且按照语言的发展规律，它是不会消除的。但在推广普通话——台湾人称之为国语的同时，有多少人留意我们的方言呢？而认真学习英语的又有多少？

又例如，计算机的发达，特别是声控、人机对话开始之后，人们写字的水平越来越低，举笔忘字是人人经历的事情，而写错字、别字，更是我们日常所能看到的现象。至少在大陆，合同文本、法院传票乃至判决书上签的字，以及医生签的字，有的惨不忍睹。因此，我认为，海峡两岸的文字学家、文字工作者和文字艺术家们，一定要认识到汉字的危机和与此同时世界对汉字的期待。

刚才王文章部长谈到了汉语汉字走向世界的问题。大陆现在在 108 个国家建立了 389 所孔子学院和 520 间孔子课堂；台湾在海外建了 4 所台湾书院，还有十几所正等待建立，同时在很短的时间里，已经建立了 170 多个连接点。为什么势头这么好？是因为世界的需要。所有到台湾书院、台湾书院的连接点，以及到孔子学院、孔子课堂学习的孩子们和老人们，都想提起毛笔来就要写几个汉字。海峡两岸既面对着共同的挑战，也有着共同的职责，这个义务是对世界的义务。为此，我认为两岸的汉字艺术家应该深入地研究两个问题：

第一，继承与发展，或者说继承与创新。任何事物想要永存，就不能永远保持着原来的面貌，必须要发展。但是发展必须以牢固的、老老实实的继承为基础，否则就不是创新，而是破坏。

第二，提高与普及的关系。毫无疑义，所有的汉字艺术家都是在搞提高，但是，如果汉字艺术越来越成为艺术家们沙龙里的展品，或者是拍卖行的商品，它就会渐渐脱离人民，那就意味着汉字艺术将要灭绝。这不是危言耸听，这是在人类历史不同的民族、不同的阶段曾经共同遭遇过的现象，我们要引以为鉴。

对第三届艺术节来说，尤其重要的是在这样一个文化古城里举办，它的象征意义和实际意义都是在督促我们、鞭策我们：我们一定会越办越好，让它成为连接两岸的一个更好的、更牢固的纽带。

有台湾朋友编了一本书，名字就很有意思，叫《台北道地，地道北京》。有意思在哪里呢？道地就是地道，大陆通常说"地道"，台湾包括闽南、广东常常说"道地"，这本身就是两种方言。这本小书用 200 多个常用的词语来沟通两岸，让两岸的人民更好地欣赏彼此的文化，让大家知道自己的文化原来是一种文化的两个分支。

（根据录音整理）

弘扬汉字艺术　振兴中华文化

让汉字艺术活在华人心里[※]

汉字是我们优秀传统文化中的瑰宝，每一个汉字都有一个故事。现在由于电脑的发达，由于对洋艺术的崇拜，由于对现代科技的迷信，使得当代中国人越来越远离汉字。这是一个危机，是涉及中华民族的文化能不能够永续传承下去的巨大危机。

在座的各位艺术家以及其他未能参会的艺术家和有识之士，都在努力让汉字表现出的艺术性以及它蕴含的丰富性传承下去。在这种情况下，海峡两岸艺术家交流的意义就不仅仅限于海峡两岸艺术家心灵的沟通，而是更为远大。

我们还面临着一个严重课题，就是怎么用我们的笔，用我们的刻刀，用我们的宣纸，让汉字在全球十五六亿华人的家庭里、学校里、街道上普及开来。

当一种艺术形式只停留在少数艺术家的圈子里，或者画室里，或者书斋里的时候，这种艺术已经死亡。只有它在老百姓当中，让老百姓感觉到己虽不能，而心向往之，须臾不可离的时候，它才是活的。我期望着海峡两岸，再扩而大之两岸四地，再扩而大之全世界华人圈子里的、汉字圈子里的书法、国画、篆刻艺术家们，能把亿万的苍生放在心里，能让自己的艺术走到他们的心里。这是我的期盼！

（根据录音整理）

※ 2013年9月3日在第四届两岸汉字艺术节欢迎晚宴上的讲话。标题为编者所加。

让汉字在继承中发展※

非常高兴能参加这次盛会。我和两岸汉字艺术节一同走过了 4 年，见证了两岸汉字艺术节越办越好的历程。诚如刘兆玄院长所说，它已经成为一个品牌。这个品牌是两岸共同缔造的，是经过我们的前辈、同辈和后来人携手，努力改善两岸关系，促进两岸的文化交流中所得的。

我想包括在座的各位，和知道我们汉字艺术节资讯的朋友们在内，会有更多的人珍惜这个品牌。

汉字是唯一在四大古文明中传承至今，仍然具有勃勃生命力的文字，其中一个很重要的原因就是汉字可以衍生众多的艺术。

对于人类来说，评价人类自身某一个个体的价值是多方面的，例如精神的价值、事业的价值，还有艺术的价值。因此审美从来是民族文化当中不可须臾分离的，是民族性最突出的一个方面，这也是我们汉字不仅没有断绝，而且在发扬光大的重要原因之一。

另外，还有一个重要原因，就是每个汉字几乎都是一篇故事，每个汉字都体现了中华民族天人合一、和而不同、万事万物理一分殊等哲学理念。我想在这个方面有赖于两岸的文字学家继续开掘，并且向亿万的民众进行普及、引导。

汉代刘熙在他的《释名》序中曾说，很多语言文字现象是"百姓日用而不知"的。我们每个人都是百姓，常常如此。

诚如刘兆玄先生所说，我们要弘扬汉字，不要让它因现代技术和电脑

※　2013 年 9 月 4 日在"两岸汉字艺术节"开幕式上的讲话。标题为编者所加。

的冲击而断绝。这就要进一步开掘它的艺术美，发掘它高远的哲学境界。所以不能只靠"舌教"，不能板着面孔，不能只是拿着毛笔一点、一横、一撇地写，更重要的是要让汉字动起来，更加美起来，能让男女老少都喜欢。这需要文化创意。在这一点上，大陆应该诚心诚意地向台湾的朋友学习。

今天别开生面的演出，也让我吃惊，人声乐团的表演让我再一次体会到何为天籁。这种艺术形式来自于十几年前哥伦比亚艺术传媒大学的学生的创造。同样是大西洋彼岸的东西，台湾的艺术青年不仅仅将其吸收过来，发展了它，比我十几年前看到的哥伦比亚大学艺术传媒学院学生表演更出色，特别是其中的一位男演员，从他喉咙里发出了中国的艺术瑰宝——二胡的声音。声音是那样的惟妙惟肖，那样的动人心弦。

以此为例，我们也应该考虑如何让汉字进入百姓的生活，进入艺术的领域，让人们感到汉字的美，让人们的心灵感到震撼。天可变、地可陷，唯独汉字不可丢。那样的话，我们两岸的艺术家就完成了历史交给我们最崇高的任务。

预祝我们的艺术节圆满成功，谢谢！

（根据录音整理）

汉语桥　中国梦※

首先感谢在场的 4 位评委和 5 位助演嘉宾、导师。洋弟子难教，在短短的一个月内，把他们调教到这种程度，说明你们艺术教学水准的高超！

我还要感谢所有坐在台上的参赛选手。没有你们的积极参与，"汉语桥"的比赛也难以如此成功。我预祝下一次"汉语桥"的一等奖和总冠军就在你们当中诞生！

这次比赛的主题是"中国梦"。每个年轻人在这个舞台上，用各种方式表达、述说了自己的梦。既然让我上台，我就向你们吐露一下，我的中国梦是什么样子。

我的第一个梦是中国应当富强起来，中国人民能过上富裕的、和谐的、平静的、安全的生活。我的第二个梦是希望十三亿五千万中国人，真正成为世界大家庭里平等的、友好的、富有亲情的成员。我的两个梦是连在一起的。当中国不够富强时，构筑我所理想的世界就无能为力。经过30 年的奋斗，我们现在虽然不够富，还没有强，但已经在走向富强的路上前进了很多。也正是为了这个梦，才有了"汉语桥"，所以我对"汉语桥"、对孔子学院、对汉语国际教育时刻关心着、努力着。在前几次的总决赛中，我反复说，所有参与学习汉语的年轻人、老年人和儿童，都是在为"汉语桥"的建设做贡献。在这一届"汉语桥"比赛即将闭幕的时候，我所希望的把汉语桥建得更宽一些，筑得更牢一些，已经在实现了。下一

※　2013 年 7 月 30 日在第十二届"汉语桥"世界大学生中文比赛总决赛暨颁奖典礼上的讲话。标题为编者所加。

步，我愿意和所有热爱汉语的中国人和外国朋友一起把我们这座桥打扮得更加绚丽多彩、美丽动人。因为这座桥是友谊之桥、和平之桥，所有走过这座桥的人都有一个共同的梦想，那就是让我们的地球永远和平，永远友好，永远美丽！

在我身后的这些优秀的选手们，都要到中国来学习。我希望你们来到中国以后，抱着一个宗旨、一个精神，正如你们在台词里说的：乘风破浪会有时，直挂云帆济沧海！

刚才，总冠军在拉票时说："投我一票，好运来！"我想说，在整个比赛当中，评委和100位评审团员，你们投的每一张票都构成中国和世界的"好运来"！

未
达
集

诗词中国 [※]

几大文明古国中，两河流域的文化，埃及的文化，乃至印度的文化都中断过，人种也都换过。只有中华文明从来没有中断过。虽然有不同民族的血液融化到今天人的身体里，可是中华民族客观上已经存在五千年，没有中断。为什么？这是一个应该从历史学、哲学、社会学、文学，乃至人类学和心理学多个角度研究的世界性课题。我今天也不能得出一个让世人满意的、具有极大说服力的解释。但是有一点，中国诗词就是维系我们的民族和文化延续的重要血脉。

词是诗，赋也是诗，乃至曲也是诗。一个民族只有当它的文明发展到相当高级的阶段，具有了哲学，具有了历史感，具有了人文情怀，以及种种发达的生产方式，才能够凝聚起来，才能让我们的诗词的内容超越现实，超越现世。

从庄子开始，中国人的思维就已经上达宇宙，后来诗词逐步沿着这样一个精神发展。我们所说的诗的空明，就是因为它超越了现实、超越了具体事物，所以是人类最宝贵精神的升华，是灵动的。

到了今天，当我们读到古人一首好诗、好词的时候，你会感到这诗词就是你，你就是诗词。这种物我的合一，可以启发人的灵感。

我曾经说过一句比较偏颇的话：当代中国无诗——我指的是现代诗。在座的各位和参赛的众多作者经常要写一些古典的诗词。古典的诗词在今天中国所有的平面媒体、电子媒体上，就像是九牛一毛，这说明今天我们

※ 2013 年 7 月 7 日在"诗词中国"颁奖活动上的讲话。标题为编者所加。

缺乏的正是崇高的信仰，崇高的心灵，以及跨越现实、超越现实的能力。因此，在这种情况下，我认为"诗词中国"活动的开展，就是在点一把火。我期待星星之火可以燎原，从而吸引更多的人，特别是欣赏、了解我们中国诗词的人。了解诗词中国，能够掌握更好的表达思想感情的利器。

中国的诗词是中华民族的骄傲。如果中国真的能成为一个诗词的中国，那也是给世界文化的花园，添上一朵无与伦比的东方之花。

（根据录音整理）

未
达
集

两岸四地文化共建

文化发展需要方略　两岸四地齐心研究[※]

　　为什么要举办两岸四地的文化沙龙？有以下几个原因：

　　第一，当今的时代是人类的危机时刻。

　　人们比较关注本国的和世界的环境、资源、社会以及经济（特别是1997年和2008年的两次金融危机）等问题，但是在这些问题背后，根本性的问题是文化。现在弥漫全球、占据绝对强势的是西方文化。西方文化在宗教上源自希伯来文化，并由马丁·路德和加尔文宗教改革后形成的基督新教促成。之后的工业化，以及笛卡尔之后的哲学，逐渐让西方文化形成物质崇拜、工具理性和价值中立的思想。这些思想从20世纪后半叶到现在越来越强大地介入经济全球化及现代科技发展。这种异化了的希伯来文化，造成了今天的种种问题。当前，西方的智者——包括学者、思想家和宗教家——开始意识到西方要从东方（具体来说是中华文化）取营养，否则人类随时有可能面临灾难，甚至毁灭。例如最近爆出的美国监听丑闻，这在和平时期只是监听，而一旦遇到紧急状态，就是杀人的工具。因为既然可以监听，就可以定位，再用无人机精确制导，进行"斩首行动"和屠杀，只要导弹落在具有实力的国家，就可以引发一场混战。既然国际上越来越多的朋友开始把头转向东方，想从中国古老的智慧中吸取探索人类未

　　※　2013年11月6日在"中华文化发展方略——两岸四地文化沙龙"开幕式的致辞。标题为编者所加。

来之路的营养，那么作为中华民族的子孙，两岸四地的学者自然应该有所担当，彼此加强交流，逐步取得更广泛共识，齐心合力，挽救世界。我们不是救世主，我们只是世界的一员，但中国五千年的文明证明了一点：中华文化的智慧是宝贵的，比起后来产生的一些文明，它更适合人类的生存、繁衍、发展和提升。

第二，中国自身也处在一个关键的时刻。

当下，垄断着世界舆论，或者说控制世界绝大多数人灵魂的，是物质崇拜、工具理性和价值中立等思想，这让我们也不能不受其灾祸。今天在两岸四地所发生的许多事情，如果抛开现象看实质的话，不外乎就是希伯来系列的现代文明与中华文明等其他文明的一场博弈。祖国还没有真正强大，尽管我们现在是第二大经济体，也开始在海外投资，可那不过是开始要富，还没真正富，更不能谈到强——有钱只是富而已，富未必强，富也未必贵，强与贵的支撑是文化。举个例子，在欧洲，特别是在英国，我们有时会遇到这样一位老先生，他穿着皱巴巴的西装和旧皮鞋，到咖啡屋要一杯咖啡，坐在那里看报，凡是进屋的人一看到他会先对他致意，他也会很绅士地回礼。他不是亿万富翁，甚至过得有些拮据，但他是勋爵，有家族品格的传承，有丰富的文化底蕴。这是无钱而贵，足以引起世人的尊敬。

人生的价值、精神的价值从来不是中立的，可是我们百年来一直受到"西学东侵"的折磨（我不用"东渐"，因为它不是渐渐来的），这种折磨在今天显得尤其痛苦。我们只有文化强了，国家才会强，民族才会强，才能摆脱这种折磨。我们的祖国尚未完成统一，"完全的统一"应该是两岸四地形成一个整体。好比一个家庭有些钱了，家里有很多的宝贝，但弟兄还不和，还在分居，外人怎么看这个家庭？恐怕不能说这个家庭是楷模吧？"家和"才能"万事兴"。为了完全的统一，两岸的人民一直在努力，形势也越来越好，但还需要时间，不能性急。

中华民族几千年的经验证明，人与人之间、族群与族群之间，最持久、最坚韧、任何外力无法摧毁的纽带，就是文化。在这样一个关键时刻，两岸四地联合起来共同探讨中华文化的发展，表明我们具有炽烈的热情，也有非常坚定的理智和坚实的基础。而要让中华文化成为两岸"金刚不坏"的纽带，让它更加坚韧，更加粗壮，离不开对中华文化的弘扬、发展和创新。所以我们会议题目会把"中华文化发展方略"放在前面，即是要说明中华文化是我们共同的财产，而今天世界的形势、中国的形势决定了需要弘扬、发展和创新中华文化，需要两岸四地一起坐下来研讨如何弘扬、发展和创新它。当然，我们三十几位专家坐在这里研讨，不可能引起全社会的一呼百应，但逐渐研讨下去，让它成为两岸四地文化人的热点话题，能造成两岸加强文化交流、港澳和内地加强文化联系的一种"势"。

第三，扭紧文化纽带，共创文化繁荣。

两岸之间有多重纽带。现在最热络的是经济纽带，但经济是漂浮的、忽起忽落的。现在中国大陆到台湾的投资容易受到限制，额度很小，但台湾到大陆的投资已经是一股强大的经济力量，绝大多数台商都在大陆盈利，和大陆的关系越来越亲密了。可是不要忘记，中国的经济形势如今受制于世界的经济形势，如果再次爆发严重金融危机，导致美元成了一张废纸或近同于废纸，大陆和全世界的经济都会受到重创，那时台企就面临着半停产甚至停产，贸易会减少，港口可以罗雀，两岸经济纽带会变得松弛。

另一个是政治纽带。五十五年前两岸炮声轰鸣时谁曾料到我们现在可以坐在一起安安静静、和和睦睦地思考辩难？二十年前，谁能想到海峡两岸"三通"会说通就通？谁能想到今天我们的餐桌上会有台湾的农产品？现在每天往返于两岸的航班有九十多次，马英九先生说还不够，桃园机场、松山机场正在谋划如何扩大。然而即使能实现政治互信，那不是一劳永逸的，政治不断在变化，需要我们小心呵护，不走回头路，但谁也不能保证没意外。

军事也是一种纽带，两岸退役将领不久前共同提出两岸军队应该配合起来保卫祖宗留下的疆土和海疆，现在这还只是一种愿望。

唯有文化的纽带，因为它体现在两岸人民的信仰、伦理和生活习俗之中，已成为共同的精神基因。久别重逢绝对异于陌路。民间的力量即文化的力量，是最坚实、最持久的，是金刚不坏的。其实，近年来两岸经济、政治纽带之形成并增强，也端赖本来就存在的文化纽带。

文化沙龙的三场论题：中华文化的深厚渊源、中华文化的当代价值、当代华人的文化精神，都围绕着刚才我所说的主题。这就是说，思考中华文化发展方略，必须弄清楚我们深厚的渊源，这是祖宗留下的遗产。我们需要破解的一个问题是：农耕时代的文化理念是否适合后工业时代？这在学术界有争议，时时见于报端。另外，全世界有五千万到八千万海外华人，作为中华民族子孙，他们在远离"唐山"的地方，也许反而比较完整地保存了中华文化。所以只有全球华人都来参与这个问题的思考，我想中华文化的振兴才能指日可待。中国文化院的宗旨是"弘扬华夏文化，和合世界文明"。在纽约和北京办尼山论坛，邀请大批国际朋友参会，这是在"和合世界文明"，但其基点是当前中国亟须振兴民族文化。我们可以通过文化沙龙的形式，凝聚两岸四地文化精英，为形成中华文化发展方略的共识献计献策。

（根据录音整理）

中华文化需要在坚守中创新[※]

今天上午，苏进强先生说，在他近年参加的两岸交流活动中，这次印象最深。我想有这句话就足够了。我们每个人的视角不一样，文化背景不一样，所获得的也并不一样，可是都丰收而归。

中华文化有深厚的渊源。它至少绵延上万年，有文字记载的也有三千多年。但是怎样才叫深厚？"久"并不等于"厚"。我想它的深厚体现在四个方面：深入人类心灵，来自社会生活，关怀天地万物，努力超越现实。例如，韩秉芳先生强调，宗教信仰来自原始人对未知世界、包括对时空的一种想象和敬畏——这是来自心灵的。但是中华文化的来自心灵，并不寄托于超越、绝对、先验的存在，而是来自身心的体验。可以说我们的文化是从经验中来，从关系中来，关系就构成社会。无论是儒家、道家，以及吸收了印度文化营养的中国化佛教，还是中国的民间信仰，一个重大的特征就是用从生活体验得出的规律来处理种种关系。

有西方学者说中国是早熟的文明，这正如陈若曦女士所说，其实是华夏祖先有先见之明。早熟是"欧洲中心论"的产物，抛开"中心论"来看，中华文化的发展是正常的，他们欧洲是"晚婚晚育"，所以才晚熟。例如"天人合一"的理念，就源自中华先民在耕作中的体验，以及日落而息之后对着星空的静思。这种先见，被近代西方科学，如天文学、生物学、物理学、力学等逐渐一一揭示，说明它更符合现代科学技术的发现。

※ 2013 年 11 月 7 日在"中华文化发展方略——两岸四地文化沙龙"上的闭幕演说。标题为编者所加。

许多西方学者如牟复礼（Frederick W. Mote）等都说到这个问题。当然我们的文化有自身独特的成长过程，其间儒、释、道及诸子百家起了很大的作用；而民间的信仰从古就有，一直延续到今天，但始终没起到主干、引领的作用，只是一种土壤和营养。

中华文化的"深厚"也体现在价值上。直到现在，西方哲学还在强调每个人就是一个自主的个体——这是由个人中心论派生出来的。中国的文化则认为，人从来不是一个完全自主的主体，而是处在社会关系网络里，也就是马克思所说的"人是社会关系的总和"——这句话非常符合中华文化。儒家提倡的仁、义、礼、智、信，佛家讲的空、有、因缘，都是围绕关系来表述的。怎样处理这些关系，以使得人类平安、幸福地生活？这是中华文化想要解决的问题。

中华文化走了和西方完全不同的道路。它的价值当中有和合的哲学，有一统的观念。这种一统不仅仅指国土和民族的一统，也指宇宙一统、天人一统、身心一统。例如儒家的"一以贯之"，道家的"抱一以为天下式"，佛家的"万法归一"。儒、释、道之所以能够相生，跟它们的基本理念彼此接近有关。

中华文化的特点之一是反求诸己，即自身人格与道德的不断提升。"吾日三省吾身"，就是一个具体的运用。这与佛家的"见性即佛"、"即性即佛"，道家的"不自见，故明；不自是，故彰"道理大体相近。想要"不自是"，就要反躬、反思、反省，而不假外求。

中华文化也很讲究辩证，这不仅仅体现在《周易》、《中庸》里，也体现在佛家的"中观"，道家的"多言数穷，不如守中"等方面。中华文化讲"变动不居，无始无终"，因此儒家对于探讨世界"第一因"缺乏兴趣，佛家也明言"无始无终"，道家则归之于"道"，并说"道可道，非常道"，"强名之则曰大"。

还有更为重要的一点是，中华文化自有文物可考以来，都是"以人为本"。西方的人文主义在文艺复兴时才提出来，用来挑战"以神为本"，而中国起码进入周代以后就结束了"以神为本"。因此，方东美先生说周代出现了一场文化革命。"以人为本"最重要的不是政治上的"民为贵，社稷次之，君为轻"，而是对生命的尊重——人应赞天地之化育。

把上述这些方面联系起来看，那么几千年间形成的中华文化，既有丰富的实践体验，又有精英、王者做出理论总结。反观西方哲学，且不说康德，即便是后来的黑格尔哲学也仍然带着神的影子。现当代很多西方哲学家在苦苦思索之后，思想越来越接近中华文化的理念。今天中国人谈哲学没有神的影子，都是靠对客观和主观的剖析。

中华文化是什么力量都割不断的，只不过有一个兴与衰的问题，兴而渐衰；衰而复兴。我们应该探讨中华文化在当代的价值。只有当中华民族取得共识，认为它的确是我们的宝贝、对我们今天和明天还有用，才能谈到它的传承和发展。大家在发言中几乎都谈到祖宗留下的文化的当代价值，但我们还要研究怎样呈现这种价值。我想到这么几个问题。

一　坚守自己文化的根

文化是民族之根，文化自身同样有根。根是什么？就是我们的伦理、哲学。文化的核心是哲学，也就是处理各种关系的原则和原理。一个人从出生的那一刻起，就有了多重身份，就有了身和心的关系，和他人的关系，自己所在的群体和别的群体的关系，个人和群体的关系，人和大自然的关系，现实和未来的关系。在这方面我们有一套完整的体系，这个体系决定一切。任何时代从事哲学研究或进行哲学思考的总是极少数人。人们时刻感受到、了解到、须臾不可离的，则是伦理道德。伦理道德就是处理种种关系的现实准则。至于文化表层中的事物，从衣食住行、风俗礼仪、婚丧嫁娶，到法律制度，不过是一种民俗符号、标记，或是为了当下而制定的规矩。了解了中华文化的根，对于西式的餐饮、衣着、技术等表层的东西就不必拒绝，更无须深恶痛绝，但文化之根要坚守。张晓风女士在沙龙上谈到的文字、语言是民族认同的第一步，但这还不是心灵的认同，心灵的认同需要在根上认同，是对信仰、礼仪、风俗等的认同。

要坚守文化之根，就要反思。我们的文化命运多舛，眼前就有两个问题需要深思研究。

第一，反思五四运动以来胡适、鲁迅两位先生对于近代文化研究的清理和评价。

胡适先生的《中国哲学史大纲》只写了上卷，下卷胡先生说自己写不出来。他写不出来也是贡献。《中国哲学史大纲》是胡适先生跟随杜威学习实证哲学之后研究中国文化的成果，但最终难以终结。他按照西方标准，认为印度的《奥义书》和婆罗门教最糟糕，这种观点现在已被证明不是事实。胡先生为中华文化的保存、弘扬与研究作出了巨大贡献，我们不能以偏概全，应该给予他公正的评价。可惜海峡两岸近年来对胡适先生的研究，包括大陆对鲁迅先生的研究都冷落了。他们那一代出于对祖国命运的极度关怀做了很多工作，其功是经验，其过是教训，都可以作为我们前进时的镜鉴。

第二，反思明朝中叶到清初中国思想界的脉络。

从明中叶到清初，很多思想家已经要突破中华文化的自我禁锢，想到了社会未来的进步，结合着明中叶手工业、商业的高度发达，出现了资本主义萌芽（工业化的萌芽）。那时的中国除了没有蒸汽机，即没有实现动力技术的突破，后代工业革命需要的其他要素都基本具备，只剩下动力问题。英国率先发明了蒸汽机，一台蒸汽机可以代替几十甚至上百人，生产力获得了极大提升，生产力的发展必然要求突破旧有的生产关系，于是资本主义应运而出。而我们当时仍然靠水力、风力、人力、畜力。哈佛大学列文森教授（Levenson）曾经提出，如果不是西方送来工业化，中国永远不会发展到"现代"。他说的是否是事实？这个问题关系到对中华文化活力的评判和在继承弘扬时的取舍。历史是不能假设的。那种认为中国不会自己走进现代化的说法，其立足点违背了学术常识。可是我们现在还没有资格回答这个问题，因为从明中叶到清初这一阶段的思想被世人所忽略，或者说缺乏足够重视。

此外，欧洲文艺复兴的人文主义很重要的一个来源就是中华文化。从明朝到清初，西方传教士把中国的情况传回欧洲，也把《四书》、《周易》、《老子》、《庄子》等经典翻译成拉丁文，所以笛卡尔、莱布尼茨等人在自己的著作中都提到了东方的智慧。这个智慧最重要的就是"以人为本"。为什么同一种"因"在两个地方结出了不同的"果"？这也尤其值得反思。

上述两个问题涉及中华文化发展途径中的两个节点，节点弄清楚了才能知道下一步应该如何创新，应该丢掉哪些、保存哪些、传承哪些。

二　在创新中坚守中华文化

只有创新才能坚守，原封原样是坚守不了的。周杰伦的一首《青花瓷》刺激了大陆青花瓷生意，但我们吃饭喝水能都用青花瓷吗？火爆只是一阵风。人的认识、兴趣、取向是不断变化的，生产工具、材料也是不断变化的，所以必须创新。

我认为创新主要表现在以下几个方面。

（一）对古老智慧的阐释。阐释才可以让更多的人接近祖先，引发创新。现在我们需要重建当代的伦理。从根本上看，当代的伦理恐怕跳不出古代贤哲教诲范围，但要有新的阐释。而且不仅仅儒家要阐释，佛家、道家等诸子百家都需要。例如佛教中最深层的领悟是不可言说的，其实其他学说大抵也是如此，比如儒家的"仁"，道家的"道"，这都需要用现代语言阐释。总体来说，历史上每一次对古老经典的阐释都是在努力发展和创造。

（二）在表现形式上创新。这也就是现在常说的文化创意。

（三）吸收异质文化的营养，与异质文化相融相补。它不同于张之洞当年提出的"中学为体、西学为用"，而是在着眼点和对中外文化的认识上比张之洞更高。

西学的发生、发展有自身的背景，它以科学理性为基础，以数学为主要工具，把人类对客观世界、物质世界的认识提高了一大步，这是牛顿一代人打下的基础。对科学的相对忽视是我们的不足。比如，单单是阿拉伯数字，就对人类的科技发展的推动很大。如果华夏祖先发明了便于书写和计算的符号，那么中国的自然科学、社会科学会比现在发达得多。这些事物有用有利，但也存在局限性，因为无法解决精神界的问题。比如青年男女谈恋爱，能把爱数量化吗？佛教的顿悟，到多少才算顿悟，百分比是多少？民间信仰能量化吗？西方文化有很多宝贝，例如分析法，我们要学；在社会、政治层面的法制，我们也要学，但不能照搬照抄。中国一向以德治国，"为政以德"可谓明训，但只靠德难以行得通，除了自律还需要他律，于是还要有法。西方则谈法不谈德。一个民族、国家、地区如果只靠德治理，会天下大乱，因为人的理性自觉需要通过教化才能形成，物的诱惑通常比德育更有力量，自律之外还必须用外力来他律。反过来说，若只靠法律不谈德，到了一定时间，这个民族、国家、地区就要解体。因为自律中还包含着亲情，亲情的凝聚力远大于法律。现在世界上有的国家靠两样东西把国民箍起来：一是机会，不断吸纳各国的资金和人才，来造成其繁荣；二是树敌打仗，一打仗国内就稳定了。这样的国家实质上已经散了。加州大学伯克利分校一位研究东方文化的教授曾对我讲，个人主义是美国的建国之本，但现在是我们的癌症。每个人都是一个中心，国家和社会岂能不散？所以说不能拒绝任何外来好的东西，但要以我为主。这不是主观的规定，而是客观的必然。

（四）应该把中华民族当代的价值观介绍给世界。因为它不仅仅属于中国，而是世界文明的一个组成部分，理应奉献给人类。我想特别提出两点。

1. 文化走出去的主力应该是民间力量。

2. 物质文化遗产固然重要，非物质文化遗产的震撼力、持久力和感召力都远远大于物质文化。

处在危机之中的世界需要东方智慧，我们自己也需要走出去。这是二者的契合，而绝不是价值观的输出。继承和弘扬传统文化需要多视角、多方法、多渠道地了解和吸取他者的看法。虽然西方也有不少汉学家到中国交流，但这还不够。我们的文化应该到他们的环境中接受检验。任何通过单一视角看东西都好比是照镜子，只能看到一面，是二维的。去年此时在纽约联合国总部举办了"纽约尼山论坛"，其中一场论坛是我和大华府大主教对话，探讨儒家和基督教对话的可能性，谈得很好。走下台前，我请主持人看看我背后有没有白头发和头屑，主持人看了后说没有。这时我对大主教和全场听众说："这证明，无论人多么聪明，都看不到自己的背后。"全场给予我热烈的掌声。我们应该转过身去让别人看看背后，这会大大有益于我们的创造。

中华文化走出去也有自己的优势。海外的华人虽然有些已经本土化，但心里还有中华，还有"唐山"，他们就是中华文化与异质文化兼融相生的先行先试者。另外还有港、澳、台，是吸收异质文化的平台和试验场，是介绍异质文化到大陆来的桥梁。

三 关于文化发展方略

我们现在有经济战略、城市规划战略、教育战略、医药卫生战略等等，就是没有文化战略。对文化战略总应有个整体的思考，并且最好由民间提出来。民间的文化团体很多，大家都应该思考这个问题，发表意见，见诸报端，促使文化界和社会都来研究、议论。走一步算一步是不行的。美国没有文化部，但是民间力量除了在国家的核心区东北部——纽约、华盛顿等精英文化区之外，还在南部和西部文化沙漠上培养出了很大的文化群，主要是族群文化、流行文化和大众文化。这说明美国是有战略的，其战略体现在基金会的投资趋向上。当然基金会背后有只强有力的手。因此它的文化走到哪里都畅通无阻，这点我们要善于学习。对外文化交流最好政府不出面，政府出面的效果可能是负面的，只是自我感觉良好而已。

这里我想谈谈我对文化发展方略的期望。

（一）期望通过文化的发展与创新，确立中华民族的信仰。信仰是多元的，包括学说的信仰。儒家不是宗教，马克思主义不是宗教，三民主义不是宗教，却可以成为无数人的信仰。赵启正先生说中国人的信仰是政治信仰。我想具有政治信仰的人，古今中外都是极少数。大概赵先生说的也是学说信仰。宗教信仰，除了佛、道、伊、犹、耶、印等著名宗教外，民间信仰也不可轻视。民间信仰能促进社会稳定，还能给人以精神启示。它没有高深的理论，但存在一种莫名的敬畏。人需要有敬畏。人在大自然面前是依赖者，也是弱者，在社会面前也是依赖者和弱者。人应该以一种谦恭之心对待客观，对待传统。民间信仰还保存着古初朴素的人性，而且一说就懂，最适合草根。民间信仰会因时因地发生变化，烟台的妈祖庙和澳门的就不一样，在南京的也不叫作妈祖庙。各地妈祖庙建筑不同，仪轨不同，彰显了地区的个性。这与成型的宗教很不同。各大宗教、儒家学说等是不是可以从中学到些东西，做到深入而浅出？

（二）期望经过若干年努力，我们能对中华民族应该遵守的伦理有大体的共识。

（三）期望激活社会的活力。

为什么提出这三条期望？通俗地说，文化显现在街道上、在家庭中、在人独处时。如果一种学说只停留在书斋里、论坛上、书本上，它已经死亡了；如果一个艺术品种只停留在舞台上、屏幕上，而在民间不见踪影时，它已经死亡了；一种物质文化、非物质文化只放在博物馆中，而从民间消失时，它已经死亡了。我们的文化必须到民间去，民间的文化也应该升上来。社会文化精英对此负有格外沉重的责任，因为一个民族的文化复兴和自觉，最终集中体现在社会精英层面。文化在生活中最明显的体现是道德，而现在世界与中国都缺失的正是传承了几千年的道德。社会精英应该是民族道德的表率。

四 实施文化发展方略的途径

这些年学者在造势方面贡献不小，我认为应该及时让文化、道德和相关学说传到民间去。通过什么途径呢？

（一）教育。教育对人的化育最系统、最全面，感性与理性结合得最好。通过教育，让人们的价值获得正知，伦理实现正行，艺术获得正见。人人有自己追求的价值，有对自己存在价值的定位，但其中有正有邪。一个完善的人必须有艺术修养。比如，如果没有道家对于无限空间的想象和追求，就没有后来的很多艺术品种和那么优美的诗歌，就没有李白。任何的文化，必须超越现象界才是高级的，艺术是这方面最好的熏陶。

（二）社区，包括农村的乡镇、城市居民区、企业、军营，只要是人以某种共同点形成的群体，都叫社区。现代社会的社区实际上是古代宗法家族居住地的替代物，但要比古代复杂得多。社区是一个微型世界，是一个人扩展视野、张扬个性、自由处理人际关系的场所，而贯穿其中的应该是文化，是没有多少遮掩的伦理。

（三）宗教。大陆的宗教在创造、传播文化、促进人际和谐的作用方面发挥得远远不够充分。在这方面要解放思想，当然也需要改善和加强管理。从古至今各国都有宗教管理部门，如果善于管理，那么宗教能促进社会和谐；不善于管理则宗教不是尾大不掉，就是体质衰弱。教育、社区、宗教，既是我们保存、弘扬、创新文化的平台，又是抓手。

（四）期望能够凝聚社会学和文化学的力量。学术研究还要加强，今天我们对中华文化的研究还远远不够。例如应该怎样理解马克思说的"宗教是人民的鸦片"？马克思心目中的鸦片和我们现在的理解一样吗？是不是说全世界从古至今的宗教始终是毒品？这要探究。今天我们谈文化自觉，可是只有把文化本身认识清楚了才是真正的自觉，才能唤醒仍然潜在于广大民众感情深处的中华文化的心声和基因。

（五）文化创意。单提文化创意产业仍然是只着眼于经济，而不是着眼于文化。着眼于文化要考虑到创意所体现的文化根基，要考虑物化的东西怎样才能内化为信仰和伦理。我设想，将来能不能联合一些文化团体组织"文化义工队"，请教授们、研究生们做义工，深入学校，深入社区，深入家庭？

这许许多多方面必须两岸四地齐心努力，深化交流，探讨方略。研讨会、沙龙、论坛等的参与者只是少数人，应该在泛化过程中交流，到处谈文化，人人关注文化。

对于今天举办的这种文化沙龙，我想用八个字、四个词表达我的期望：常设、多样、务实、渐进。不必急于取得广泛共识。文化本身就是漫长的过程，要渐渐地、和风细雨地交流，分歧会增多，但共识更是会越来越多。

作为社会良心和知识精英，我们在挽狂澜于既倒。实际上中华文化早已"面临"灭顶之灾，但是近些年大陆从中央到地方、到家庭，人们都看在眼中，急在心里，于是传统文化自发地热络起来，中华传统文化因此没有"遭到"灭顶之灾，但狂澜已经卷起。在这种情况下，我们既需要坐而论道，更需要奋起行之。儒家说过："仁以为己任，不亦重乎？死而后已，不亦远乎？"我们都是仁以为己任，任重道远。我想借用地藏菩萨的一句话："地狱不空，誓不成佛。"我们要用这种精神来做中华文化的工作。唐代崔颢在诗中说过："报国行赴难，古来皆共然。"春秋时期之所以儒学兴起，战国时期之所以名、墨、农、兵、法诸家纷纷涌出，魏晋南北朝之所以创造了一代文化，宋代之所以造就了中国哲学的顶峰，"五四运动"之所以兴起，都是因为当时民族遭遇了文化灾难。从这点说，21世纪的我们和古代贤哲是同命人。让我们大家共同努力，携手并进！

（根据录音整理）

携手传承儒学　共促和平繁荣※

尊敬的孔垂长先生，

尊敬的各位嘉宾，

女士们，先生们：

非常荣幸，在孔德成先生逝世五周年之际，能够和两岸以及多国的朋友一起纪念并追思孔德成先生。我想，在海峡两岸，甚至在世界范围内，在亿万公众和学者越来越重视儒家思想的时刻，纪念孔德成先生有着不同寻常的意义。在今天的纪念会后，我们就要举行"儒学的理论与应用"国际研讨会，这实际是对孔德成先生最好的纪念。

在今天这样一个具有特殊意义的场合，人们不禁想到，在人类苦苦思索生命的价值、寻觅未来之路的时刻，地球上幸运地出现了几位伟人。中华儿女认为，"天不生仲尼，万古如长夜"。从孔子诞生的时候起，两千五百多年来，孔子的思想就成为了中华民族的指路明灯。中华大地，屡经板荡，迂回曲折，衰而复起，沧海桑田，而孔氏家族也如中华民族一样奇迹般地绵绵不断，一脉相传。这不仅是一个伟大家族的幸事，而且是中华文化生命力无比强韧的象征。

我未能于孔德成先生健在之日拜谒聆教，实为至憾之事。就我浅陋所知，孔先生一生，承继孔门遗风，终身以弘扬儒学为己任。他不但任教于多所学府长达半个世纪，直至去世前半年；而且，他的为人处世、接人待

　　※　　2013 年 10 月 27 日在孔德成先生逝世五周年纪念会上的致辞。标题为编者所加。

物，他的端庄肃静、平和敦厚、淡泊简朴，他的"风雨一杯酒，江山万里心"的胸怀，都是在履践着先祖对社会的教诲。他身上的一个突出品格，是非常值得我们步趋于后的，这就是他一生所研究和教授的就是他所信仰的。这一点，在把"学"与"问"只当作工具，甚至只当作获取名利的利器的风气甚盛的今天，尤为可贵。也许这是孔德成先生对我们的最重要的启示。

孔德成先生为之献身的儒学，是中华民族生生不息的思想和伦理的源泉，历经两千五百多年，一直支撑着民族发展壮大，战胜无数艰难险阻，维系几十个民族的团结，而儒学也在种种磨砺中不断创造、丰富、完善，因而越来越系统、精致而深沉，以至今日依然生机勃勃，仍然是中华民族继续创造辉煌的巨大资源和动力。这在世界文化史、思想史上是极其罕见的现象。从这个角度可以说，儒学不应该仅仅属于中华民族，而是具有无可争议的世界意义。

我们高兴地看到，海峡两岸都越来越重视儒学在社会传播和教育系统中的地位和作用，都在不断关注儒学在促进、维护和推进海峡两岸和谐关系中的伟大力量，都看到了儒学在中华文化走向世界过程中的重要性。我相信，只要我们真诚地加强交流合作，联合更多的各国学人，坚持不懈地研究与传播，古老而永远年轻的儒学在中华民族和世界的共存共赢中一定会发挥越来越大的作用。我们这样做，其实也就是在继承和弘扬孔德成先生的遗志。

谢谢各位！

携手传承儒学 共促和平繁荣

文化是海峡两岸金刚不坏的纽带[※]

　　今天，我和大家一样始终处在新的更高兴的情形之中。去年，我为《旺报》举办的两岸征文写了篇序，今年又写了篇序，在序里大体表达了我的想法。我想说说写序的过程。去年的序，我再三推却，因为其中的文章我零星地在网上看到过，被感动过，可是让我写序，那么，第一是忙；第二，我真不知道如何能够和这些年轻的朋友们心与心沟通，脉搏一起跳动，但是再三推却不成，于是只好在从北京飞往纽约的飞机上勉强地完命了。

　　完命之后，我始终得不到反馈——我希望得到批评的反馈，这样我好修改。后来就见到书了，那说明我的序被《旺报》的各位领导大手笔认可了。今年就没再推却，因为我相信今年的文章，一定在去年的基础上又向前跨进一步。我想从中受教，想从中获得两岸人民之间交流的信息，想通过这些文章来看两岸今后交流的前景。于是带着一种敬畏的学习态度来读，读完全部的稿子以后我又被感动了，于是写下了简短的文字。

　　我曾经说过这样两句话：一句话是文化是海峡两岸金刚不坏的纽带，文化是中华民族永续发展的根本动力。为什么这么说？两个经济实体之间首先是经济的联系，人员的往来，进而要有政治的、军事的互信和商谈。可是很多事情常常随着世界的形势和双方的情况而变动，例如遇到了金融危机，这不能不影响到两岸的经济形势和两岸关系的松软或加强，而唯有文化是任何力量割不断的。所以它是金刚不坏的。《旺报》从诞生之日

　　※　2013年10月24日在第四届两岸征文欢迎晚宴上的致辞。标题为编者所加。

起，我就一直关注着，我很佩服蔡主席和《旺报》的所有同仁。《旺报》的两岸征文在全面地、客观地、真实地报道大陆情况的同时，又推出了一个展现两岸人民之间心与心相通的栏目，江董事长说它"功不可没"，我非常赞同这四个字的评价。

今天，再次来到台北，下午就来到升恒昌。我坦率地说，我起初不知道为什么《旺报》会同升恒昌这样一个著名的免税企业来协办两岸征文。我大概是在座的嘉宾中第一个到的，有幸被引到6楼去看小故宫。我当时也不明白小故宫是什么，等到进去以后，我感到震惊，那里面都是些什么呢？是中华民族的文化——中华民族的先民和今天人们的智慧凝聚成的一件件无价之宝。我就明白了，为什么升恒昌能和《旺报》举办这样的活动，原来是中华文化——从古到今的中国人的智慧——把他们拉到一起。

我的思路有时跟别人不太一样。从6楼又来到大厅的时候，我忽然想到，我们可不可以从两岸征文中表现出的那种义、那种礼、那种情，把它们和小故宫所展示的贵重木料所雕刻的人物、神仙、佛陀、观音联系起来？——那些珍宝是刻工们在观察他们的雕料的时候，发挥他们的思维、他们的想象，秉持着一颗虔诚的心，去一刀一琢。我们是不是能在二者之间找到共勉，或者说找到今天征文与那些小故宫精品的作者之间心灵的相通？我感受到了这种相通，但是具体是如何的相通，就诚如佛经上所说的，"不可思议"，"不可言说"，这也就是为什么我刚才要说，文化是金刚不坏的。

多年来我一直在从事中华文化的弘扬和两岸文化的交流工作。参加今天和明天的活动，给了我信心，那就是这些年来我的路走对了，我所走的路也得到了台湾朋友的认可。作为一种回报，一种感恩的回报，我想说：我祝愿升恒昌，永远兴升，永远恒，永远昌！也祝愿旺报集团永远旺旺。谢谢！

（根据录音整理）

文化是海峡两岸金刚不坏的纽带

用民间文化书写两岸关系的新发展[※]

首先，祝贺第四次两岸征文的获奖者。不仅仅应该祝贺他们，也应该感谢他们，因为他们的作品会感动很多人，会引导很多人学会如何观察对岸，如何自省，如何探寻未来的路。当然更要感谢旺报、中时、凤凰网等参与组织和主持本次活动的单位。相信海峡两岸的征文将来在两岸的交流史上会留下很重的一笔，因为不管是台湾同胞到大陆去，还是陆客到台湾来，真正在媒体上、在著作里留下有形的痕迹供后人参考的恐怕不多，他们常常是回去做口传的工作。而薄薄的四个小册子，以及明年可能出现的第五册、第六册，以后的第 N 册将留给历史。几十年后回顾海峡两岸这段历史的人们，一定会把这些册子作为参考的重要文献。从这个角度说，我认为，作者们是在书写两岸关系史。

其实贯穿于这些佳作中最重要的是文化。文化是什么？文化是一个民族、一个国家以及整个人类向前发展的大河，是在底层、在深层、在表面上看不出来的涌流，而它却是河流的主力。

我是几天前从巴黎飞回北京然后赶到这里来的。在巴黎，我和联合国教科文组织总干事再一次重复了我们以前交流时说的话，我说文化是可持续发展的根本动力，当然也是人类永续发展的根本动力。记得以前她回应我这句话的时候说，很赞成文化是可持续发展的关键，关键和根本动力是有差异的，但是是大同的。就在今年，联合国教科文组织在杭州举办了一次世界性的讨论会，会议的主题就是：文化——可持续发展的关键。所

※　2013 年 10 月 25 日在第四届两岸征文颁奖典礼上的致辞。标题为编者所加。

以，几天前我在和博科娃女士交谈的时候，话题就是从杭州的话题谈起的，谈到以前我们两人的交流。

转瞬间我来到了台北，我想从我们两岸征文，特别是第四次的结集和颁奖中，坚持和重复这一点：两岸之间关系的发展要走向我们所理想的未来，最主要的动力是文化。文化漫无边际，怎么抓住文化？我想在种种文化力量的交流中，民间是其中的主力。因为民族文化的坚守、传承、交流乃至其受到挫折之后的恢复，主力都在民间。包括这四本小册子，都可以说是证明。当然执政者可以起到保障、促进、引导的作用，但是如果没有两岸人民的心与心的交流，两岸关系最后仍然是表面功夫，暗中不动。

从这个角度说，诚如刚才刘兆玄先生所说的两岸格局的问题，对岸是13亿5000万人，真正了解台湾的人并不多。这边人虽然少，2300万人，但是据两岸有关部门统计，两岸开放以来，真正经常前往大陆的不过800万人，也就是说这2300万人中还有1000多万人没有去过大陆，不了解大陆。那么我们两岸征文的作者，以及我们所有的文化人，在起什么作用呢？并不是去教导更多的人认识两岸文化、促进两岸的关系，我们没有资格去教导他们。我想了一个可能不太恰当的比喻，实际上我们不过就是早一点明白了两岸应该如何加强交流、和谐相处、携手共进，也就像大家都在沉睡一样，我们不过比别人早醒了十分钟，我们的任务就是唤醒还在沉睡中的人们，唤醒埋藏在整个中华民族人民心里的那一颗善良、友爱和渴望民族的复兴、强大，希望别人好、对方好的中华文化的种子。当然唤醒它之后，还要呵护它、关心它、想办法滋润它。我想只要所有的作者和我们的媒体都注意到这一点，我们人人都多做一点这方面的工作，那么从两岸征文走开去，前方就是两岸更加璀璨的未来。

（根据录音整理）

弘扬中华味道 ※

非常荣幸被邀请参加第七届远东餐厨达人赛。在这之前我通过媒体了解到有这样一个大赛，但坦率地说，我并没有特别重视。因为我虽然喜爱美食，却不了解其做法。这次来到台湾以后，初步了解了这个大赛的过程、目标和成就，我感到很钦佩。一般人们想到厨艺的时候，只想到在厨房的操作，但是这个大赛涵盖了从备料、采购一直到烹饪的所有环节，这是一个创举。刚才我们看到了四位杰出学生的艺术表演，从他们使用厨具之熟练和奏出音乐之美妙来看，我相信他们的厨艺也一定非常高明。

通过对达人赛的了解，我有两点感受：

第一，各个民族都有它自己的厨艺，这正是一个民族文化特性的表现之一。我曾经有这样一个估计，一个人味觉的爱好一般在十岁左右就固定下来了，这就是他的民族性。今天台湾的朋友、台湾的学生在弘扬台湾的美食，并把它提高到艺术的高度，这就是弘扬台湾文化、中华文化。中国的菜肴和面、米等做的食品特点在什么地方？我一直在思考这个问题。不管是五大菜系、十大菜系，大陆的菜肴还是台湾的菜肴，我发现共同点是五味调和。五味调和的特色就在于酸甜苦辣咸几乎具备，但是经过厨师高妙的烹饪，酸不成酸，甜不成甜，咸不成咸，被综合成一种美味，而这种五味调和刚好就是中华民族的和而不同的思想。所以它背后是有哲理的，虽然百姓多日用而不知。

第二，这次有大陆的选手来参加了，这是个好的开始，但我觉得远远

※　2013 年 10 月 26 日在远东餐厨达人赛上的致辞。标题为编者所加。

不够。我希望达人赛能扩展，能西进，能和大陆的有关方面携手做成整个中华民族的达人赛，这样可以让我们保持老味道。老味道是什么？就是酸甜苦辣咸的五味调和，就是中华民族的味道。时代在变，我们所有的地方在变，所以我们还要创造新的经典，不仅仅在台湾，不仅仅在大陆，还应该到世界各地区去创造新的经典。那就需要两岸联手培养千百个厨艺大师，带着中华民族的各种菜系走向世界。

既然15亿多华人共同欣赏祖先留下来的和我们这些后代创新的美味且健康的菜肴，那么我们也应该把它奉献给70亿人，让大家都有机会和我们一起享受我们引以为美的菜肴。在推广、普及的过程中，可能有些地方、有些国度、有些民族会觉得中国菜虽好，但总觉得缺点什么，这就给我们以启发，就让我们在老味道的基础上又有新创的经典。

我期待这一天，我也相信会有这一天。

（根据录音整理）

弘扬中华文化　两岸儒商须联手[※]

　　海峡两岸的学者和企业家所共同感受到的、所忧心的东西，就是我们中华民族的危机。这种危机，放眼五大洲来看，也是具有普遍性的。换句话说，在今天的地球上，联合国的 195 个成员国可以说没有一个国家幸免。这些危机的表现就是今天十位演讲者所提到的环境恶化、资源即将枯竭、价值观紊乱（用咱们的古话叫"人心不古"）、社会矛盾凸显、收入差距拉大等，都带有极大的普世性。因而，可以说我们论坛的意义就已经超出了海峡两岸，特别是海峡两岸企业的范围。为什么我谈到这一点？我希望海峡两岸的学人和商人，在考虑自己企业的时候，考虑自己所处区域的企业问题的时候，要放眼世界。只有认识到它的普遍性，才能更深地把握我们自己的特殊性，才能找到解决问题的办法。

　　为什么它具有普遍性？我想有两大因素：一是经济全球化，二是现代科技的高速甚至可以说是超速的发展。随着经济的全球化以及现代科技的高速发展，一百多年来，通过各种方式，我们所接受的——不管是主动接受的还是被动接受的——西方的思维、西方的伦理已经渗透到我们民族的角角落落。杜维明先生早晨的讲演，其实已经很深入地讨论到了这个问题。这就是基于希伯来文化系列的宗教所培育的二元对立思维。杜先生举了几个二元对立的现象，其实在商场上的二元对立就是经营者与顾客之间的对立，竞争伙伴之间的对立。所谓二元对立，就是非此即彼，非白即

　　※　2013 年 10 月 31 日在台北"中华文化与企业经营"两岸人文对话闭幕式上的致辞。标题为编者所加。

黑，有我就没你。从这个角度来看，当今世界的战争几乎都是如此。具体到个人，就是灵与肉的对立。因此，所谓的"满口仁义道德，一肚子男盗女娼"，就成为一种并不稀奇的现象。二元对立无所不在，包括我们生病以后所采取的治疗方法。例如西医的对抗疗法，就是用一种能杀灭某种病菌的药来治疗。最后这种菌没了，但是留下的却是另外一种病的潜在危机；当另外一种病出来了之后，再用另外一种对抗疗法，这就像我们俗话说的"按下葫芦浮起了瓢"。而中医治疗是整体论、和谐论、有机论，扶正祛邪，调动自身的生命力。头疼我可能医你的脚，牙疼我可能治你的手。二元对立在我们的日常生活中例子很多，不一一列举。

实际上，人类的危险不自今日始，很多前辈的学者早已经向我们发出了警告。在东方，早在梁启超先生、孙中山先生等前人的论著里，就预见到了西方文化的弊端。在当代西方，德国哲学家斯宾格勒的《西方的衰落》到今天正式出版 100 年。接下来，又有史学家汤恩比洞察包括中国在内的人类历史，向我们发出警告，并提到了中华文化的可贵性。几年前去世的法国哲学家德里达，也把二百多年来西方的传统文化解构，因为二百多年的历史证明，文艺复兴中的基本理念有的被异化，有的本身就是不符合客观实际，当然他不是指自由平等这种抽象的概念。

在这样世界性的危机里，为什么我们今天谈企业问题呢？我想，首先诚如很多演讲者所说的，经济是社会的基础，而两岸的企业都面临着一个如何做大、做久的问题，用台湾的话说叫永续发展，用大陆的话叫可持续发展。换句话说，中华文化对现在两岸的企业具有切身的利害，所以需要研究。其次，企业是现代社会的中坚，我们不能倒退到过去，否则民生、就业、国力都会出现危机。所以经济是社会的机枢，整个社会围着经济转。作为承载经济运行的企业，会敏锐地感受到文化作用的领域，或者说文化的冲突在企业的身上表现得最为明显尖锐。

从社会学角度上讲，企业是一种新型的社区，包括连锁企业、跨国企业等本身就是一个大的社区。在我看来，要弘扬或维护一种文化，不外乎集中体现在三个领域里：第一是教育系统；第二是社区，包括居民的社区、学校、兵营等范围；第三是宗教系统。当前大陆面临着振兴自己的文化的问题，台湾也有维护自己的文化、道统和文脉的问题。这就应该注意教育系统。这一点台湾做得好，虽然也有点问题；在宗教和社区方面也做得非常好。在这三方面，大陆都有相当的差距。但可喜的是，近年来，两岸各自都有很多关于讨论企业文化建设、企业的永续发展、企业和儒家文化及中华文化的关系等的论坛，形成了多家、多元、多层次的交流。

我们谈文化，既要坐而论道，更要奋起行之，因为中华文化的主干——儒家文化，本身不是一个理论体系、一个理论的对象，而是实践的学问。在这点上，在教育系统、社区和宗教方面，要弘扬文化、保存文化。作为一个大陆人，我觉得大陆朋友们一定要深入地、谦虚地、长久地向台湾朋友学习。

我举几个例子。大陆来的朋友可能已经注意到，整个台北市的市区街道上没有一个垃圾筒，但是所有的街道，包括人行道上都没有垃圾——台湾叫"lēse"。台北的市民无须垃圾筒，他们喝饮料、吃小吃自己都随身带着垃圾袋。北京何时能做到？北京到现在为止连垃圾分类都没有做到。再比如台湾的志工文化。台湾有2300万人口，据说有200多万人长期做志工，他们不取分毫的报酬，自带矿泉水和面包，并且无处不在。垃圾完全自己处理，带回家分类后再交给收集的工人，这是一种深刻的环保意识。环保问题就是一种人与天的关系问题。志工文化就是一种大爱。前天我和一个酒店的志工聊天，她很坦率地告诉我有关她家庭的情况，说了很多关于夫妻、婆媳和姑嫂怎么相处的事情。我问她加班加到晚上11点多回去，孩子怎么办？她说她先生把孩子领回来，婆婆给他洗澡，然后哄他睡觉，她先生理解她。她说自己虽然很忙，但是生活得非常高兴。只是有一个遗憾，就是不能给生活圈子之外的人做什么贡献。这是大爱。再比如，彼此的互信。我建议大陆的朋友晚上上街去吃点玉林小吃，或者到小店去买买东西，你可以故意刁难店主，同样的东西你让他拿出10件来反复观察，最后说不要了，看看他怎么对待你，然后跟北京商贩的态度对比一下。

大陆人多、学者多、企业多，开的类似会议的数量可以十倍于台湾，学者的论著数量也可以十倍于台湾，但这不是真正的文化。文化是一种生活方式。台湾的教育注重对伦理、经典的学习，虽然目前也有所削弱。刚才有听众提出台海之间的差别，这其中很大的差别就是台湾的企业家在从小学到国中再读高中的时候，已经读了很多经典，文言文基本上没有什么问题。而大陆的大学生、企业家没有经过这个训练，第一代的企业家接受最多的是毛泽东语录。人小时候的"幼功"很重要。经过了中华文献的底蕴熏陶，思考问题的时候就更深刻，再加上有留学的经历（台湾比大陆开放得早，国际交往更加频繁），有世界的视野，这就更不一样了。

在学习、维护和弘扬我们祖先所留下的文化的时候，一定要看看其他文化的情况，看看他们怎么看我们。他们的看法有时候带有挑战性，对我们有很大启发。例如，近些年不管是大陆还是台湾的学者，在研究儒家文化的时候更注重儒家文化最内涵的东西，也就是"仁"的思想。但是美国的学者提出来，中国儒家的"礼"至关重要。当然国内也有人谈"礼"，可是如果论深刻程度和把"礼"所提到的高度，以及解除一百多年来世界、包括中国人自己对礼教的误解，应该说是国外做得好。

诚如刘顺仁教授刚才所说，中华文化的东西已经沉淀在中华民族成员的血液里。我改造一下就是，它已经成为中华民族文化的基因。但是一个"钱"字和"欲"字，就把这些掩盖蒙蔽了。所以我们的任务应该是让理论家和企业家联起手来，唤醒人们心底的、家里的、村寨中的、街道上的那些仁善之心。这里面有一个逆向运动。学者是从孔夫子算起，从生活的实践中归纳出人类应有的伦理，后代的儒家又把这种伦理上升到形而上，进入到哲学层面。同样，企业家们是经过三十年的改革开放，二十多年的创业，从自己的实践中感受到了，现在开始上升到伦理的层面。我希望越来越多的企业家从伦理层面再进一步提升到形而上去理解，这样自己的伦理观点就更加坚定、更有理论依据。包括台湾同胞在内，我们有13.8亿人口，可是其中真正能够理解哲学、进入到形上思维的有多少人？因此，儒和商应该联起手来，把自己理解的形而上的哲学理念降到伦理的层面，降到学校、社区、街道、商店、大排档，降到你我的心里面，用最通俗的语言把其背后之最深的道理来继续弘扬光大。

在这个过程中，大陆和台海还是有所差异的。从某种意义上说，台湾更多的力量是用在维护和恢复，而大陆的重点应该在重新建立，因而大陆的任务更加艰巨。

将生活的感受提升到应该怎样生活的伦理，进一步提升到哲学；再从哲学下降到伦理，进而用最通俗的语言再降到生活，核心的问题其实就是司马迁所说的"究天人之际，通古今之变"。"通古今之变"就是我们把古人经过长期积累和总结的那些伦理与今天的现实相结合；当然不能照抄，古今有变，但是相通。所谓"究天人之际"，就是不要只停留在生活的层面，而应该考虑到自然和人类社会发展的规律。如果认识到中华文化中最宝贵的东西是符合大自然的规律、社会规律和人心规律的，也是最适合人类生存发展的，那么就算是天动地震我们都不可转移。只有这样，中华民族才有可能永续发展，中国的文化才能永续发展，中国的企业和经济才能永续发展。

（根据录音整理）

未 达 集

中华文化建设散论

中华文化源头之具茨山文化的研究[※]

世界的考古学理论来自于西方，百年来中国的考古基本上是延用西方的考古理论。但中国的考古有它的特点，单拿着西方原有的理论架构和方法来衡量具茨山，有很多的不合理。到底是我们具茨山迁就西方的方法论呢，还是说我们应该有自己的特点？我认为在这个问题上要中西融合。标准不一样，结论就不一样。为一块石头做结论，要根据已有的事实，还要对岩画有研究经验。比如说竹简，李学勤先生是顶尖的专家，西方考古学就没有这类经验，对它的鉴定、释读，西方就没有。中国将来会成为考古的资源和成果最丰富的国家，很自然地，我们应该有自己的方法论。

具茨山岩画年代的断代非常重要。按现在专家的讨论，至少是八千年到一万年的旧石器时代。对岩画的研究，西方水平高于我们，当然我们应该借鉴。对具茨山岩画要分门别类开一些专题研讨会，甚至可以召开国际研讨会，把国际上研究岩画的顶级专家聚集起来，开一个规模比较大的国际研讨会。在研究的同时要立项，研讨、立项和申报国保单位是相辅相成的，也可以说是相互推动。

口传历史和历史文献证明，新郑是春秋时期郑国的国都，是黄帝故里。口传历史不是无根据的。我们要尊重祖先、尊重祖先对老祖先、老老祖先的信仰。黄帝出生在新郑。黄帝出生地当时的状况，代表着华夏之族——中华民族那时的生活状况和时代全貌，这和埋葬地是不一样的。埋

※　2013 年 11 月 2 日在具茨山与中华文明学术研讨会上关于具茨山岩画的发言。标题为编者所加。

葬地是曾经到过并死在了那里的地方，只能说明他的行迹。用后代的话来说，说明他巡狩的范围以及他的流动性，谈不到文化遗存。这就是黄帝故里的意义所在。黄帝故里在黄河流域，这里形成了中华文化的主干，其他地方的文化都向他贴近，包括东夷文化、吴文化、楚文化、巴蜀文化等等，后来因为黄河流域的文化更为先进，都汇集到了黄河流域。

具茨山的考证、保护和宣传十分及时。近平同志上任之后，一再强调中华文化对当今中国、未来中国的重要性。十八大之前，他在中央党校的几次讲话，无论是要求干部学点历史，还是研究反腐，以及十八大之后的一些讲话，尤其是八月十九日在宣传工作会议上的讲话，都强调了这一点。我完全拥护近平同志的论述。这里很重要的一个现象是，人们一般只重视一系列论述的下端，就是要讲好中国的故事，实际上近平同志也说了，要讲好中国的故事，就是要全面地、客观地去了解这个世界，是要准确地、全面地介绍中国，是要解决中国在世界上的处境问题，这是三个自信的根基，也是对世界负责。今天的中国特色社会主义是建筑在几千年文化基础上的结果。所以他说，我们中国特色社会主义"有着深厚的历史渊源和广泛的现实基础"。渊源在哪儿？我们把复杂问题简约化一些就是：中国人自古求什么？外求的是富足、和谐、稳定、平安，这四条就是中国人理想的生活。《尚书》记载"协和万邦"，现在搞建设、强军、注重民生，都是为了这个目的。共产党的宗旨，从成立的那天起，就全是为了老百姓实现自己的理想。少数的蛀虫是另外一回事。主流是什么？历代的正义之师和朝廷，都是在跟贪官污吏作斗争，有一些蛀虫，可是历史还在前进。内求的，也就是他所说的"中华文化积淀着中华民族最深沉的精神追求，是中华民族生生不息、发展壮大的丰厚滋养。"什么叫"最深沉的精神追求"？追求是什么？为什么说是"最深沉的"？用这个"最"字是跟全世界比的。这里涉及了很多历史事实和智慧，也涉及许多学问，包括历史学、社会学、哲学、民族学、人类学等等。我们应该把对具茨山的研究放到这样一个背景中考虑。

我觉得具茨山的意义在于找到了中华文化可考的一个源头。中华民族的文化源头那么多，但是这是一个重要的源头。我所写的《黄帝故里拜祖大典拜祖文》中也谈道，口传历史说那时候发明了车，嫘祖发明了缫丝养蚕等等。虽然没有物证，可是为什么先民把这些伟大的发明都放到黄帝身上？那是把他当成文化源头了！那么我们就要承认人民的这种附加。

而且很多内容从口传历史中，从文献记载上，以及在出土的文物上，都可以得到证明，文明从那时开始在萌芽。因此像今文《尚书·尧典》、《舜典》中的以人为本、协和万邦、以德行政的思想，才能有成型的文献记载。这是经过几千年形成的。"以人为本"的问题，西方一直在宣传。人本主义是文艺复兴时期提出来的，中国的一些学者也说我们要学习西方以人为本的人文主义。这是弄颠倒了，人文主义的思想最早是中国提出的，文艺复兴的人文主义是受了中国的影响而形成的。《尧典》、《舜典》等文献存世也三千年了，都明确地提出以人为本。后来孔夫子继承周公的思想，提出了"仁"的问题、礼乐教育的问题。礼乐是外在的，体现了"仁"，引导人走向"仁"。中华文化定型了，可以说定型在鲁，源头则是新郑的具茨山。

今天的共产党还是以人为本。从前没钱时做不到的，现在可以逐步实现了。民生的问题提到这么高的高度，就是因为有着"深厚的历史渊源"。"最深沉的精神追求"指什么？就是人的价值。现在风行全世界的是以财富价值论人，忽略了道德价值。中国人最根本的追求是道德的价值。人生的价值可以分为道德的价值、财富的价值、艺术的价值、精神的价值（对宇宙和生命的无穷探索）。有了人，才有艺术。具茨山岩画本身有一种东西要表达，它追求的是美。许多岩画每个洞都是圆的，而且排列整齐，那时候人的美感，今天我们不理解，也难以体会。但是可以看出它是一种美的追求。我们要下决心把这个事情提到中华文化史上，特别是提到国务院批复的华夏历史文明传承创新区祖根文化的高度上来。

因此，具茨山的文化意义不仅仅是对新郑、对郑州、对河南而言，甚至于不只是对中国而言，而是对全世界而言都是有着巨大意义。

（根据录音整理）

弘扬章太炎先生的精神[※]

知道太炎先生全集要出版，作为章黄门下的"不肖"子弟，我真是兴奋得夜不成寐。

第一，我很赞成大家对这个工作难度问题的认识。我们的人才是按照西方的方式培养的，结果专家多而通才少，中国现在需要的是通才，整理出版章太炎先生全集难度也就在这里。章太炎先生是清末民初一代学术的总结者，更是新世纪在参照了西学、日本学之后新时代学术的开创者。他在很多领域都有开创性的贡献。他的经学研究，相对于皮锡瑞的著作，已经是有所超越了。他的"唯识学"研究，也占有重要地位——"唯识宗"现在仍是佛学界的绝学，相关学者很少。他的小学研究，已经超越了清代的小学范畴，他最先提出"中国语言文字之学"这个称呼，后来发展成现在的汉语言文字学专业。黄侃先生曾经呼应他的老师，把中国语言文字之学界定为文字声韵训诂，但是后来这个学科受到《马氏文通》的影响，几乎完全跟着西方走。一百多年后，大家发现文字声韵训诂才能真正解决中国语言的问题。比如在对外汉语教学当中，现有的400多所孔子学院、565所孔子课堂里，最高端的师资基本都是有文字声韵训诂背景的老师；在计算机中文信息处理的领域，现在的领头人之一就是黄侃先生的侄孙黄曾阳先生，他从小受到家学的熏陶，注意到中国语言根本不是靠形式，主要靠语义来解决问题的，于是根据语义提出一种理论，现在的研究成果无

※　2013年5月15日在《章太炎全集》编纂出版工作研讨会上讲话的一部分。标题为编者所加。

论是检索方面，还是机器翻译方面，都已达到全国最高水平。所以我们回过头来得感谢太炎先生，他开创了中国语言文字研究新的时代。而且太炎先生早年爱写怪字（僻字），当代的书法家也很难辨认清楚。对这些难度我们要有充分的估计。

第二，整理《章太炎全集》和弘扬章学的活动要相辅相成。我们可以通过学术研讨等形式，把更多的学者给吸引进来。比如是否可以在2014 年 4 月章太炎先生诞辰 145 周年时，出版全集的一部分，并趁机召开首届章太炎国际研讨会，把两岸四地以及国际学者都请来。太炎先生的影响是广泛的，在台湾也有很多散佚的太炎先生的著作，也有很多关于先生的研究，可以借机请台湾学者参与进来。前些年我的学生、复旦大学的汪少华教授听说一位台湾学者根据台湾师范大学收藏的一本太炎先生的手校本写了一篇文章，他就赶快与那位学者联系，证实这本书就在台湾师大图书馆，便于当年 11 月份赶去了台湾。因为太炎先生在台湾工作过，在那儿也写过文章，而且台湾也有先生的传人，所以会有一些材料。

第三，应该给《章太炎全集》的出版举办一个能引起媒体等广泛关注的发布会，引起社会各界的参与，同时也就弘扬了太炎先生的精神和学术。在今天的时代，我感觉太有必要宣传太炎先生，宣传季刚先生了。试想当年，太炎先生尽管多次入狱、逃亡，可还能在乱中沉静下来，安心做学问，写出那么深邃的文章。今天我们的物质条件那么好，却有那么多人静不下心来，做事情急功近利，所以需要在学术界弘扬太炎先生的精神。太炎先生的学术至少在几个学界应该成为显学，然后我们沿着先生的路子再去创新。今后可以每年开一次研讨会，也可以隔年一次，图书出版和学术研讨结合起来，掀开研究章学的新的一页。这还有更广泛的意义，今天台湾的小学界、经学界的学者，都是章黄的后裔，共同搞研究可以团结海峡两岸的学者，共同促进我们的研究。

第四，我还有一个想法，太炎先生给人家写的楹联、寿幛、碑文，是不是也可以整理出来？碑文可以收进《全集》中的"杂著"。对联怎么办呢？对联的价值不仅仅是那两行字，还有书法的价值。所以请大家考虑，除了《章太炎全集》之外，要不要再出一个《章太炎先生书法全集》？

第五，《章太炎全集》里不方便把回忆录和研究文章也收进去，那么能不能在编完全集之后，编一套《章太炎学术研究丛书》，分门别类地收录这类文章？这样，章太炎先生的著作就有三个系列了，有利于全面弘扬

弘扬章太炎先生的精神

章学。有一次我到云南去讲学，在昆明师范学院的小树林里发现了横躺在地上的一块石碑，扫去尘土和树叶一看，上面竟然是太炎先生用小篆写的碑文。类似的事太多了。如果我们搞一个章太炎的学术研究系列，再来一个出版系列，在整理出版工作启动之后的某个时间，拿出部分成果，并在网上、报上宣传，向全世界征集太炎先生的佚著和佚墨，我们的工作一定会有更大的成绩。我们如果要让太炎先生学术的光辉能照耀当代，就应该彰显出先生是一位"大家"，是全面的、百科全书式的"大家"，所以恐怕应该有这三个系列的书。将来把成果拿出来，学术界会感谢咱们。特别是其中的《章太炎学术研究丛书》，出版以后可以让我们和我们的后人不再做重复的工作。这一点可以参考佛学界的经验。佛学界把百年来研究佛教的论文做成了 100 册，而且是 16 开的大书。像太炎先生这样一代标志性的人物也值得这么做。

太炎先生站在那个时代的巅峰，不仅在学术界，而且在当时的革命阵营中，都有着举足轻重的地位。大家也都知道，"中华民国"这个名称就是太炎先生提出来的，这个影响是了不得的。所以这项工作具有抢救性的意义，要克服难度大、时间紧的困难。如果不抓紧做，再过 10 年，恐怕一些老专家就会过世，那时候困难就更大了。这样一位中国近代史上、学术史上具有里程碑式的大师级人物，我们不把他的全集出版好，是愧对先人的。

（根据录音整理）

纪念伯驹先生　坚守民族文化[※]

首届张伯驹论坛的各位贵宾、各位朋友：

得知将举行"首届张伯驹论坛"，我非常高兴。但因得到消息较晚，早已安排的活动无法调整，不能前来附骥聆教，甚为遗憾。谨以崇敬之心，致此短函，略表对伯驹先生的敬意和对与会诸公的感佩。

伯驹先生冥诞 115 周年，文化部、文物局、故宫博物院先后举办了一系列纪念活动，意在弘扬伯驹先生的爱国精神，缅怀他为保护和传承祖国文化遗产所做出的不可磨灭的贡献。当今，我国最大的问题之一是中华民族传承几千年的优秀道德精神的严重缺失。这是阻碍实现中华民族伟大复兴的"中国梦"，建设文明、富强、民主、和谐的中国特色社会主义社会的最大障碍。继承和弘扬伯驹先生的精神，无疑是对学术界、文物界和广大知识分子的有力鞭策和激励。

世界的文化是多元的，不应该也不可能一元化；不同文化之间展开自由、平等的交流，是人类文化不断前进、智慧不断提高的重要动力。中华民族所创造的文化，是世界上唯一从未中断过的文化。究其原因，最根本的是中华文化的核心理念是从现实生活中总结提炼出来，又反作用于社会、人心，并且不断丰富、完善和提高的，因而最适合人类的生存、繁衍、发展、壮大。因此历代学者和民众爱护之，坚守之，捍卫之。中华民族的文化传统是我们无穷力量的源泉。道路自信、理论自信、制度自信，

其最重要的基础和动力就是民族文化的自信。

承传祖宗留下来的宝贵文化遗产，是中华民族每个人的责任。伯驹先生就是杰出代表之一。他捐献文物，为的是让全国人民乃至全世界人民更好地认识和热爱博大精深的中华文化。纪念他，也是为了促进民族的文化自觉，保护民族精神，促进世界多元文化的相互交融。

伯驹先生的女公子张传彩女士决定将先生位于什刹海的故居建成"张伯驹潘素故居纪念馆"，展示伯驹潘素伉俪的多方成就和可歌可泣的故事。这是一个令人敬佩的决定，是对伯驹先生"天下为公"伟大情怀的实实在在的传承，为我们树立了一个光辉的榜样。感谢张传彩女士！

祝"首届张伯驹论坛"获得圆满成功！

许嘉璐

2013 年 12 月 18 日

于日读一卷书屋

未
达
集

弘扬传统文化　构建民族精神[※]

我谈几个需要大家共同思考的问题。

第一，中华炎黄文化研究会的宗旨，简单概括起来就是传承、弘扬中华炎黄文化。炎黄文化其实就是中华传统文化，所以我们的研究并不限于炎、黄二帝，也不限于古代。二十多年来，在老前辈的指引和支持下，炎黄文化研究会比较顺利地走到今天。未来如何能够做到在坚持中发展，不断扩大炎黄文化的社会效益，造福于国家和人民？

第二，现在面临着一个大好时机。这就是党的十八大和十八届三中全会确定了深化改革的战略部署。例如，在国家社会建设和发展问题上，从前用"社会管理"这个词，现在提的是"社会治理"，一字之差反映了党中央对于社会建设与发展的看法有所调整。可以预见，在以后的社会治理中，不再一概由政府包揽，许多社会事务需要民间团体来承担。相应地，关于民间团体的注册问题、建立分支机构问题，政策上都要有所变动。现在中央成立了全面深化改革领导小组，其中有一个专项就是关于社会发展。未来出台的改革政策经过酝酿、论证和反复地研究之后会陆续出台。就炎黄文化研究会的发展来说，我们需要更为宽松、自主权更大、管理也更加严格的社会环境。我用了三个词："更为宽松"、"自主权更大"、"管理更加严格"，三者实为一体——它们也是各国的经验的总结，代表了客观规律。我想这将是中华炎黄文化研究会等社会团体发展的契机。十八届

※　2014年2月16日在中华炎黄文化研究会四届四次理事大会暨新春座谈会上的讲话。标题为编者所加。

三中全会《决定》中提道："鼓励社会组织、中资机构等参与孔子学院和海外文化中心建设，承担人文交流项目。"这是文化走出去的问题。在海外建立孔子学院和中国文化中心，是中国文化走出去的两个主要措施。我国在国外建立的十几个文化中心，都是国家财政支持，现在需要中资机构和民间团体介入了。所谓中资机构不是专指国企，文化走出去需要民间力量。国内的文化建设、普及当然更要依靠民间力量。

第三，我们面临的挑战会很多。例如经费问题，但是我下面提到的挑战与经费困难问题相比更为严峻，这就是研究会如何"研究"，以及文化研究中的"文化"所涉及的种种现实问题。这是个巨大的挑战。

首先，我们生活在中国特色的社会主义国家。我国的经济、社会、文化等一切建设都围绕中国特色社会主义展开，这一点在研究炎黄文化过程中如何体现？炎黄文化与中国特色社会主义是什么关系？炎黄文化研究会必须给予回答。

其次，我们国家建设和发展的指导思想理论基础是马克思主义。炎黄文化与马克思主义是什么关系？这是需要深入思考研究的问题，并且需要得出理论性的系统结论。我个人以为，至今还没有出现完全的回答。这需要我们自己去思考，不能等待。

还有一个我们不可回避的挑战，那就是如何让炎黄文化即中华传统文化成为十三亿人日常生活中须臾不可离开的精神。让它进入社区，当然社区不仅是居民小区和乡村，还包括部队、大中小学、公司等，让它进入家庭，融入老百姓心中。这方面目前还有很大欠缺，是传承和弘扬中华传统文化工作的短板。传统文化分为历史记忆和各种形态的文化。例如大家提到的砚文化、书法文化、家具文化、土司文化，等等，有的属于历史记忆，有的属于形态文化。如何能让这些文化有助于民族精神的形成，有助于个人品德的提升？如果我们对这个问题关心不够，或者缺少思考，那么我们的研究就会变成少数人群的沙龙活动，成为小圈子中的自拉自唱，自我欣赏。这一点不仅是我们面临的问题，而是整个人文社会科学界都要回答的问题，而且这个问题并不限于中国。西方一位著名神学家说：如果宗教和神学只会用自己的语言宣传它的教义，那么它就成为小圈子里边自娱自乐的东西。今天国人都为自己国家拥有世界独一无二的优秀传统文化而自豪，但是要想真正自豪起来，就必须实现历史记忆和形态文化进入社区、深入家庭、融入人心，化为民族精神，化为个人品格。这条路我们要

未
达
集

重新探索。以往我们也做了些工作，例如在山西绵山开展的慈孝文化研究，得到当地政府的支持和配合，收到较好的社会效益，使得介休市的城区和农村家庭氛围、社会风气都有良好的改变，当地的干部、老师的慈孝理论知识也都有提高。这是理论与实际应用的相辅相成。但有些活动我们还需要继续探索。例如每年一次的河南新郑祭拜黄帝大典很隆重、肃穆，但对于河南乃至全国而言，它与老百姓的生活有何关系？在他们中产生了怎样的影响？眼下还没有人关心和研究。

第四，我们一定要充分发挥作为民间团体的优势，借助本会的丰富人脉资源，以及成立二十多年以来所产生的海内外影响，把未来的工作提到一个新的高度。

（根据录音整理）

弘扬传统文化　构建民族精神

关于父亲节、母亲节与双亲节的思考[※]

各位，今天这个座谈会，希望与大家就着中国的节庆和父亲节、母亲节问题交换一下意见。李汉秋先生等一批专家早就提倡设立中国的父亲节，还有一个中国母亲节促进会，希望能够设立中国的母亲节。这是非常有意义的事情。

其实这个问题有很多人在思考，包括我在内。我年岁大了，总记不住现在年轻人过的母亲节、父亲节是哪一天，而我的孩子们也不看重这些洋节，我们是纯中国化的。可是，"他山之石，可以为错"。父母亲对儿女恩重如山，就像台湾歌曲所唱的"没有你，哪有我"。自己能够成为一个有知识、有能力为国家和民族做贡献的人，第一个原因就是有父亲和母亲。正是因为人们越来越感到父亲、母亲的恩重，年轻人需要借助一个载体来表达自己的感恩之情，于是就跟着外国人过外国的父亲节、母亲节。台湾的龙应台女士曾经写过一篇杂文，说中国人过外国人的节，就像是一个人走在路边遇到一个祠堂，进去就磕头烧香，出来后都不知道祠堂里供奉的姓甚名谁。她所说的恐怕也包括西方的父亲节、母亲节。为了增进社会和家庭的凝聚力，让为人子女者对父母亲的感恩、热爱之情有一个载体和平台表达出来，研究设立中国父亲节、母亲节是非常必要的。

中国确立帝制几千年，始终没有父亲节、母亲节。但那时对父母亲的"孝"有特定的表达方式，比如"晨省昏定"、祭祖拜寿以及日常礼仪等。进入现代化社会，旧有形式不再适合当代人们的生活，可是对父母的感恩

※ 2013 年 6 月 25 日在倡议设立中华父亲节座谈会上的讲话。

与热爱并不会也不应该因此而削弱，仍需要有某种表达的方式和载体。这可以促进家庭和谐、社会和谐。反过来，对于两代人甚至三代人自身也是一种熏陶和教育的措施和手段。可是，进到他人祠堂去磕头、烧香，不知道西方父亲节、母亲节的出处，这多少有些不够理性。其实查阅各种工具书、学术著作，也不能找到西方父亲节、母亲节的确切来源。那是由于欧洲的文化历史（有文献记载的历史）太短，而中华文明绵延几千年甚至上万年，最早提倡"父慈子孝"，近百年来没有条件或没来得及形成或设定新的载体来表达，只好先借用外国人的。借，就说明需要。但久借就可能不归。中国人爱思考事物的来源、依据，一问不知道出处，自然就冲淡了节的感情浓度。作为占全世界人口五分之一的国家，应该借鉴西方节庆的理念和方法，思考在后工业化时代，子女如何表达对父母亲的感恩之情。

任何节庆，除了政治节日，都是在历史长河中慢慢从民间形成的，因而也是人民乐于接受、参与的，成了日常生活不可缺少的组成部分。在信息化时代，特别是当下西方的父亲节、母亲节已经比较深入知识青年的心里的环境下，设定父亲节、母亲节总应该有个说头。

李汉秋先生等一直提倡把阴历九月九定为"父亲节"，社会上有人把这天当成"老人节"，但过的人很少。取九月九，因为九是最大的阳数，"九九"则为重阳，此时敬老，比较合适，寓意长寿。这一天登高还带有"天人合一"的观念，登到高处，更接近于天，但一直没有形成全民的节日。李汉秋先生作为父亲节促进会会长，很早就提出来把"九九"定为"父亲节"。

这恐怕应该由民间发起，民间形成，只有符合民间愿望和节庆形成规律才会被人民接受。中华炎黄文化研究会、北京师范大学人文宗教高等研究院、中国文化院等单位都愿意为这件事情贡献力量。所以今天请各方大家一起来讨论一下它的必要性和可行性，并推进到操作过程。

操作的第一环节是造势。

在造势时首先要回答母亲节设不设的问题。定节日，不能只管爸爸不管妈妈呀！一般来讲，儿女对母亲更亲，特别是在年纪较小的时候。父母是一体啊！如果将来孩子只给父亲过节，妈妈怎么想？更何况母亲，包括未来的母亲占了人口的一半哪。这个问题一旦提出来，必然影响对设父亲节的认同，而只有广大民众支持的东西才有生命力。

有人提出用孟母的生日作为母亲节。我觉得不甚合适。孟母的生日谁都不知道，是后代假设的。一个节日，如果没有史实依据，对于文化底蕴深厚的中华民族来说，是很难普遍化的。

通过网上讨论造势，造势的过程，就是发动的过程，就是由民众丰富这一节日内容内涵的过程。群众是真正的诸葛亮，真正的英雄。如果群众发动得不够，要定父亲节的声音微弱，网民们不知道，定了也白定。即使定了中国的父亲节、母亲节，恐怕仍然有人过西方的节。但我相信中华文化的底蕴，更多的人会慢慢地更重视自己的父亲节。

在做一系列准备工作的过程中，除在青年人中要有比较广泛的影响外，还需要有相当数量的商家能参与进来，因为所需要的载体大多是商品。现在我们可以做点准备，今天大家充分讨论就是准备。我个人觉得，如果把九月九定为"双亲节"可能更好些，当然也可以叫"孝亲节"、"敬老节"，动员社会选一个更好的名字。总之，我的意思是把对父亲母亲表达孝敬之心的节日合在一起。西方把父亲节、母亲节分开，这与它文化的二元对立特征有着直接关系，这也比较适合他们现在的高离婚率。在中国，父母亲不可分，失掉了一方就被认为是需要大家关注帮助的人，即所谓"鳏"、"寡"。当然现在离婚的另当别论。

此外，还可以举办一系列"造势"活动，各个社会团体用不同的宣传手段，大家一起造势，也就是宣传、征求意见和推动。一定要得到广大人民群众，特别是已为人父、为人母者的青年人的支持。这需要一个过程。

如果网上投票，获得了多数人的支持，就可以征集作曲家和音乐爱好者们创作歌曲，请歌唱家演唱，也可以竞赛、评奖。那么，歌词好、旋律美、民族特色浓的就会在青年中涌现出来，慢慢形成节歌，就像圣诞的时候，全世界都唱同一首歌一样。

概括起来说，第一，设立父亲节、母亲节是极有必要的。第二，提出这件事就涉及社会上的很多不同心理、不同取向的人，涉及老、中、青、少四个层面。第三，要借助艺术的力量来宣传。

（根据录音整理）

传承许慎文化　促进漯河文化创新发展[※]①

时隔五年，再次来到漯河，我的第一印象是：漯河变了。昨天我到漯河的召陵区、源汇区转了转，我发现五年前狭窄的街道不见了，当时的澧河和沙河，水细如沟，垃圾遍岸，河边上骑着自行车都要跳起来的"按摩"路不见了。可以说，漯河真正是三年一小变，五年一大变。怪不得漯河这些年连续获得了数不清的荣誉称号，如：国家园林城市、国家森林城市、全国绿化模范城市、中国宜居城市、综合治理示范市、信访工作先进市、未成年人思想道德示范市，等等。漯河随着祖国矫健的步伐在快速地前进。这样的成绩，是广大的市民和市委、市政府一条心，上下配合的结果。而在这种团结一心、携手向前的背后，也就是在我们能够看到的发展变化的背后，是全市人民对于和谐的追求。也难怪在治理沙河和澧河的时候，原定四个月拆迁的任务，两个月就完成了。大家喊出的口号是：和谐拆迁、阳光拆迁、亲情拆迁、依法拆迁。在漯河发生的这些事，是一种什么现象呢？如果我们从具体的操作、具体的事情中跳出来，用历史的眼光、哲学的眼光、发展的眼光去看的话，其实很简单，就是文化。我们在街道上、立交桥上看到了醒目的标语："传承光大许慎文化，打造漯河文化品牌"。眼前的情景证明，这不是一句空喊的口号，在打造漯河文化品牌的过程中，许叔重这一漯河瑰宝，的的确确在今天还在为他的后代、为我们的祖国做着贡献。

※　2013年10月27日在第二届许慎文化国际研讨会开幕式上的讲话。标题为编者所加。

许慎的文化，许慎的精神，概括地说有哪些特点呢？我认为至少有以下三点。首先，重继承，求发展。他一生的著述今天大家熟知的有《说文解字》和另外两部书，即《五经异义》和《淮南鸿烈解诂》。他为什么撰写《五经异义》？为什么为《淮南子》做注？首先是要继承，其次是要站在公元开始的年代，以那个时候的眼光和自己的学识，对中国重要的典籍重新进行阐释。按照阐释学的理论，对于传统的阐释，无不带有时代的和个人的特色，这个特色就体现了发展。在《说文解字》里，他搜集了在那个时代他所能看到的所有关于文字的证据，对9353个文字一一做出解释。他所做出的解释，就是在求发展。第二个特点，传道统，开小学。"道统"这一观念，是唐代的韩愈提出来的，我借用来说叔重夫子。他做《说文》，就是想引导社会回归原典原意。扬雄在评价当时的今文经学时说："终能致远者，盖亦鲜矣。"这是指责今文经学家大多钻到了一部经书里，严秉师说，过重家法，不能致远。什么是"远"？在我理解，就是司马迁在《报任安书》里所说的"究天人之际，通古今之变"，就是超越眼前，超越学术，超越感官所能感知的范围，实际上就是探究人生、社会、宇宙、未来，就是传承道统。许慎做《五经异义》实际是要致远。同时他延续、开辟了"小学"领域。诚如刚才李卫红副部长所说，《说文解字》给中国的语言文字学奠定了基础。汉字是形、音、义三位一体的。由"形"派生出后来的"文字学"、"汉字学"；由"音"派生出"音韵学"；由"义"派生出"训诂学"。"小学"是周代贵族子弟教育中的初级阶段，即学习识文断字，但具体情形我们不得而知。由于出现了《说文解字》，后代又逐步形成了研究形、音、义的"小学"这门学科。许慎知道"工欲善其事，必先利其器"。他著《说文》，是让人们正本清源，知道每个字的原义是什么，同时知道对字要如此这般地分析，不要像有些今文学家那样望文生义，随意解释、"阐发"圣人的"微言大义"。第三个特点，倡包容，履知行。履，就是践行。从许慎的《五经异义》的残文可以看得出来，他对今文经学、古文经学并没有门户之见。在《说文》里，开卷第一条解释"一"字的"惟初太极，道立于一，造分天地，化成万物"就是今文经学家董仲舒的话。所以可以说，他的一部《五经异义》、一部《说文解字》，包容、融汇了今文经学和古文经学。东汉时期今文经学已经衰落。后代有些人认为今文经学一无可取，其实并非如此。许慎就是要兴古文经学，救今文经学。昨天我参观许慎文化园，工作人员说许慎是贾逵的学生，贾逵是他的恩师。我说，不要这样提。东汉时，在今文经学博士那里，哪个人是不是谁的学生是非常严格的，要在编牒上登记的。古文经学也讲师承，如果许慎是贾逵的学生，史书就会说"受业于贾逵"或"从贾逵习……"而所有史籍中没有说许慎出自贾逵门下。他是"博问通人"的，但是《后汉书》的作者突出了一个"'考'之于逵"，而贾逵则"虽为古学，兼通五家《谷梁》之说"。许慎撰《说文》开卷就用今文之说，又"考之于逵"，这正是许慎突破当时的门户之见的一个了不起的行动。同时，他履知行，亲自实践。学到了孔夫子等前圣的教导，他就在自己的生活和学术实践中践行，而不是钻在象牙塔里，见字知字，而不知窗外事。《后汉书》上说他"性淳笃"，"笃"，是"厚"的意思。同时厚则定，于是又有"笃定"的意思。立了志，不动摇，这都是圣人之训。但是他挽救不了今文经学，今文经学实已积重难返，利益集团已经成为今文经学的掌控者。但是，他就像孔夫子一样，"知其不可为而为之"。我想这都是他的践行。在今、古文经学势同水火的社会环境里，他能够突破门户樊篱，是一种特立独行，也是一种创新。他的经学，虽然我们不能窥其全貌，但是根据许慎一生的为人，根据他的儿子《上〈说文解字〉表》所表述的，我们可以知道，他所追求的最高境界，就像是一千年后关中学派的创始人张载张横渠所说的："为天地立心，为生民立命，为往圣继绝学，为万世开太平。"

许慎身后基本上是寂寞的。虽然从汉经南北朝，到唐宋，时不时地有人提到他，但是他真正"红"起来是在清代。可惜的是，清代把他的学术和精神阉割了。特别是进入乾嘉以后，由于社会的、历史的和学术界自身的原因，把许慎的文化，或者说许慎的学术和精神缩小了范围，只停留在小学的狭小圈子里，干脆称之为"许学"。乾嘉以至乾嘉以后，虽然以扬州学派为代表的一些学者力图突破这种只在文字、音韵、训诂上讨论的视野，研究所谓历史的和社会的问题，但是，学术和社会的主流，即所谓汉学、经学，仍旧是只讲字、只讲音、只讲形。这在西学东来之后、乾嘉以来的思想基础上，更加严重了。西方哲学当中的二元对立的思想造成只有"为学术而学术"、"纯学术"才是最高级的潮流。受到这种潮流的影响，我们的学科分类，个人所学越来越细，越来越窄，越来越远离了"博"与"通"。分工、专门、精细是必要的，唯有专门才有深入。但是如果忽视了博与通，学科则将一往而不知复，见木而不知林。任何事物都是复杂的、综合的、整体的，所以前些年西方学者提出学科要"渗透"、要"综合"。但是二三十年过去了，他们的期盼还是梦想、神话。积弊过重转弯也难。当然，社会是多元的，学术也应该多元化。个人的爱好、特长、专攻都是学术和社会所需要的。文字、音韵、训诂、考据、版本都是进行综合、渗透、博通的基础，非常重要。但是，宏观地看，如果整个学术界，或者说整个社会，只知"器"，而不知"道"，"道统"就要断，文化就要断，接着民族的价值观、人生观、伦理观就要断。打个通俗的比喻，厨房里既需要专门切葱花的师傅，也需要掂起炒勺能做出南北大菜的师傅。借用清代大儒戴震戴东原的话说，我们既需要抬轿的人，也需要坐轿的人。只有葱花切得好，洋芋削得好，肉剁得好，大厨才能烹调出色香味俱全的大菜；有抬轿的人，才能有坐轿的人，或者说有了抬轿人，坐轿人才有轿可坐。在我国学术界，只知"器"、只治"器"而不知"道"、不治"道"的现象比较严重，这应该引起我们的深思。

来到漯河我高兴地看到，漯河的领导与群众在自己的实践中兼顾了"道"与"器"。我刚才描述的漯河的变化和感受到的干部和乡亲们的心，在许慎文化园也有所体现。漯河人没有忘记许慎的另一面：对经学的关心和独到的见解。漯河正在努力打造自己的文化品牌，我想，许慎文化肯定是漯河文化品牌里耀眼的一部分。对于我来说，漯河的今昔对比，是拿整整四分之一世纪之前的情况和现在对比的。由这一对比我可以断言，漯河的前程不可限量。因为，科学发展最重要、最根本的动力是文化，这一点漯河的乡亲们已经感受到了。现在不管是内资还是外资，他们到漯河来投资，第一看重的不是交通，不是地价，而是这个城市人民的素质、人民的文化水平。引资招商是如此，整个城市的可持续发展也是如此。要知道，25 年前的漯河几乎没有什么工业，地下也没有任何矿藏，如今能成为河南经济增长排在前列的城市，力量从哪里来？资源从哪里来？最大的力量来自文化，最大的资源还是文化。现在，漯河正在朝着打造国内先进、在世界上有影响的食品文化名城前进。我想，如果漯河能够在学术、旅游、制造业等行业上，坚持在继承的基础上进行创新，那么，未来的五年，漯河又会有一大变。在这个变化当中，许叔重夫子会继续助他的乡亲们一臂之力。而且，应各国朋友之邀，汉语、汉字将大规模地、成建制地走向世界，汉字、许慎、漯河会让越来越多的各国学者和人民所知晓。现在漯河还在内海里航行，按照中国海洋法、交通法航行，未来漯河一定会开到公海上去，按照国际规则航行。那时候，许叔重夫子也会随着漯河的航船让世界人民所知。

　　一得之见，可能谬误，请多多指教。

爱心城市 从"心"建设

时　间：2012 年 12 月 17 日

地　点：爱心与城市发展论坛（福建晋江）

主　题：传统文化与爱心城市建设

对话嘉宾：许嘉璐（第九届、第十届全国人大常委会副委员长、北京师范大学人文宗教高等研究院院长）

学诚法师（中国政协常委、中国佛教协会驻会副会长、北京龙泉寺方丈）

主持人：陈晓楠（凤凰卫视主持人）

许嘉璐：我带着很大的遗憾上台来，因为原定我们请凤凰卫视的董事长兼总裁刘长乐先生，来和学诚法师以及我一起讨论。但是昨天晚上十点半，他突然生病，不能前来。既然对话的对手少了一个，我就补充上一个，这就是陈晓楠女士，她不仅仅是主持人，也是对话的对象。

陈晓楠：所以各位知道我今天的压力有多大了吧。

许：中华社会救助基金会在全国发起创建爱心城市活动，这是一个新的使命。爱心城市活动是一个创新的产物，但是任何创新都离不开它原有的土壤和传承下来的文化基因。这种基因虽然经过了百年来的国耻，长达几十年的战争，以及像"文化大革命"这种本不该发生的事情，受到了很严重的摧残，但是，文化是非常奇妙的，最终受到摧残的常常是它的物的方面，例如建筑、纸张等，而蕴藏在亿万人民心底的那种善良、朴实、勤奋等美德，并没有受到根本的动摇。

所以按古人所说的"仓廪实而知礼节"，当我们在全国大部分地区基本达到小康以后，人类心中的那种希望——我好也希望他人好，希望整个国家好——会逐渐地兴起，而几乎同时我们也遇到了很多问题，例如价值观的迷失以及传统精神的丧失。于是，大约在上个世纪末到现在十几年的时间里，传统文化开始复萌，这从表面现象看有很多迹象，例如很多家长让自己的孩子读传统的读物，例如《弟子规》、《千字文》、《孝经》、《大学》，越来越多的人在学习国学，中国的宗教，如道教、佛教也更加繁荣。

这说明什么呢？说明人们在自己的民族的记忆里寻找今天所需要的东西，并且很多人找到了，于是就有了爱心城市。13 个爱心城市所在地有很多慈善家、企业家，他们回馈社会、回报社会。日常生活里也出现了很多感人的现象。大家可能感觉到"感恩"开始成为经常可以听到的词，我想这些也是一种民族传统的复兴。创建爱心城市的目的之一，就是把大家对传统的回归凝聚起来，在各地政府主导下，让爱心凝聚，创造人间的幸福新环境。

说到这里，我想起来小的时候，走在街上小巷子里，经常看到的门前的对联："忠厚传家久，诗书继世长。"

这副对联很俗，俗到什么程度呢？在我上初中的时候，有一次老师问我们："你们了解对联吗？谁能说出对联。"全班好多同学说"忠厚传家久，诗书继世长"，说明它已经变成小孩子记得最熟的对联了。其实这十个字是很厚重的，什么能够让一个家的家业传得久？不是金钱，不是金玉满堂，不是三妻六妾，而是忠、是厚。忠就是真心诚意，尽己所有的力量。无论是忠于妻子，忠于家庭，还是忠于国家等，都是怀着一种真诚，为国家、为家庭、为妻子尽己所力。一代代是靠什么把传统传下去？靠诗书。当然，这副对联里的诗书本来有特别的含义，"诗"指的是《诗经》，"书"指的是《尚书》，但是用到对联里就代表的是传统的文化——文化记载在那些文献里。这副对联合起来就是说：一个家族、一个家庭，他的事业和他的精神要想传得久，靠的是两样事物：一个是忠厚，一个是要读书，读先圣、先贤的书。

如果穷到不能再穷了，讨饭了，怎么看待？我想讲两个例子，一个就是孟子所说的："天将降大任于斯人也，必先苦其心志，劳其筋骨，饿其体肤，空乏其身，增益其所不能"，意思是时代要赋予某个人重大的责任，不会是在温室里慢慢培育他，一定要磨炼他，让他饥饿让他劳累，他想做的事情让他做不成，这样一来就增强了他做事的本领和能力，当时的很多穷人靠这个激励自己。再有一例子，忠厚之家通常是衣食无忧的家庭，但是它的厚里必须包括爱。厚道、忠厚都包括爱的意思。当然任何时代完全实现人们的理想所构成的景象很难很难，可是这是中国人的理想，是中国的传统，中国之所以传承几千年而不中断，成为世界古代文明中唯一没有中断的国家，靠的是这个。

我们创建爱心城市活动就在这样的基础上，结合今天的时代特点提出来的。今天的爱心城市和孔夫子讲的仁道，爱人，有一个大幅度的跨越。过去人们理解了圣人之教以后，愿意履行就履行，履行了会得到社会称赞，被称为善人。而今天不是，今天有政府这个最重要的力量主导，很多人跟上来，全社会参与，成为了空前自觉的行动，这股力量是古代不能比的。为什么政府能主导这种时代精神呢？这也是中国的特色，我们政府的宗旨是把中国建成一个文明、民主、发达的社会主义强国，这里面要走一条路，就是一部分地区一部分人先富起来，先富帮后富，最后走共同富裕的道路。真正响亮地能够提出这样一个社会发展的路径和宏伟目标的，据我所知，在全世界190多个国家中只有中国如此，这也正是中国的时代精神和特色。

陈：谢谢许先生给我们描绘了在这个时代塑造人心的一个途径。确实，如果爱心城市只是空中楼阁的话，恐怕不会是稳定的，而如果扎根在人心的土壤之上，尤其是这个土壤带着那么深厚的历史的渊源，那么就会稳定。中国人在血脉当中一直存在对于忠厚善的追求。学诚大师，慈善事业一直以来是您特别重要的一项事业，您能不能给我们开示一下，在这样的一个时代，在节奏特别快、特别喧嚣的外部生活当中，为什么很多人现在回头去看我们的传统和历史，去看我们血脉当中某种对善的追求？好像这样才能弥补我们现在社会当中内心的某种迷茫和缺失。您怎么看我们当代人的这种心态？

学诚：这与信仰有关系。比如晋江这边有好多的信徒，他们经常去普陀山拜佛，晋江的政府也为了让大家能够非常方便地拜佛，还造了一个机场。所以它能够在全国的一百个城市里头发展为前几名，这和拜菩萨有很大的关系。所以我也主要从佛教方面来解释。

佛教在近代以来有很大的变化，就是非常注重人间佛教。现在的人间佛教跟过去一些负面消极的人间佛教不太一样，它是活人的宗教，而不是面对死人的宗教。这是第一点。

第二点就是佛教引导对佛的信仰。我们过去好多人害怕鬼神，鬼属于六道中的恶道。人怕鬼是很正常的，但鬼也怕人，因为人能够超度。而且，我们一个人在的时候就很害怕，如果再来一个人、三个人、四个人、五个人，那就不会觉得害怕。所以大家对鬼神的恐惧，对鬼神的疑惑还是存在的。

在新世纪的形势下，人民需要团结、拼搏、欢乐、喜乐、宽容以及和谐，这一切也体现了佛祖精神的本质。佛教认为，人痛苦的根源在于不满足，不满足就是有贪心，有贪心是因为有烦恼，想要的东西怎么都得不到，于是就发脾气，甚至不择手段，这样就导致种种的问题和矛盾。如何应对它们，是佛教徒一生都在思考和努力的一个方向。

第一届世界佛教论坛上我们提出倡导新的"六和"。

第一条是人心要和善。人心的和善就是我们能够培养善心，有善心以后，人的行为才是善的，如果人心是恶的，那么行为就是恶的，恶的行为会引发痛苦的结果。善的行为和结果才会引发快乐的结果。

第二条是家庭和乐。家庭和乐的关键就是家庭内部的伦理道德、亲情能够得到巩固，家庭内部能够充满爱心。家庭跟工作单位不一样，单位有上下级关系，家庭不是工作单位，它没有上下级关系而只有伦理的关系，是一种充满爱心的关系，如果有一个家庭缺乏了爱心，缺乏了善心，缺乏了慈悲心，这个家庭不幸福。

第三条是人际和谐。人与人之间的关系需要深层的沟通，需要平等的互助。

第四条是社会和睦。只有社会和睦各得其所，才能够相安无事。各行各业做各行各业自己的事情，人走人的路，车走车的路，这样才能够把整个社会向一个有序的方向发展，才不会发生问题。

第五条是人生和美。人生和美就是彼此之间能够互相欣赏，能够多一点尊重、包容。

第六条是世界和平。如果能够复兴每一个城市、每一个国家的爱心与和谐，这样的话，推而广之，整个世界都会和平，因为整个世界彼此之间都息息相关。将心比心，与民为善，化怨为友，在这个时候可能就特别的重要。

过去我们常说一句话叫"百善孝为先"。孝道在家里就是孝敬父母，这是非常重要的。如果有了这一点以后，人有了这份善心，这份善心再去扩大，再去增长，再去普及，把整个人善的心释放，那么这个社会就能够越来越充满爱。

陈： 学诚大师描绘了一幅特别理想的图景。我们当前很急切地关心幸福感的问题，所以它也是当下谈论最多的一个话题。无论是城市的问题、乡村的问题，其实我们探讨的都是当代人的一种生存方式，它关系到生活质量的问题。大师刚才讲的是一种和谐共生的图景，这也是我们传统文化所特别强调的，比如天人之间，人与自然之间，还有人我之间，也就是人与人之间的和谐共生。那么，我们现在的幸福感到底来自何方？目前好多城市有幸福感排名，成都、杭州都排到前面，我所居住的北京一直不在前列。这说明国人都非常急切地想知道幸福感来自何方。

许： 什么是幸福？幸福指数说明了什么？"元芳，你幸福吗？"在我看来，这些问题的提出就是因为人们感到自己并不幸福。其实特别是大城市集中的东部地区、沿海地区，那里的人们虽然还有弱势群体，但多数很富足，晋江人不再顿顿吃番薯饭，山东人也不必再逃荒，各种精美的食品、海鲜，经常是饭桌上的家常菜。可是全国各地都提出来幸福问题，就说明大家感到自己并不幸福。这个问题的产生正来自中国优秀传统文化的重新兴起，因为在中国人的心里，有钱未必能幸福。

大约在80年代的中期，费孝通先生在接受一位美国记者采访的时候说，中国的工业化要走自己的路，我们乡镇企业就是农民的创造，走这条路中国一定能成功，一定能富足起来。然后他突然话锋一转，说，其实我希望我的生活是和谐的、富裕的农村生活，但是我知道这是不可能的。这篇访问记刊载在《费孝通文集》里。费孝通提到他理想的生活是那样的生活，这是什么意思？与今天的人追寻自己的幸福是一回事。在中国人看来，生活安定、安全、温馨，有自己思维的空间，有自己和亲戚、朋友、同学坐下来进行交流的闲暇，这是幸福。

这个幸福不是乌托邦，是可以做到的。怎么做到呢？就是学诚法师刚才所说的，我们对物质的欲望应该适度，应该同时也追寻精神的生活。其实克制住自己的贪欲本身就已经有了自己的精神，但是还应该明确地知道人类当中的任何一个人都离不开他人，离不开自己所处的社会。在经济全球化的情况下，任何一个国家都与它自己能感觉到的和不能感觉到的那些国家有着生死攸关的关系，而中国人早在春秋时期就已经认识到这一点。

因此，当时的圣贤就提出来，应该如何处理人与人的关系，这个地区和那个地区的关系，现在和未来的关系，人和大自然的关系——也就是天人关系，以及肉体和心灵的关系。当这几种关系处在一种符合规律而和谐的情况下，刚才我所描绘的场景就出现了，人就很幸福。

不久前，我在纽约联合国总部举办的尼山论坛的讲演中，介绍了中国人的价值观和信仰，其中也描述了中国人心中理想的生活，包括家庭的生活乃至世界生活。然后我说，也许有的人会认为我所说的是个乌托邦，的确在人类历史上从来没出现过这种场景，但是人类能延续到现在，能不断地进步，就是因为有一个乌托邦在那里支撑着自己、鼓舞着自己，一代代在追求。《礼记》中的"大道之行也，天下为公"一段，就描绘了这种乌托邦生活的情景。

而在西方，柏拉图写过《理想国》，在近代的西方，在马克思主义出现之前就有过乌托邦的理想，并且在美国和欧洲做了实践。在乌托邦思想下所建立的社区和学习所培养的人，现在还有人在世。所以人类对理想的追求始终不懈。对于一批只求满足自己的私欲而欺骗、压榨、欺凌弱势的人，这种追求理想的力量起到制约他们的作用，这样可以达到一种相对的平衡。有的时候邪恶占上风，有的时候正义占上风。但最后，从历史长河看，还是邪不压正，所以人类才走到今天，我们才可以上天入地，可以不再穿麻布片的衣服，盖起有空调的楼房，而不至于来了疾病就大批大批地死掉。所以我坚持这种信仰。作为我个人，我可以描述一下我理想的幸福生活。

第一，衣食不愁。第二，略有结余。第三，整天生活在愉快、欢乐之中。第四，睡觉不怕鬼叫门。第五，在我从容的不愁衣食的基础上，我能够拿结余去接济比我更需要的人。最后，我还有时间读圣贤书，思考当代的问题，能为社会贡献智慧，再交几个像学诚大师一样的朋友，大家能够闲暇之中，经常坐下来静静地交流。在这种静静交流之中，在讨论的时候，碰撞出火花。自己的智慧和道德又得到了提升，于是体会到了孔夫子所说，大家都说俗了的话，"有朋自远方来，不亦乐乎"。"乐"就是愉快，而且是大家一起乐。这就是幸福。

陈：那您已经达到了您理想中的境界了吗？

许：没呢。因为我生活中并不从容，一件事赶一件事。今天这个时代是一个节奏非常快、非常浮躁的社会。但我想为后人努力创造这样一个环境，让他们过得很紧凑，而又适当地从容和闲暇。

　　陈：让我们为您这一份坦诚鼓掌。

　　许：你的幸福观是什么？

　　陈：您要是离幸福感还有 5 公里，我可能还有 100 公里。我对您刚才说的那一番话感触特别深，您说到中国人的血脉当中对幸福的追求来源于对善的追求，对一份人心温暖的追求。对我来说，我也始终在路上去努力发现真正中国人的内心状态和人生，因为我的节目就叫《冷暖人生》。

　　在普通的中国老百姓身上，有非常多的、源自于血脉的很温暖的东西，我们自己会时常有这样的发现和感动，这也让我觉得无论是爱心城市的评选，或者是一个冠上爱心名称的活动，都是一份真实的存在，不光是一句口号。因为我们在非常真实的普普通通的人物身上，在日常生活那种自然的状态中，看到一种自觉的坚持。所以每一次这样的发现，对我来说都是非常幸福的体验。因为你会突然觉得，即便我们平常是居住在水泥丛林当中，人和人之间住得很近但是内心很远，可是每个人内心的角落里还有一份特别原生的温暖，一种很高贵的东西存在于那里。这也许是我们这个民族源远流长的一种传统，是它赋予每个人生来就有的基因。所以我们特别希望能把这个基因找出来，然后再重新展示给大家，告诉大家，我们都是有这样一份基因的，就像今天这样的活动一样，也许我们能把它发扬得更大一点。

　　请问学诚大师，在佛学的概念当中，人的这一份幸福是来源于什么呢？

　　学：我觉得一个人能够做到没有痛苦，有快乐、有欢喜，就是幸福。现在的人有快乐的，但是他不欢喜。

　　陈：快乐和欢喜不是一个概念？

　　学：不一样。比如说好看的、好听的、好玩的，但是看了，不一定就能够欢喜。这也有可能是一种习惯，真正能够让我们欢喜，并且能够快乐的，是你自发就喜欢做的事，并且这个事是能让你觉得有意义的。某个事情有意义，但不太喜欢做，只是不得不做，那就不会欢喜。在现实生活当中有种种的不如意的地方。小孩子能够上一个好的学校读书，并且书包不要太重，这样不会愁眉苦脸；当他大学毕业之后，能够找到工作，并且能够找到一份比较满意的工作——一份跟他自己学的专业有关的不错的工作，然后通过自己的努力，能够买得起房子，生病的时候能够吃到药，不会吃到假药；老的时候能够有人照顾。我觉得这是能够比较幸福的一些最基本的条件。当然可能有些人内心就充实一点，对于外在条件的要求不需要那么多、那么高。有些人内心就不够充实，心的历练不足，可能对外界的需求，就更多一点。调整好了的话，我们内心的世界和外在的需求能够达到一个平衡，处在一个和谐的状态，这样我们可能就会越来越幸福。如果一个方面高、一个方面低，我们都会幸福不起来。法国物理学家贝克曾经说过，我们文化的灾难是它的物质发展超过了心神的发展。我们过高地估计了文化的成就，而不是在思考新文化的重要性，我觉得如果我们只有物质发展，人跟人越来越不思善，可能越来越痛苦。那么，如果反过来的话，整个人就会得到快乐。

陈：自由这两个字也很重要。

学：内心的自由超越了重重的痛苦，种种的灾难，内心才会有快乐，内心具有非常丰富的显见的空间。

陈：快乐和欢喜，我们要去体会一下这两者之间的差异。

许：容许我插一句话，关于这个差异，现场的嘉宾都会有体会。比如晚上空闲了，几个人出去唱个歌，玩得很开心，这是快乐。什么是欢喜呢？欢喜是一个佛教的语言，那就是自己做了对人类、对他人有益的事情，从心里满足。大家想想，汶川大地震，揪心揪肺，鞭长莫及。但是我们不能都去汶川亲手去救埋在废墟里的人，可是不用号召，大家拿出钱来，送到民政局或者单位捐款箱里，或者买东西寄去。当做完这个事情的时候，感到心里安定了，总算尽了自己的力量，这种感觉就是欢喜，就是幸福。我们很多企业家、那么多慈善企业家，拿出上亿的钱来救助贫困者，我相信他们的感觉是，自己的账上少了一个亿，但是那种欢喜超过了给我账上增加十个亿，那是更深层地对自己善良心灵的满足。我想这是容易区别的。

陈：可能欢喜是不竭的，而快乐是有一个尽头的。

许：这是用佛教的思想来思考这种区别。在我们世俗里，两者还是差不多的。《论语》有一段孔子的话，我估计是在他去世前不久，回顾总结了自己一生的时候说的，他说："吾十有五而志于学，三十而立，四十而不惑，五十而知天命，六十而耳顺，七十而从心所欲不逾矩。"什么叫"从心所欲"，就是想干什么就干什么，不必通过脑子，成为一种自然。也就是刚才学诚法师说的，我很自由，我想做什么就做什么，但是做的过程中都符合社会发展的规律，符合伦理的道德，都符合作为一个人应该做的，这就是自由了。而不是做什么事情都瞻前顾后，考虑这、考虑那，想想那样做是不是自由的……都不用想就去做。

陈：人生的智慧真的是需要不断地修行。我还想问许先生一个问题，城市建设包括城市文化氛围方面的建设，一个城市真正的吸引力不一定在于它的规模和 GDP 指数，而在于它的个性和魅力，这就是说在于它的文化特点和内涵，它的生命力也在这里。有人说现在看到很多的城市发生了很大改变，但彼此面孔非常像，我不知道您怎么看待这个问题。我们应该走出什么样的路，能够保证每个城市有属于它自己的一份生命力，有它自己的灵魂？

许：你出了一个很大的难题。它包括两个问题：一个是城市建设的问题，即城市建筑问题；一个是城市人心的建设问题。

先说第一个问题。什么是建筑？建筑是凝固的音乐，音乐是流动的建筑。我们谈到音乐的时候，往往并不是指流行歌曲，而是指人类音乐的经典。那种让人感到美好、宁静、奋发的音乐。建筑师在设计一个建筑的时候，他头脑里应该是有艺术的，在他脑海里会有这个建筑的外形和内部的结构以及装潢，它们的整体和细节是有民族性的，有底蕴的。这样的建筑是艺术品，没有这个，只是根据业主的要求，根据造价，根据建筑周期，就设计了，追求我个人的新奇，或一味地模仿，这样的建筑就好比是一只鸟搭起一个窝来，并不是一件艺术品。中国传统建筑在世界上是很重要的一个流派。世界的建筑师都会学习中国的经验，分析中国的建筑。世界上有一个至今没有解决的建筑学问题——中外的建筑师们、建筑学家都在思考、研究的一个问题，那就是中国的建筑，从半坡村一直到明故宫，为什么始终是土木建筑，而西方的宫殿为什么都是石头的建筑？中国并不缺乏石头，欧洲也并不缺乏土壤和木头，为什么会有这种差别？这个问题是西方建筑学家提出来的，说明人家在研究我们。可是我们在改革开放后，由于觉得自己落后，就觉得纽约一切都是好的，于是至少 200 个城市都已经变成了小纽约。而且我到这些城市以后，当地人很自豪地说，"看，我们这像不像小纽约"，把中华文化丢了。当然我并不是说中国的城市都要琉璃瓦顶，红墙雕梁。从现在的城市建设而言，要让每一个城市有自己的个性和自己的特色，那应该既以中国文化的风格为主，又吸收外国的好东西，比如不妨也有哥特式的建筑，但是这样既多元又有主体美的中国城市，那恐怕要等到 22 世纪，这是一个努力的过程。因此我对现在的城市建筑是打负分的。可是这不是人力所能挽回的，或许它就是规律吧。在一个经历过积贫积弱、濒临经济破产的国家，突然有了钱之后，很容易走上这条路，但是重整起来又会很难。然而我相信经过全国人民的文化回归和文化的自觉，在我们培养出更好的建筑师之后，人民会要求我们建筑师走出一条有中国城市特色的建筑风格路线来。

第二个问题，心的建设比物质建设更难。我们现在的建筑实力很强，建一座大楼，从破土到使用，可以不出一年，但是把一个破损的心要挽救回来，或者把一个普通的心提升一大步，没有十年、二十年工夫是不行的。一个城市精神的形成，需要万众一心，充满大爱，这样的城市会让任何人感到一种亲切。生活在其中，晚上可以不关门；在任何的地方丢了东西，几小时之后可以回到自己身边；在马路上跌倒了，几分钟之内就有无数的援手把你送到医院，得到妥善的治疗。要达到这个层面，我估计也需要 100 年。为什么？因为我们自毁长城毁得太久了，毁得也太厉害了。一句话，心里面的建筑，它所需要的时间是从一个人起，推而广之，涉及全家，扩散到周边地区的过程。而从自发到自觉，本就是需要过程，从自觉到自由，还需要一个过程。文化是靠一代代来积累的，但是我们不会因为它需要的时间长，而不去做，今天再不做，那么要达到那种境界的时间还要往后推。我时刻记着小平同志在南巡的时候说的一句话：两个文明要一起抓，相信你们会抓的，要学习新加坡的经验，相信你们会建得比新加坡还好。如果我们精神文明不注意抓，那么我们多年辛苦积累的成果可以毁于一旦。小平同志的预言在相当的程度上已经成为现实。毁很容易，建很难。所以，之所以提出创建爱心城市，也是因为意识到它的长期性、复杂性、艰难性，于是我们尽一己之力，锲而不舍，为那个理想境界的最终到来出一份力。

陈：谢谢您。我觉得现在很多个城市都在为这样的生活状态做着努力。请问学诚法师，您怎么看一个城市它的灵魂和我们内心世界的关系？一个城市的文化特质和精神特质应该是什么样的？

学：城市的发展是为人的生活服务的，是为了让人能够获得幸福。传统的中国建筑，人一走进去，能够让心静下来。而进那些超市，它又让你心能动起来。还有更多的一些建筑人看到以后，内心当中会很生气，因为它很粗糙，比如那些露在外面的水泥管等。再进一步来说，我觉得一个城市的建筑，应该符合当地的人文气氛和自然景观。比如南北的城市肯定要不一样，因为气候不一样，这个城市天然有什么树、有什么花，有什么鸟，就应该种什么树，栽什么花，有什么鸟。这些都体现城市的风格。在一个城市里边，有各种各样的人，他们的需求不一样，怎么处理好不同的形式跟风格就是一个问题。同时他们在这个城市里边，如何为这个城市服务、奉献、努力？因此，如何来调动整个城市里头的居住的人为这个城市服务，也很重要。此外还要同时符合文化、符合绿色、符合低碳。我觉得城市应该要有这种机能，就是市民的自立应该比较好，所以这个城市人的素质培养就非常重要，让市民有想象力、创造力和很好的行动力。

陈：谢谢您。一个城市只有在它的硬件和软件的建设当中，都能让人有一种根的感觉时，我们才真的能把这个城市当作一个寄托自己希望的家园。

互动环节

问：我有两个问题想问一下许嘉璐老师。第一个问题，我们上学的时候，黑板上会有"好好学习，天天向上"八个大字，但是我去台湾时会发现他们的小学和初中都是"仁义礼智信、温良恭俭让"，这一个细节能不能体现两地在传统价值观教育上的不同。第二个问题是，您认为传统价值观的缺失，咱们的学校教育应不应该负责任？谢谢！

许：谢谢你。你提的问题集中在后半段，为什么？因为大陆小学里的"好好学习，天天向上"，和台湾国小的"仁义礼智信、温良恭俭让"的差异不太能说明问题。我倒认为毛主席题词让小孩子"好好学习，天天向上"更适合孩子，因为孩子人人能懂这句话的意思，而台湾讲"仁义礼智信"是在蒋介石先生当政的时候，他当时要发起新的生活运动，恢复、强化儒家传统。实际上要把"仁义礼智信"的每一个字讲清楚，恐怕出一本书都不够，而且也很难用语言真正讲清楚。这样，印到小孩子脑子里的只是口号。

而你后面提的问题是有道理的，那就是台湾在保留中华的传统这上面——我说的传统不是古书，不是兵马俑，不是故宫的建筑，而是在日常生活当中，以中国传统文化作为一个指引，这一点要比我们做得好。其实两岸不管是什么党执政，它所追求的都是要国家的统一、周边的和平和中国人过上好日子，让中国人能挺起脊梁来做中国人、过中国人的生活。在海峡两岸目前的形势下，我相信随着我们文化交流频繁、深化，大家会找到一条共同的振兴中华文化道路。

问：您好许先生。我想问您一个问题，现在在城市当中有一部分人是特别需要关注的，比如一些空巢老人和留守儿童，您觉得我们应该做哪些方面的努力和引导呢？谢谢！

许：空巢问题是相当普遍的现象，而且越来越多。这个问题归根结底是社会发展造成的。对于这些空巢的老人，我想首先是子女应该尽到他们自己的孝道，同时城市、社区也能关照到，既不要儿女走了，没人照顾，老人健康、衣食起居，乃至他的安全感得不到保障，也不能百分之百地由社会来承担，因为家庭有家庭的责任。要有一个分工，或者是分担。如何衔接这个体制和机制需要我们探讨。我参观过晋江某个村子的社区敬老院，当地老人家觉得孩子们白天都出去工作了，晚上很晚才回来，不想麻烦子女，所以愿意住到敬老院，村里很欢迎，并且一切负担由村里承担。这个村子为了 144 名老人，每年要付出 160 多万元。他们能做到这一点是有自身条件的，这个村子的集体经济和个体企业都发展得非常好。即使这样，我相信村里老人的儿女也会经常关照他的父母。这是一种衔接的方式，还有没有别的方式？比如在经济不发达地区怎么办？这个问题的确应该提到日程上来。老人家在他风华正茂的时候，把他全部的精力献给了这块土地，献给了这个国家。当他失去了劳动能力以后，失去了自我照顾能力以后，社会自然应该给他同样的关怀。我们家就是一个空巢家庭，在我身体条件好的时候，我自己就解决了，但是在我腰椎间盘突出以后，我的老伴身体又不太好，这时我突出感觉家里需要有一个人，我就把女儿从外面叫回来了。孩子很孝顺，说让回来就回来了。虽然她的收入从山顶上一下跌到山底，但她愿意这样。所以我想将心比心，将家比家，儿女也应该尽他的一份心。这并不是要减轻城市和国家的责任，而是父母除了生活起居的照顾，还是希望孩子多回家看看。

问：请问学诚法师，您认为中国文化的传承现在面临的困境是什么？人们如何在追求物质生活的富足和精神享受上去平衡呢？谢谢！

学：我们首先面临的是西方文化的冲击，其次是物欲文化的冲击，另外是科技文化的冲击。

科技文化的背后是技术性思维，我们天天用电脑，然后我们人的头脑慢慢就跟电脑合拍了。

这个时代要发展经济，所以刺激消费、鼓励消费，导致人的物欲都在膨胀。

西方的文化是个人主义的文化。我们传统的文化是集体主义的文化，"老吾老以及人之老，幼吾幼以及人之幼"，天下大同等。这些传统文化的价值理念在这个时代已经面临非常严峻的挑战。如何来平衡呢？我们正处在一个发展的过程当中，这种传统文化能够发挥作用。传统文化不仅仅是一个简单的、机械的口号，也不仅仅是一堆古籍，如果是一堆古籍，找一个懂古籍的人，让他自己去研究就可以了。如何要让这些传统文化的精神能够同现代社会的发展相结合，也就是让传统文化的精神能够复活，这是比较重要的。西方文化的优势来自于近代以来的大融合大发展。我觉得现在我们有类似非常好的时机。儒释道是中国传统文化的三大支柱，需要去培养很多这方面的人才，这些人才不仅仅是能把握传统文化精髓，同时能够结合时代的需求摸准时代发展的脉搏，并且掌握现代科技，这样我们的传统文化才能到西方社会里去，让全球更多地了解到我们传统文化的价值，贡献给这个世界。

陈：再次感谢二位在这里给我们呈现的对很多问题深邃的思考。世界面临非常多的矛盾，无论是城市的发展还是内心的发展都面临非常多的矛盾。在我们向前加速奔跑去解决这些矛盾的时候，不妨停一下，回头看一看，在我们的传统当中去找寻一下答案，或许能找到一份更广阔的天地和更为欢喜的世界。再一次谢谢二位。

中华文化与当代世界

加强文明对话 寻找人类共同伦理[※]

举办尼山论坛是因为遍布全世界的道德危机、价值危机越来越紧迫地催促人们应该沉静下来，反思、省悟。这种紧迫性以及对人类未来的严重危害性，越来越具有普遍的性质，因而需要各国学者携手探索在地球上是不是有一种普遍性的伦理？或者说，不同信仰的伦理可不可以相通相融？联合国在2000年就提出要保护文化的多样性和开展不同文明的对话，我们的构思和举措就是为了响应联合国的这项决议。

中国是一个正在积极参与国际事务的负责任的大国。因而在道德危机、价值危机威胁着人类生存的时候，我们应该有所担当。不仅仅是中国政府应该有所担当，中国的社会团体和学者也应该有所担当。二百多年来"欧洲中心论"统治着世界，在进入新的千年以后，新兴国家都应该向世界介绍自己的文化与传统。因为世界的本质、人类文化的本质就是多元的。这不是新兴国家想要在世界上争夺什么地位，而是在争取恢复自己原有的地位和声望。中国作为一个新兴国家，也应该主动地、积极地介绍自己的文化，因为它不仅属于中国人民，而是人类在探索真理的路上所积累的共同财富。

刚才曹卫东教授已经简略地介绍了尼山论坛几年来所举办的情况，我现在想特别强调我们会议的开放性。去年5月21日，在山东尼山脚下举办了"第二届尼山论坛"。从这次会议起，我们会中套会，在尼山论坛的

※ 2013年10月12日在北京尼山世界文明论坛开幕式上的讲话。标题为编者所加。

框架下，又举办了"青年博士论坛"和"文明古国关于文物保护的论坛"等会议。在单数年，我们在世界著名城市例如巴黎、纽约举办小型尼山论坛，不论届次，而是以举办地为标记，学者的对话对一定规模的听众开放，在开放中学者与听众进行互动。

尼山论坛所吸引的不同信仰的人士也是越来越多元。2008 年，当我与朋友们策划举办尼山论坛的时候，只提到了基督教与儒家，但几年办下来，信仰类型实际上早已经远远超过了这个范围。佛教、道教、犹太教、巴哈伊教人士都已经参加了我们的讨论。而在这次的会议上，我们非常高兴地迎来了印度学者参加，我们将和婆罗门教人士进行对话。今天到会的三位印度朋友是我今年春天到印度参拜释迦牟尼的几个著名圣地的时候结识的朋友。一位是玄奘大师到印度留学时所在学校那烂陀大学现任校长，另一位是那烂陀大学中文系主任，还有一位女士，她是印度一个十分著名的研究院的研究员。也许是冥冥中有一种缘分，也许是因为我对释迦牟尼、吠陀的敬仰和崇拜，所以我和他们一见面就感觉像是老朋友，用中国话说就是"一见如故"。我为什么特别介绍他们三位？因为从 2008 年到现在，经过了将近 6 年的时间，婆罗门教的朋友们第一次加入到我们的行列里来。印度是仅次于中国的人口大国，印度文明为人类所作的贡献是巨大的，至今他们仍然在遵循着自己的传统和信仰，他们的加入将为我们尼山论坛锦上添花。

事实证明，不管是哪个民族的信仰观照下的伦理，其核心都是"善"和"爱"。这是来自社会性之人的本能，用中国的话说就是"性"；同时也是来自社会生活的需要，符合大自然的规律和整个生物界的规律。所以，从学理上讲，我们彼此是可以沟通的。几年来的实践，包括在世界各地其他国家所举办的论坛，都证明了这一学理的正确。

世界的现实正朝着两个方向走，这两个方向正在进行激烈的博弈。如果我们超越眼前，回顾轴心时代以来的人类历史，是不是可以说：文化的多样性始终没有被生产的工业化、经济的全球化和高速发展的现代科技所消解，但是它的确处在被挑战、被压迫的境地。在现实存在着多样性，同时又受到各方面挤压的情况下，我们对于他者应该采取承认、尊重、爱护和交往的态度。这样一种态度化为行动，就是对话。对话永远比对抗强。经过各国的学者、宗教家、神学家的探索，经过尼山论坛的探索，生活事实也证明，我们不仅需要对话，而且是可以对话的。

人们称知识分子是"社会的良心",我倒愿意把这句话稍作改动,可不可以说"知识分子中的智者是可以做到社会的先觉与先知的"? 21 世纪以来,从大西洋彼岸到亚洲,从南太平洋到亚寒带,已经有许许多多的智者充当了先觉与先知的角色。在这个过程中,大家积累了丰富的经验,而中国人在这个新的时期也加入了这一行列。北京尼山论坛只是尼山论坛系列的一个部分,我相信这次会议一定能促进我们彼此间更深入地了解,促进我们更深入地思考。我们的声音将通过媒体以及会后所结集出版的论文集,把影响扩大到中国乃至世界上的各个角落。

这里我再附带说一句,这次论坛的主题是"信仰·伦理",而明年 5 月 21 日在山东举行的"第三届尼山论坛"主题是"不同信仰下的人类共同伦理"。二者相互衔接,朋友们可以领会到,我们是想一次论坛比一次论坛更加深入,更加专注。我想,北京尼山论坛,在学者相处的时候,在听众和学者互动的时候,也一定就是在体现人类的共同伦理。

信仰·伦理：来自中国人的视角[※]

今天，我试图回答一下什么是信仰，但我不想采取辞典学的方法给它以精密的界定。对人文社会科学领域里的思想观念进行精密、准确的界定，这是在西方文化主导下，把研究物质世界的方法强加给人文社会科学的做法。换句话说，这是让大象穿上人的鞋子，或者让鸡、鸭穿上运动员的跑鞋，思维方向就是错误的。我曾经在一次学术报告中讲到，今天至少我们中国大陆所出版的各种字典、辞典，都是按照这个思路亦步亦趋地进行编写、出版，这是违背语言本质的。因此，我不对"信仰"做出一个准确、科学的定义。

信仰是人类探索的永恒主题之一，因为信仰是人类的根基，一个人、一个民族，如果没有信仰，就没有灵魂。孟子曾经说："人之所以异于禽兽者，几希。"人和禽兽的很小的差别就在于有没有信仰。没有信仰，也就难以从中派生出价值观、伦理观、审美观等。信仰是出于人类对美的追求，这种美不一定是具像的，也包括对自由的追求和对伦理的考究，二者都具有极高的审美价值；没有了信仰，这一切就都没有，就像人经过无数代祖先好不容易从丛林里走出来，却又让人们退回到禽兽界去。如果真是这样，那么佛陀所说的六道轮回就得到了验证。今天我们所做的，就是摆脱这种"轮回"，能让人性，包括伦理，不断盘旋提升。

人类感觉到信仰不在现实之中，甚至不在自己可追求得到的距离之

　　※　2013年10月12日在北京尼山世界文明论坛闭幕式上的讲话。标题为编者所加。

内。换句话说，信仰实际上是超越的。首先，信仰永远要超越自身现有的状况。在这个过程中，人要战胜外部的诱惑和内在的苦闷，永远追求自以为可以达到而实际上却达不到的境界。换言之，对于个体的人来说，信仰永远达不到，但是可以永远追求；如果信仰是可以达到的，当达到的那一天，人也就失去了前进的目标。人类总是需要终极关怀的，不同信仰给终极关怀提供了不同答案。中华民族把终极关怀寄托在自己的有生之年不断提升信仰的品质和个人的修养水平，达到力所能及的最高点，而不是天国和彼岸。信仰永远要靠理性和智慧，这里所说的智慧并不等于"知"；如康德所说，有了知性之后所获得的"知"才是智慧。成中英先生在他的讲演中指出，人可以"知而行"，也可以"行而知"，智慧的得来永远要靠实践的验证和内心的体验，正如佛家所说的要获得正知、正见，最后才能达到般若的境界。为了达到这一点，就要永远坚守信仰，这就需要毅力、自省和自谦。

信仰与各民族生存发展的环境、文化及历史相关，众多民族和部落所处的地理环境、人文环境、生产方式都是不同的，因而形成的信仰必然是多元的。要求人类或者本民族、本国家只有唯一的信仰，那是愚蠢的，也是永远不可能的。不同的信仰产生了不同的价值观和伦理观，这是一个从内到外、从上到下的过程。信仰永远是内在的，这种"内在"要靠人的行与言来"外现"，人的行与言就赤裸裸地暴露了自己的价值观和伦理观。从西方哲学的角度看，伦理学处于哲学研究范围的下位，因而可以说从信仰到伦理又是从上至下的过程。一种高级的信仰，应该是从社会生活和个体生活体验中提炼出来，通过理性的分析达到形上的境界；之后，又通过伦理这个中介反馈给生活，指导生活。

信仰是一种历史现象，因而任何个人或群体的信仰必然要发生演变。一个人从儿童到少年、青年、成年，信仰都是有变化的，好的变化就是不断走向崇高，另一种就是不断摇摆，最不好的是变得沉沦。中华民族是世界上最重视时间观和历史观的民族之一，因而我们在观察自己的文化和伦理道德时，总是带有这种时间观和历史观。会上有的学者提出来，儒家伦理当中有很多弱点。这是不错的。但是，在论述的时候应该区分开原始儒家和后来的儒家——部分儒家学说、理想与各朝执政者为进行统治宣扬的儒家学说之间的差别，还要区分先知先觉者的学说、思想与其普及到最基层民众时所产生的变异。不经过这道功夫就会一叶障目。如果抛开枝节不论，中华民族伦理的核心和最根本的原则就不仅仅适用于中华民族自身，而且足可以供全世界一千多个民族参考对照。但是，信仰有时竟然可以化为某一种价值观和道德标准的外衣。外表是一种崇高的信仰，但是其所思、所行却是和这个外衣相悖的，用中国最通俗的话说就是"挂着羊头卖狗肉"。这种魔术往往可以得手，上当的常常是不更事的、信仰和伦理没有定型的人们。这是值得我们高度警惕的。

信仰有时会在民族和个体的头脑里留下记忆和思维的痕迹，而信仰自身，或者我们可以借用一个词——"本体"——指称它，却被遗忘了。中国古代有一句俗语，"礼失而求诸野"，"野"是针对都市的"都"而言的，"野"是城市之外的农村；中心城市礼崩乐坏，但是在乡下，在穷乡僻壤，城里人所怀念的那些美好的东西仍然存在。正如汉代刘熙在说到一些词语来源时说的一句话："百姓日用而不知。"百姓生活的环境和传统决定了他所做的就是遵循着本民族的伦理与道德的道路，但是他自己却说不出来，这就是历史在他的家族几代人头脑里留下的刻痕，他就很自然地照着做了。学者们的讨论当然是关注当下的，但是多数还是从学理出发。我觉得，我们也应该关注现在依然存在于经济大潮扫荡的废墟下面所蕴藏着的众多民族优秀道德传统的记忆。我们的责任不是去教育人们，不是给人指示，而是用历史的辉煌以及我们的理性唤醒隐藏在广大民众心头的那种善良和坚守。

伦理是在信仰观照下的一种品质和现象，因而伦理并不是信仰或者民族心理的核心，它不过是信仰指导下的处理以下四个关系的准则——人与人的关系、人与自然的关系、人的现在与未来的关系，以及人自身灵与肉的关系。既然伦理是处理这四种关系的基本准则，因此它虽然在哲学的研究范围之内，却又生存于每个人的心里和每个家庭、街区、国家的日常生活中。因此，我有这样一个想法，何时各国的教授们能走出书斋，到社区、中小学去讲述这些看似深奥、其实极其简单的道理。

既然信仰是多元的，那么信仰所观照的伦理是不是多元的呢？答案是肯定的。尼山论坛去年11月在纽约联合国总部举办的时候谈到伦理，今天我们的主题就是"信仰·伦理"，在"信仰""伦理"两个词之间既不用"和"，也不用其他的连接词，用"·"来模糊地表达。明年5月21日，将在山东举行的尼山论坛的主题就明确为"不同信仰下的人类共同伦理"。时至今日，有讨论这个题目的必要了。但是，有没有这个可能？

未
达
集

现在我们就应该回答这个问题。从两天的研讨看，学者们承认不同的伦理之间是有差异的，但是也有共性。傅有德先生今天的讲演直切了这个主题。为什么会有共性？在《摩西十诫》和《古兰经》里记述的七条戒律中，在儒家的谆谆教导中，在中国佛教从印度学来四分律之后所慢慢形成的佛家十戒、五十戒、二百五十戒中，最基本的戒律都是相同的。这些最基本的伦理虽然是以戒律的方式出现，似乎是一种他律，但不同信仰要求的却是自律，是自己执著地向善。这些都发自人的本能，是人类正常生存发展之所需。不要轻看了这些戒律，这是人类在无数的年代里，在和自然、禽兽、他人之间进行搏斗、适应、共处过程中，一点一点总结出来的。我们对这些共同点要敬畏、珍惜，要由此而对古人感恩。既然伦理有彼此相同或相近的内容，那么它们就应该并可以成为尼山论坛不同文明对话的内容。

我们的目的不是求同，小人才"同而不和"，我们求的是"和而不同"。要达到这个目标，就要了解、理解、尊重和包容他者。说到"他者"，自然就先有个"自我"，"我"和"他"又有对立之嫌，我们可以改为"你"，这就是一种对话、一种平等。

但是，当我们进一步深入讨论伦理的时候，特别是注意到伦理之间有分歧、差异的时候，就不可能不碰到伦理背后的信仰。例如傅有德先生所说的，《摩西十诫》第一条规定的是只信仰崇拜 God。一神教天然带来排他性。当神成为"唯一"的时候，就拒斥了"二"，因为有了"二"就不是"唯一"了。这一点自然会衍生、辐射到伦理的问题上。具体如何解决？我想会从我们历届论坛上发出的这样的声音，正如山东大学儒学高等研究院孟教授所说的，所有的文明都应该与时俱进。事实上历史就是这么走过来的。在《四吠陀》、《奥义书》之后，印度婆罗门教的经典，虽然经过战乱丧失了很多，但是口传和文传下来的依然是浩如烟海。中国儒家的经典也一样。而基督教的文献，特别是在由中世纪起，也就是和希腊罗马哲学结合之后所产生的神学著作，很难说出总数字有多少。曾经有人说过，世界上没有一个神学家敢说把圣·奥古斯丁的书都读完了，而圣·奥古斯丁和阿奎那不过是两个伟大的神学家而已。这么多的文献怎样才能与时俱进？回头看看每个民族的先圣先哲，他们在传承古老信仰的时候都用了诠释的方法，每次诠释的结果其实都不是它的原样了，实际上是发展了原有的经典。例如大家都熟悉的宋明理学，其中很多东西其实已经不是原始儒家的了。当然，对原始儒家算到哪里，是有不同意见的。方东美先生切到了荀子，而我个人只承认孔孟，到荀子已经变异了。这里最年轻的同学也都知道宋儒提出的"存天理，灭人欲"，而孔夫子说的则是"克己复礼"。一个是克制那种超过生活所需的欲望，一个是"灭"，一字之差，这就是孔夫子和程朱的差异。生活在今天的我们要消化历代先圣、先哲的创造，但是今天我们面对的是无情的经济、物欲大潮，如果我们不创造、不发展我们所需要的信仰和伦理，就无法抵御，儒学的命运就是消亡。我想，其他民族也会是如此。

当前的问题是，有的文化已经背离了自己信仰的核心，已经异化了古初建立那种信仰的初衷，因而当今的经济危机、社会危机的背后，其实隐藏着的是文化的危机。刚才刘长乐先生提出来的就是当今信仰的危机。在这里，文化危机、信仰危机是同义词。例如在经济领域里的垄断，它可能造成一时的经济高速发展，但其本意就是少数人支配一切；它可以对自己和自己的员工，甚至对自己本国的人民慷慨，但是这种慷慨却是建立在对他人、对别的企业和别的民族不慷慨的基础上的。再比如，中国现在很多人强调法治，如果过分强调法治而不注意伦理，这样就把道德的自律排除了。不久前，美国哈佛大学的福克森教授说到，近些年来东西方国家所进行的法治建设越来越成为累赘，丢掉了伦理，只背着法治走。法律越来越细密，就像微软的软件一样，功能越多，漏洞越多，补了旧漏洞出新漏洞，补了新漏洞又出新新漏洞，一直到难以回头。提倡伦理，不是社会的唯一药方，它实际上是提倡人人自律、人人向善，但是如果没有了伦理，也就谈不上真正地拯救人类。

在中国，谈到伦理道德的时候，离不开各位教授谈到的"仁"的价值。"仁"包含着平等的观念，但是，孔夫子教书还要交束脩；鲁公可以钟鸣鼎食，但也有人成为饿殍……这样怎么会平等？实际上，孔夫子创建的儒学，主张的是人人在信仰与伦理面前平等。但这是不够的，所以到了战国末期在社会层面上就出现了秦王只给贵族物质享受而不让其掌权、擢升客卿和平民为丞相、郡长和县令的事。秦亡后六国反弹、楚汉相争，以至汉高祖刘邦建国之初大封功臣、随即又收回权力，最后巩固了郡县制；再到汉代推行人才选举制，后来演变成了门阀制度，最后其实也是贵族制的另一种形式的复辟。经过南北朝的动荡颠覆，才酝酿出了隋代比较全面而细致的科举制度。但隋享祚过短，之后又是短暂的战乱。李渊建立了大唐帝国，到李世民"玄武门之变"接权之后，完善了科举，这一制度一直沿用到 20 世纪初。科举制度在仕途方面给了每个人一个相对平等的机会，只要用功读书就可以参加考试，考中就可以得一官半职，在官职上努力就可以获得提升。但是，这仍然是官家贵族的孩子机会更多。在农耕社会，生活资料匮乏，大多数人无法享受教育，难以提出真正的平等。然而，当时这在世界上就是先进的。大英帝国直到 17 世纪初还是贵族统治，他们从荷兰人那里知道东方有一个国家实行遴选精英的制度，经过了解、模仿、研究，才建立了英国文官制度。实际上，全世界实行的文官制度的祖源地就是中国。现在西方说，到我这里来，人人平等、人人有机会，请问：一个非洲农民的后裔还在街头做着体力劳动的时候，他能竞选总统吗？如此看来，美国的制度跟唐代差不多，还停留在中国 7 世纪的水平，没有先进到 21 世纪。这是它的弱点，但我们今天也有弱点。既然如此复杂，就应该通过对话增进了解，使他们了解"仁"的本质，我们也了解他们信仰的本质。

"仁"就是推己及人、爱人，"亲亲而仁民"，"仁民而爱物"。在战国时期，儒家已经把"爱"和"仁"超越人类、推及天下万物；到了宋代，张载正式提出"民胞物与"——天下所有人都是自己的同胞，天下所有物都是自己的朋友，这就充实和完善了中国"天人合一"的观念。

关于伦理问题，我们再讨论十次也救不了世界。因为这个世界太污浊、太颠倒是非了。但是，作为长乐先生所说的"士人"，我们必须知其不可而为之，我们坚信这是追求共同伦理的第一步。

曾经有人跟我说，追求共同信仰、共同伦理是乌托邦。我承认这是乌托邦。但是，从柏拉图的《理想国》到一个多世纪之前西方出现"空想社会主义"，不是偶然的，它实际上也是一种信仰、一种追求。正是历代人们坚持这种追求才平衡了世界。我们的呼声、我们的探讨，是这个杂乱的、不平衡的世界的一个制衡器。换句话说，我们是天平的一端，如果这一端上没有任何声音、没有任何分量，这个天平就会倾斜了。

我们应该向高僧、高道和传教士学习，知其不可为而为之。传教士在宗教体验中可能在脑海里出现主或圣母乃至天国的形象，然而他并没有亲眼看到，可是他坚信，于是离乡背井，跋涉万里到非洲、南太平洋、中国最穷的地方布道，甚至身死异乡。历代的高僧高道舍身求法，就是因为有坚定的信仰，即使没有看到他信仰的东西也能坚守。我们所追求的世界大同、太平世界，所追求的全人类有着共同的高尚伦理，那一天什么样子，我们今天也看不到。既然传教士们能舍我传道，我们作为士人，难道不可以走这条路吗？我的结论就是让我们和我们的学生、后代都来做这项社会制衡、追求美好的事业，坚持下去，永远坚持下去。

危机，期盼，伦理，责任：构建人类共同新伦理[※]

　　当前，人类陷入了从来没有遇到过的如此广泛而深刻的危机，地球上的每个地区和国家几乎都无法幸免，所有的人都将是危机的牺牲品。这一危机已经为越来越多的人所知，引起了越来越广泛的忧虑，因此往往不需要罗列所呈现出的种种外在形态，"危机"一词即可引起几乎所有人的丰富联想和强烈共鸣。

　　各国的智者、技术专家、经济学家，多年来为缓解和消除这些危机提出过无数的建议、计划、技术和模型。但是，就在人们焦虑、呼吁，希望挽救人类文明、找到光明前途的同时，造成危机的种种恶行和劣迹并没有丝毫收敛和消减的迹象，甚至可以认为，从进入新的世纪以来，情况更为严重了。

　　危机根本性的原因在哪里？主要不在于技术发明，不在于管理模式，不在于技术创新（虽然这些举措都是很重要的），也不在于种种协议仅仅停留在口头而无实惠上，而在于无法制止道德和价值的扭曲，在于忽视了伦理道德的重要性。联合国教科文组织的《章程》指出了问题的实质："战争起源于人之思想，故务需于人之思想中筑起保卫和平的屏障。"我想，这里的"战争"一词，指的是人类危机在层层积累之后最终爆发的极端形式；"人之思想"之所指，美国过程哲学家，密歇根伟谷的斯蒂芬·劳尔的一段话，可以被视为一种较好的解读，他说："现代性最糟糕的部分，是沉溺于物质主义的一己私利的'道德疾病'、对'消费主义'的

　　※　2014年5月21日在第三届尼山世界文明论坛上的演讲。

过度迷恋、导致意识形态僵局的不成熟地将凡事都绝对化的倾向。”“最大的问题是高分贝地讴歌物质生活而贬低精神生活，贬低我们的人性。”

如何“筑起保卫和平的屏障”？怎样医治已经侵蚀了全球的“疾病”？正如近些年在世界各地已经出现的、许多学者所指出的，各个民族正在回归古老的传统，重新回忆和温习轴心时代伟人们的教诲，反思民族的既往，认清民族、群体和自身所处的位置，思考建立现代的不同信仰下的共同道德规范。这恐怕是目前我们能找到的唯一药方。日本哲学家山胁直司（Nao YAMAHAKI）把这种共同道德规范称为“公共（共同）善/恶伦理学”（《作为21世纪一门综合性跨学科的跨国公共哲学观念》，《第欧根尼 DIOGENES》下，2010）。但是，我们都知道，这一目标的实现，将是长期的、艰难的，因为需要全世界形成广泛的共识，尤其需要不同信仰、不同政治体制下的决策者们具有相当程度的、超越了信仰、超越了政治的共识，找到异中之同——对人类未来负责，关怀所有人这一共性——发挥出他们特有的影响功能。然而他们中的许多人痴迷过深，其背后常常隐伏着垄断寡头和超级富豪组成的真正决策力量。即使如此，在这一过程中人们的焦虑、呼吁和抗议，并非毫无成效，尤其是各国智者的声音，将会产生巨大的影响，最终形成数十亿人趋向的大势，因为我们所坚持的，是人类的良知，是社会和历史的规律，是人心之所向。

为此，应该引起不同信仰对伦理重建这一最紧迫、最核心、最易取得共识的问题的重视，形成一个面向当下、面向世界、面向未来，寻求不同信仰下的伦理之“同”的遍及五大洲的潮流。

就信仰而言，国与国之间，民族与民族之间，人与人之间可以有着巨大的差异。如果着眼于不同信仰的基点/基要，彼此间还可能是对立的，例如有神论之于无神论，一神信仰之于多神信仰，天启神论之于自然神论。但是，两个多世纪以来人类学、宗教学、历史学和神学已经用丰富的成果告诉我们，即使是对立的双方，彼此也有相通之处，严肃的神学历史学家也已经揭示了从古到今的无数例证。同时，如果追寻到人类童年时的环境和文化背景，信仰之所以出现，“因缘”几乎是相同的，都是要解决初民对死亡的恐惧和由此而生的一系列困惑：宇宙是怎么形成的？“我”是从哪里来的？将走向哪里？“我”是谁？为什么活着？应该怎样活着？这些关于终极性的疑问是几乎所有文明和民族形成信仰与宗教的出发点。

而用后代的哲学术语说，这类问题其实就是宇宙观、社会观和价值观。

信仰是自由的，这种自由是信仰的本质和规律所决定的。因而任何时候、任何人都不能对人们的信仰横加干涉或强逼他人皈依某种信仰，更不应该因为信仰不同，或以信仰为借口而对他者动用野蛮手段。从另一个方面看，不同信仰间应该并可以避免发生冲突，其关键是需要大家认可彼此应该通过对话协商促进相互的了解，寻找共性，消除隔阂和误解。

研究人类危机的种种问题，就需重新思考如何解开人类就终极关怀所存在的困惑，这涉及几乎物质科学、人文科学的所有学科。但是，在寻找危机中的人类出路这样一个极其复杂、艰难的问题时，人文科学有着独特的伟大的职责。诚如俄国当代哲学家尼古拉·奥梅利琴科所说：哲学"可以扮演人类灵魂治疗师的角色"，"是人类救赎的一项条件"（《作为一种治疗的哲学》，《第欧根尼 DIOGENES》，2010）。而当前最为紧迫、最为可行的，是越过信仰的鸿沟，探索各民族的伦理是否具有共同性以及共性之中的个性如何保存，因为"世界越拥挤，规范就变得越必要，这是令人遗憾的事实"（罗素：《回忆录》）。世界的规范，用我们今天的话来说，就是人类的共同伦理。伦理，是在确定信仰后由信仰所派生，用以指导社会行为的规范，是民族和族群长期生产、生活实践经验的总结。不管是通过天启的途径还是以人间圣哲为导师把它形成了戒律或信条，作用是一样的。

伦理的共性是客观存在。既是由于人类的恐惧和困惑是相近的，也是因为"人"无例外地处在复杂的社会关系与自然的关系的交叉点上，因而所有不同信仰的伦理之间天然地存在着相同或相通之处。正是因为伦理的这一特性，所以欧洲的伟大哲学家们，三百多年前已经关注到应该与不同信仰下的伦理进行交流并相容。例如，从莱布尼茨到罗素，都对中国人的伦理称赞有加。罗素曾经到过中国，并且居住了将近一年；而莱布尼茨只是通过与到中国来传教的人士通信，搜集有关中国的材料（这些材料主要也是传教士带回欧洲的）来了解中国，而且他知道中国人的信仰和欧洲人、和他的同胞有着极大的差异，例如对"善"和"神"的理解（《中国新事》）。他之注意并欣赏中国伦理，恐怕和他的"单子论"有着不可割断的关系。很可惜，后来黑格尔完全抛开了莱布尼茨的观点；从这点来说，罗素则又正确地抛弃了黑格尔的欧洲中心论，替欧洲发现了中国。这两件事不能不令人深思：四百年前和将近一百年前的两位哲人，能够提出不同信仰下的人民在伦理方面可以相互了解、相互学习，难道不是因为他们站在时代前沿，基于自己的哲学理念，为了人类的和睦与社会的幸福、进步，因而把目光转向东方，胸怀和胆略远远超过了他们那个时代的许许多多政治家和政治学者吗？

伦理，除了不同民族和族群之间的相同或相通，亦即存在共性，当然还有着各自的特性，彼我之间不但内涵、外延有所差异，而且对社会成员约束的程度、伦理的传承渠道和方法、在历史长河中演变的情况等方面也都有很大不同。但是各自的特性并不会阻碍我们寻求共性以形成现代的共同伦理。

各个民族伦理有着同类型的源头：一个是宗教或信仰，一个是在宗教和环境双重影响和制约下所形成的习惯和风俗。这两个源头出现的时间有先后，但是对伦理的影响却是难分伯仲的。伦理，无论是神启的还是自为的，无论是自律的还是他律的，也无论是成文的还是不成文的，其原始和终极的指向都是为了协调身心关系、人的社会关系、人和自然的关系，目的是使自己和其他社会成员生活稳定、安全和幸福，使种族可以延续下去——这是人类的宿命。既然终极源头相近，不同宗教和信仰的伦理中存在共性这个道理，当然是自明的。

试看亚斯贝尔斯所说的"轴心时代"的几位伟人对当时人们的劝说，都没有离开"善"和"爱"，只是在不同的思想体系中用了不同的词语。例如在孔子那里更多的是用"仁"（Ren），而佛陀用的是"慈悲"（Ci-bei）。按照中国人的理念，我们的爱和善应该并可以广延到天地万物，而天地万物中也包含着对人类的爱和善（在这点上，与莱布尼茨、释迦牟尼很相近），于是中国人的伦理系统和网络就形成了。用这个道理去观照希伯来文化中的十戒、伊斯兰教的七戒、佛教的五戒和二十五戒、儒家的"礼"和对修身的种种提示和要求等等，我们似乎看到的是一些堂兄弟的面孔。

我们所生活的环境，早已和轴心时代有了极大差异，即使和莱布尼茨甚至罗素时代比照，也有了很大不同。我们姑且抛开学术界半个世纪以来围绕着"现代性"、"现代化"和"现代"这些概念的争论，只看看在社会生活中所呈现的"现代"形态和人类所遇到的种种难题，就可以得出这样的结论：现在，人类亟须建立起以平等尊重、和平友爱、共同富裕、保障权利、环境友好等为基础的人类新伦理。这一伦理的最终目的很简单：我幸福，你幸福，他幸福，大家都幸福。还是罗素说得好："如果世界要从目前濒临毁灭的状态脱颖而出，那么新的思考、新的希望、新的自由，以及对自由的新限制是必须要有的。"（《回忆录》）这一"新限制"，就是我们在探求的人类新伦理。

要达到这一目标，首先必须充分认识到文明多元化的客观事实体现了文明的本质。多元，意味着各种文明始终处于平等的地位。即使我们接受"文化多样性"这一概念，也应该给以科学的定义，阐明这个概念将拒斥在多样文化中有一个预设为最优秀者凌驾于其他文化之上，被山胁直司称为"文化帝国主义"的观念。山胁直司就此还写道："事实上，不是文明，而是忽视文明引起了相互间的冲突。"的确，文明多元化，起码包含着对任何文明都同样重视，彼此平等、承认、尊重、包容（不是带有恩赐色彩的"宽容"），进而了解、理解，从对方那里发现自己之所缺，于是欣赏之，学习之，充实改善自己，因而也丰富了世界。

在这一可能是非常漫长的旅程中，显然地，各国的智者承担着特别沉重的责任，一方面需要用学术的工具、方式、话语和智慧，回答现实所提出的种种难题，并把我们的声音传播开来；另一方面我们需要与各种违背人类持续生存、繁衍、发展所需相悖的"理论"进行博弈。从来未经论证的民族优越论、特定民族中心论，以及三百多年来统治着人类头脑的"不成熟的将凡事都绝对化"（斯蒂芬·劳尔）的思维习惯都是实现真正的正义的障碍。

无须论证，智者之间的对话与合作，对今天的世界有着特别重要的意义。事实上，自上个世纪末，在世界各地，人文社会学家和哲学家、神学家、自然科学家就人类的未来如何摆脱"现代"的噩梦已经举行了许多次对话，引起了全世界越来越广泛的关注。现在，似乎到了应该把这类对话推向更加深入层面的时候了。我设想，今后我们可否相对聚焦于如何建构人类共同新伦理进行对话？这里面核心的问题是：人类共同新伦理包含的内容和标志性概念是什么？我们还可以由此再逐步深入到解答衡量一个国家或地区"进步"、"发达"和一个个体、家庭和族群安全、"幸福"的内容、标准和指数应该是怎样的，怎样测定才是真正科学的。换言之，我们的对话将提供给人们一个另类的思考角度，不再以抽象的自由、人权、民主概念为标记，不再以国家和地区的 GDP，个人、家庭和族群所拥有的财富作为评价的主要的或唯一的标准和指数，至少把社会内外部关系、人和自然环境的关系以及个体的身与心的关系纳入衡量范围，而且这些项目的权重应该远远超过经济方面的指数。当然，不同国家和地区情况不一，标准和指数也相应有所不同。重要的是，在这样一个社会评价标准和指数中，已经包含了人类共同新伦理的主要内容，因为它是根据大自然和人类自身以及社会的本质规律而构建的。

　　我之所以提出这一建议，是因为用财富衡量社会和个人当作主要或唯一标准，是工业革命以后，即"现代化"社会的产物，亦即"现代性"在社会层面的具体显现。我们对启蒙思想、信仰、知识、语言和真理的反思，固然是对造成现实危机的祸根的批判，但是，如果我们给公众提供的只是信仰和伦理的概念、分析和论证，没有可供更多的人可见、可懂、可把握、可参与，并与自己的切实感受一致的公共目标，也就很难动员身受其害的无数人民，当然也就很难影响各国各地区的决策者，从而要刹住人类快速滑向万丈深渊的列车，也更加困难。

　　在构建人类共同新伦理的伟大事业中，中华文化将会扮演重要的角色。这是因为，中国人天人合一的宇宙观、和而不同的社会观、以仁为己任和修身齐家治国平天下的价值观，符合大自然和人类生存发展的规律，正好补充现代性的缺口，改正现代化所带来的荒谬。"尼山论坛"和全中国的学人，都十分愿意为了这一事业贡献自己的知识和力量。

2014 年 5 月 17 日晚

于日读一卷书屋

全球视野下的中华文化：方法论与具体形式※

在全球视野下认识中华文化，归根到底是为了认识中华文化的现状，但是不能只看当下，而应该用现实主义、历史主义以及乐观主义相结合的视角，来看整个的中华文化。这实际是个方法论的问题，我的这次讲座就本着方法论来讲。

现实主义

什么叫现实主义？这里的现实主义与文学艺术理论中的现实主义不太一样，我指的是我们不能回避今天的现实，要勇敢地、客观地、乐观地面对它。

今天，有些人回避现实；有些人带着先验的、预设的结论，再用现实的问题去论证；更多的人对现实和未来不乐观，只看到当下的不顺，就对前途失去信心。如果我们勇敢地、客观地、乐观地来看待现实的话，则会清楚地认识当今的世界。

当下的全球是各种危机的大聚合。频繁的经济危机、社会贫富差距加大等所引发的社会矛盾危机，资源浪费以至枯竭、污染所带来的环境危机，宗教、伦理等失去了魅力所造成的信仰危机。这些危机层层叠加，到一定程度突破了临界点，就会给人类造成巨大的灾难。在全球化的今天，

※　2012 年 12 月 5 日在拉筹伯大学的演讲。标题为编者所加。

有些事情谁都不能逃脱，只是我们是否注意到而已。

比如从雷曼兄弟公司倒闭到次贷危机所引发的美国的金融危机，很快就影响到世界每个角落，至今欧洲的一些国家还在经济悬崖边上挣扎，就连所谓四个金砖国家也不同程度地受到了创伤。再比如，乱砍滥伐热带雨林，把自由寄居在热带雨林深处的、人类所不了解的细菌与病毒释放出来。于是，在有人居住的各大洲，奇奇怪怪的病就发生了。它们之间有没有直接的关联呢？至今没有研究清楚。但是 SARS 的到来，已经打开了迷宫的一扇窗户，让我们看到了里面的一些奥妙。

历史主义

所谓历史主义是说要反思历史上的经历。

我们回想一下人类轴心时代，当时出现了一批伟大的智者，代表人物有四位：印度的释迦牟尼、中国的孔子、希腊的柏拉图和巴勒斯坦的亚伯拉罕。他们那个时代，生产力很原始，人类对于灾荒无能为力。由于生活资料匮乏，各个部落之间就要用武力争夺那仅有的可以维持种族延续的生活资料。生活贫困，医疗条件也很差，大家都在受着病痛的折磨。这一批伟人杰出的地方就在于，面对那样残酷的现实，他们无比的坚韧，而且能够沉下心去深深地思考宇宙和人类的问题，提出了解决问题的办法。他们为了心中的目标，奋斗了一生。总之，他们发现了问题，总结了问题，思考了问题，提出了解决办法，并且身体力行。

从轴心时代到现在，两千多年过去了，文明进步了，物质极大地丰富了。我们现在的生活享受，是古人难以想象的。但是这些伟人为后人所树起的信仰，现在都在普遍淡化。他们所立的道德标准，也在迅速瓦解。人类正在毁灭自己。怎么办？是不是我们无能为力，任凭人类走向悬崖？不应该。我们应该乐观地面对未来。因为人类正在自我觉醒，因为我们的前人给我们留下了丰富的精神遗产。

现在需要人类做的就是改变枯燥的习惯，要学会沉思、冥想，认识到谁也离不开谁，认识到应该合作，以达到五大洲二百多个国家和地区与上千个民族的共同繁荣。首先，应该重温轴心时代那些伟人们的教诲。例如孔子教导我们，君子不应该一味追求吃的东西，也不应该追求好上加好的居住条件。老子告诉我们，君子应该去掉过分的追求，不要什么都想做得

未达集

很大，要求很多。苏格拉底、柏拉图、亚里士多德三位希腊哲人也有应该追求精神而不应该把精力放在追求物质的教诲。

我们也应该反思人类欲望膨胀会产生的后果。现在的人类正是跟古代贤者的教诲背道而行。大家很关心现在的中国，可中国的情况几乎与世界上其他国家一样，是在同步地变化。今天，各国人特别是城市中的人们，所求的已经不是个体的生存和种族延续，而是追求享受时尚的物质和虚荣的外表。

其实，人类的本性并不如此，在中国文化中有"暴殄天物"这个贬义词，意思是大量地、过分地浪费上天赐给人的东西。在亚里士多德的著作中也有告诫人们应该节俭生活的内容。我们应该把这些理性的认识找回来。比如中国古代的圣贤教诲人们要克制自己不应有的欲望，要爱所有的人；人和人之间，人和自然之间的关系应该是和谐的；我们做事情，对待大自然，要依顺大自然本来的样子。而且，在人和大自然的关系方面，他们明确提出，天与人密切相关，是一个整体的不同部分；指出做任何事情都要以人为本，对自己和所有的他者都应该是和谐的，应该尊重他们的不同，保护这些不同，等等。

英国历史学家汤因比说，相对欧洲来说，中国5000年的历史是"超稳定"的。这种统一和稳定的力量就来自中国的文化，并且它无所不在地影响着当代中国的政治、经济和生活。例如，邓小平先生开创了中国一个新的时代。我看过很多中国及国际学者对邓小平先生的研究与评论。我感到遗憾的是，没有一部著作能指出邓小平实行的种种政策的文化根基是中国传统文化。这至少反映了这些学者、评论家们忽视了中国传统文化的作用。他们的这种忽视也是中国全社会忽视自己传统文化的反映。全社会都没有认识到传统文化，忽略并丢弃了它。于是惩罚来了，这就是中国在经济大潮和享乐主义的巨大冲击下，和西方国家一样出现了种种的危机问题。一句话，放眼全球，人性和兽性天天在博弈。

澳大利亚的朋友们，你们在本国的媒体上几乎每天都可以看到，中国时时发生着有悖伦理和正义的事情，但是我在中国每天了解到的却是很多催人泪下的那种英雄主义、人道精神、忘我牺牲的故事。相对来说，中国人对外国的世界了解还不太多，因为我们对美国的枪击案、巴黎圣母院前遍地的垃圾以及塞纳河的污浊没有天天报道；因为我们认识到，我们和各国人民一样，遇到了兽性、欲望、享乐的诱惑和冲击。所以大家遇到的问

全球视野下的中华文化：方法论与具体形式

题是一样的，大家的苦恼和奋斗目标也是一样的。

外国人对中国的误解，我想主要出于以下原因：

第一，媒体的作用。媒体要通过新闻、热点来刺激人的感官。

第二，历史在人的心理上还留有遗痕。我有一次访问智利，智利的议长送给我一个铜盘。回到宾馆打开一看，我笑了。为了表示中国、智利两国友好，铜盘上刻着智利的地图和中国的地图，地图旁各站着一个人隔着大洋握手，而中国那边的人仍然留着辫子，穿着大褂——那是 100 年前中国的服饰。距离遥远的事物是看不清楚的，所以需要交流与相互了解。

刚才在走来的路上，我与贵国的一位校长一直在交谈。他对我谈的内容值得我们各国的成年人、学者和政治家学习。他们学校的学生和中国上海某中学的学生会经常进行互访，每次互访都会在对方的家里住上几天。在这短暂的时间里，这些孩子们一起梳小辫子，一起聊报纸上所说的各种事情。他们彼此成了兄弟姐妹，当分离的时候都互相痛哭。试想，如果我们成年人、学者和政治家能有像孩子们这样的纯真，并用之打破人和人之间种种原因造成的隔膜，那世界将是一个什么样子？

乐观主义

我对未来是乐观的，因为当下的中国自觉了。这种自觉体现在，中国人从上到下、从城市到乡村，都在回归传统，都在重温古代圣贤的教诲，都在向全世界学习。为了向全世界学习，中国有三亿多人在学习英语，同时也在探索未来——在报纸上、互联网上、学术研讨会上关于探索未来的文章是海量的。我们已经学到了一些东西，其中不仅仅包括技术或管理经验。例如中国古代只强调德治，现在我们提的是德治与法治相辅相成——在法律之外，还有道德的约束。这既学习了西方，又有自己的特色。中国文化也有很多可以奉献给世界的内容。这不是要强加给世界，而是供朋友们参考，例如"己所不欲，勿施于人"、"己欲利而利人，己欲达而达人"，以及"和而不同"，等等。

三个层次和五部曲等

我想人类的未来应该从现在开始对话。对话应该先从容易的地方做起，即从学者做起，然后是政治家之间的对话。它不仅是语言的对话，还要采取交流、交朋友这样的行动。

对话分三个层次和五部曲。

三个层次是：政治家、学者、民众。

五部曲是：相互了解、互相理解、互相欣赏、互相学习、共同进步等五个步骤。因为只有先了解，然后才能理解；理解以后如果发现对方有特色和优势，就应该欣赏对方；只有有了欣赏的态度，才肯去学习对方；只有欣赏并且向对方学习了，双方、多方才能够取得共同的进步。

对话可以在社会上形成理论，特别是学者的对话。学者可以利用他们的影响力让那些理念深入人心，起到遏制种种邪恶的作用。

对话的目标是构建人类的伦理。现在存在各种各样的伦理——富人有富人的伦理，穷人有穷人的伦理，强盗有强盗的伦理，而我们最终应该建立起来全人类共同的伦理。我相信，世界上敢于冒天下之大不韪反对建立人类伦理的人并不多。人类的伦理建起来了，我们就可以形成未来世界的新秩序。我相信人类的未来是美好的，这美好是什么样子的呢？我理想中的未来人类的生活应该是安全的，宁静的，富裕的，和谐的。那个时候每个人不仅仅从社会、父母、老师，以及自己服务的机构的制约中得到解脱，更重要的是心灵得到了解放；会让人觉得社会的秩序、规则都是自然的、应该的，是我所需要的。那个时候的人才能达到极乐。

有人说，我所讲的是一种乌托邦，我想它也许是一个乌托邦；有人说我太罗曼蒂克，我承认我带有几分罗曼蒂克。但是我坚信，我所看到的人类未来的路，是人类唯一的解放之路。因此，我愿意为我构想的人类未来献出自己的一切。因为，我热爱地球，热爱人类，我相信未来。

（根据录音整理）

开掘华夏文化　和合世界文明[※]

各位专家、各位同行、朋友们：

我只能在千里之外，借助于现代传输工具对各位表示抱歉。中国文化院这次在香港举办有关中华文化的国际论坛，我因种种原因不能到会。这对于我个人而言是极大的遗憾；对于在酷暑期间，牺牲了宝贵的休息时间，不远千里万里前来的专家学者而言，则是十分不敬，我应该表示深深的歉意。

当今世界，用佛家的话说，是一个"五浊娑婆"的世界。大家来到这里，抱着一个共同的目标，就是如何开掘、研究中华文化，让它能在当下发挥应有的作用。实际上这是一个拯救世界、拯救人类的思想大汇集。中华文化，人所共知，是源远流长的有着世界上独一无二的无尽宝藏的一种文化。中华民族经历过无数苦难，我们的先圣先哲从中领悟到许多宝贵的哲理，形成了优良的、延绵不绝的文化传统。他们好像早就预料到20世纪、21世纪人类所面临的危机，他们的箴言给了我们很多教导。我想，今日我们学人的责任就是回过头审视自己的传统，把其中很多具有普世价值，至少是对中华民族的繁衍、生存和发展有着巨大凝聚力和推动作用的内涵开掘出来，站在今天的高度重新去审视和阐释。人类的思想史、学术史都是如此形成的。我想，各位学者都是抱着这个宗旨来的。

中华文化当中的优秀成分如何解决当下种种社会的问题和人的心灵问题，是我们面临的困境。我想，各位都有自己的高见。由此我还想到，我

※　2013年8月27日首届中华国学论坛的视频致辞。标题为编者所加。

们可以自认为在中华文化当中有很多的普世价值。是否有普世价值？这需要世界来承认。在承认之前需要了解，需要思考。因此，我们学人目前一个重要任务就是研究中华文化能给今天和未来的世界贡献哪些东西。

中国文化院以"传承华夏文化，和合世界文明"为宗旨，我们要团结两岸四地的学人共同为这十二字的宗旨而努力。在当今世界，中国作为新兴大国，在经济和和平问题上承担着前所未有的责任，我想在这背后更根本的是我们对世界文明走向的责任。我们中国文化院想把这样的论坛在适当的时机、适当的地点，继续办下去。到那个时候，我希望能附骥于大家的聚会，从大家的思想里获得我需要的营养，与大家携手前进。

再次向各位致以深深的歉意。

祝大会圆满成功！

开掘华夏文化 和合世界文明

贺信、序文

中国地名文化遗产保护促进会成立大会贺信

尊敬的李立国部长并中国地名文化遗产保护促进会：

在我国第八个文化遗产日来临之际，中国地名文化遗产保护促进会正式成立了。这是我国文化遗产保护事业不断向前发展的信号和标志，理应表示热烈的祝贺！

十分感谢民政部和促进会热情地邀我担任促进会的顾问。我虽不是文保专家，但愿意为让先民和历代圣贤留给子孙后代的宝物永远流传下去竭尽绵薄。

中国地名文化是中华文化的重要组成部分，是地域文化的重要载体。我在全国人大常委会工作期间，就曾应民政部之邀担任了地名文化遗产保护宣传片——大型文献电视片《千年古县》的总顾问，至今已八年多。在民政部、中央电视台和华盛时代（北京）国际文化传播有限公司以及各界专家的努力下，《千年古县》电视片的摄制取得了可喜的成绩，得到了党和国家高层领导同志的高度评价，赢得了国内外观众和联合国教科文组织、联合国地名组织的热情赞誉。这说明，从地名文化遗产保护入手，保护地名文化，挖掘地域文化，宣传弘扬中华优秀传统文化，是可以有所作为，有所创新，有所奉献的。

创建中国地名文化遗产保护促进会，对于动员社会力量共同做好这项事业，促进我国文化遗产的保护，加强中华优秀传统文化思想价值的挖掘和阐发，打造地域文化知名品牌，增强中华文化在世界上的吸引力和影响力都有着重要的现实意义和历史意义。

千年，在人类的历史上不过是短暂的一瞬，可是，对人类有文字记载的历史来说，却显得很长很长。我在指导大型文献电视片《千年古县》的摄制中感到：在中国，以千年计的何止于县？千年古都、千年古城、千年古镇、千年古村、千年中医、千年古艺、千年古籍等等，是一个亟待挖掘保护宣传的、庞大的千年文化体系。我曾提议搞一个"中国千年文化工程系列"，如果能像保护宣传千年古县一样逐一实现，那将给予世人多少享受和启发！令人可喜的是，民政部继《千年古县》保护宣传成功之后，又将千年古都、古城、古镇、古村等纳入了地名文化遗产保护的宣传范围，并部署在全国推广。这些项目，其意义远远超出了地名专业的本身，也超出了中国的范围，这是一项为史立碑、为民立功、为国增光、为世界文明添彩的重大举措，将是今人和后代引以为豪的事业！

任何重大文化工程，必然需要政府发挥主导作用，更要社会力量广泛、积极地参与。这是成功的关键。我殷切希望，促进会成立后，充分发挥社会团体的组织、策划、学术优势，在历史地理、语言文字、影视传媒、新闻出版、文学艺术、古建民俗等多个领域和行业共同努力下，确保各项工作科学、可持续、扎扎实实地开展；希望促进会能充分发挥民间组织的灵便性，努力开展对外交流与合作，以保护世界文化遗产的共识为基础，促进文化相互借鉴，共同维护世界文化多样性，传播取得的成果，让中华民族古老的文化、经验和智慧为世界各国人民所分享；我还希望相关专家学者和相关单位积极参与进来，献计献力，共同为繁荣中国地名文化遗产保护事业，为弘扬中华文化，建设社会主义文化强国作出贡献！

许嘉璐

2013 年 6 月 6 日

贺选堂先生荣获山东大学名誉博士学位

　　选堂先生，诗礼世家，早岁成名，纵横学坛数十载，甲骨、简帛，楚辞、敦煌文献，词曲音乐，书法绘画，与夫山经地志，金石目录，旁及释道，西亚史诗，相互参证，皆所精通。论其涉猎之广，著述之富，造诣之深，近世罕有其匹。儒家之宽仁，释家之澄明，道家之玄远，汇聚一身，博洽圆融，贯通和谐。尤堪赞叹者，身居香城，念念乡梓，眷眷祖国，诚所谓泰山北斗，仰之弥高，一代宗师，舍饶公其谁！

　　山东大学，根植齐鲁，远绍孔孟，兼承稷下，圣门风节，再显灵光，弘道树人，饮誉内外。今以选堂先生成就卓尔，为学界范，特授名誉博士学位，洵众望所归，亦鲁庠前路辉煌之兆也。

　　谨此奉贺，恭祝
山东大学鹏翅大展
选堂先生康宁上寿

后学　许嘉璐谨上

2014 年 3 月 26 日

都江堰文庙国学基地开园典礼
暨国学论坛贺信

都江堰文庙国学基地开园典礼暨国学论坛，并龚鹏程先生：

欣悉都江堰文庙建成国学基地，愉悦莫名。承蒙盛情见招，若得附骥盛会，追随群彦，实为一大幸事；唯日程年初排定，将赴江浙，所为者，亦弘扬国学事，不能应命，憾何如之！叵奈，谨以短柬略表心迹，尚祈与会诸公及领导见谅焉。

国学乃我民族之根。时当今日，阿堵与技术急催人类沦为物欲之奴，唯有揭示天人本性、明德之理，牢树信仰，振奋人心，方为救之之途。巴蜀尝为国学重地，都江堰市今有此举，足见官学民之一致，岂蜀学再兴之肇与？此可喜可敬可贺者也。

龚鹏程先生，我之故知；其致力弘扬国学于大陆有年，余不胜感佩，容藉此柬三致意焉。

祝典礼及论坛圆满成功！

许嘉璐　谨上

2013 年 5 月 1 日 24 时

近乎善，则合乎道[※]

在人类四大古代文明中，古埃及、古印度、古巴比伦的文明都已没落、消失或中断，唯中华文明岿然挺立，不断发展，历久弥新，以完整形态延续至今。中华文明的生命力何在？中华文明在当代世界文明的多元发展中，又有哪些独特的价值？而为了实现民族复兴的伟大"中国梦"，我们又该如何弘扬中华文明的光荣传统？这一切，当然是中国文化院义不容辞的探索使命，也是对未来世界应尽的义务。所以，我们把"传承华夏文化，和合世界文明"作为自己事业的座右铭。

中华文明博大精深，仰之弥高，钻之弥深；世界文明彼此兼容，任重道远。而在当前多元利益相互牵制的国际格局下，坚持走和平发展之路，就更需要整个人类在文明层面相互理解与融合。这虽远非我们这个年轻的机构所能胜任，但"感时思报国，拔剑起蒿莱"，我们唯有勇挑重担，"由力而起，由善而终"，"强魂固本"，为把世界的机遇转变为中国的机遇，又把中国的机遇转变为世界的机遇而奉上我们微薄的贡献之力。

中国文化院，既以"国"字冠名，又以"院"制为体，自然不是一个普通的文化机构。它，不是少数人的会所，不能只在小圈子里专注身边的小文化，而要在全球化的大背景中，在两岸四地和海外华人华侨的大圈子里，关心大文化，关心百姓生活中的文化，实现"天合、地合、人合、己合"的文化大包容。

宇宙的法则可以说就是吸引力法则。在时代呼唤公共外交、文明对话

※ 本文为中国文化院网站寄语。

的大势下，我们中国文化院就是要打造这样一个公共的文化外交平台、一个不断创造更多吸引力与影响力的民间平台。为此，我们要广泛融汇海内外文化资源、积极开展区域、国际甚至全球文化外交，让世界不同文明在我们这个平台上得到展示与交流。

"近乎善，则合乎道"。我们相信，只要人类用伟大的文化力量走和平发展的共同道路，则留给历史的将一定是更加灿烂的新的文明。

是为寄语，更为寄望。

未
达
集

《澳门语文》序

语言文字是最重要的文化载体，也是一种独特的文化现象，更是人类社会生活须臾不离的交流工具，还是族群、地区、民族和国家认同的标记。语言文字的运用既是个人的事，更是整个社会的事。

任何国家，为了更好地建设发展，都需要研究语言规划（不一定用"规划"一词），特别是现代社会，尤其会重视这项工作。这是为什么？语言文字的使用和发展，需要不需要进行规划呢？

语言文字本身及其应用时时处在渐变之中，进入信息化和经济全球化时代，这种变动更为迅速而显著。语言文字的发展变化是为适应社会生活的发展变化而自然而然地发生的。由于使用者的多元而分散，所以语言文字的变化可以说是"有序"（语言文字自身的规律）中的"无序"（"言人人殊"）。有序与无序，是辩证、互补的关系。但是，当这种"无序"影响了社会交际，也就意味着它将要阻碍社会之"有序"（正常发展）了。因此，时时监测语言文字社会应用的状况，以便采取适当的措施加以干预和引导，就成为必要的了。这些措施包括制定必要的法律、法规、政策和标准，通过教育、媒体等渠道进行引导，等等。是否注意到制定语言文字规划，在一定意义上是一个国家或地区社会管理是否完善的标志之一。

为了使所制定的法律、法规、政策和标准以及所采取的措施既符合语言文字的规律，又适应社会纷繁生活的需要，就需要进行语言文字社会使用情况的调查。

众所周知，澳门是一个语言文字多元和语言文字主体明确的社会，这是近 400 年的历史所形成的。上个世纪末回归祖国后，在成功地实现一国两制、澳人治澳的同时，澳门的经济和社会发展有了巨大的进步。反映在语言文字生活方面，一个突出的事实就是普通话比以前更加受重视，学习并能在一定程度上将其用于与操不同母语者交流的人越来越多。这是澳门在经济、文化、政治等方面加强和祖国大陆交流、融入祖国大家庭所必需的，也是势所必然。在这种情况下，澳门市民学习和使用普通话的实际情况，普通话在澳门所处的社会和语言文字环境，未来普通话可能和应该怎样应对社会的需求，等等，就需要深入地、科学地进行调查和研究。

苏金智教授有着对语言文字状况的高度敏感，富有从事大规模语言文字调查工作的成功经验和有关语言规划的理论造诣，更重要的是他对澳门这块热土怀着真挚的热爱。因此，在他初步了解了澳门推广和使用普通话的情况后，决心进行这项困难而有意义的调查。由他组织和率领的调查工作团队，精干而高效，和谐而默契，立项只有一年多，就获得了丰厚的成果。我在匆匆读了全书的样稿之后，不由喜上心头。我希望有兴趣的读者，特别是从事语文工作的朋友，不妨翻一翻这本书。如果不能一一遍读所有关于调查方法的叙述和众多的数据、图表，那么可以只研究一下调查组所得出的一些结论和提出的对策和建议，一定会获益不少。我相信书中所提供的数据，因为每一个数字都出自扎实的调查；我也相信在每章后所列出的结论和建议具有重要的参考价值，因为这些论述建立在调查之后理性思考的基础之上。

书成，即将付梓，苏金智教授希望我在书前写点什么，因为他知道我对语言文字调查工作和多年来对澳门推广普通话工作的关心。于是我写了上面这些话，以表达对苏教授和所有参加或支持这项工作的朋友们的敬意。

2013 年 5 月 5 日，时值立夏

于日读一卷书屋

《重庆抗战文化品牌城市营销导论》序

重庆，在中国当代史上，有着不同凡响的意义。八年抗战，重庆集战时首都、世界反法西斯战争远东战场指挥中心、中共中央南方局所在地、抗日民族统一战线重要政治舞台和中国人民抗日战争、世界反法西斯战争重大历史事件见证地多种身份于一身，理应让世界永远瞩目。十年前，重庆成为中国第四个直辖市，经济建设和社会发展取得了一般人难以想象的巨大成就，这既在重庆已有的辉煌而沉重的历史形象上增添了一道耀眼的光彩，同时又有可能遮住不少人心目中应有的昔日光辉。

第二次世界大战是人类近代史上正义与邪恶、和平与凶残的一次决斗。各个国家和几乎所有个人都在这场决定人类未来的殊死斗争中，充分展现了自己的信仰和灵魂。中国，成了世界反法西斯的东方主战场，一改19世纪以来屡战屡败的屈辱史，取得了抗日战争的完全胜利，为此后中国走向独立、民主、和平奠定了坚实的思想、理论和群众基础。全中国人民的付出与牺牲，重庆人民的付出与牺牲，将永远镌刻在人类正义的丰碑上。

1938年2月至1944年12月，日本军国主义调集陆、海军航空部队对重庆展开"航空进攻作战"，不再分什么前线与后方、交战人员和普通民众，实施"无差别"的狂轰滥炸，长达2500天。重庆成了二战中参战国首都遭受远程战略轰炸最早、最久，当然也是最多者。如果重庆在野蛮轰炸中倒下了，如果重庆没有苦撑到太平洋战争爆发，如果中国军民没有坚持到抗战胜利，日本就很可能不与苏联签订那份《日苏中立条约》，而会按照希特勒的要求"北进"，夹击苏联，合攻英伦，最后收拾美国，它也就不会犯下最致命的战略错误——"南进"，过早地单独与美、英开战。

那样的话，中国与欧洲的格局将会怎样？今天的世界将会怎样？"历史是不能假设的"，这是一句很不错的格言。但史学家的这一学术判断是不是也阻碍了人们沿着千真万确的事实进行这样的理性思考：重庆，中国人民，为人类做出了何等的贡献？现在世界的评价合适吗？"不能假设"是不是也成了一些人有意对此轻描淡写的理由？

如果了解一些重庆的古代史，就会知道，二战时在重庆发生的事情，是这一英雄地区影响世界历史版图和中国与人类历史进程的第二次了。七百多年前，公元1259年，蒙古大汗蒙哥久攻合川的钓鱼城不下，终至身殁阵前。令欧洲兵败如山倒、惊慌失措的"上帝之鞭"既已折戟渝州，蒙古最高权力遂成真空，深入欧亚、兵临莫斯科的蒙古大军遂纷纷回师争夺汗位。战事突生偏转，欧洲才得以出现了现在大家所知道的发展路径和状况。

70年前，历史将挽救民族、挽救人类的大任降诸重庆，重庆军民以难以形诸笔墨的巨大苦难和卓绝奋斗回答了这一至高委托。这就是重庆！重庆无愧于历史，无愧于民族，无愧于世界！

战争，无疑从来是要毁灭文化的，历史上不知有多少民族和种族因战争而消失了。但是，如果战争降临到具有先进而悠久文化传统的民族头上，就会是另一个样子：除了地面上的形态文化可能蒙难、消失，而民族文化的核心或底层反而会得到血与火的锤炼，使之精而又精，茹苦与坚韧得到升华，"动心忍性，增益其所不能"，孕育出适应其时、影响久远的新文化形态，从而丰富原有的传统和文化积存，用以继续哺育自己的人民迎接未来的挑战。生活在21世纪，坐在快速前行的时代列车上，我们应该深思：难道近几十年重庆和全中国所迈出的坚实步伐与这两次发生在重庆山水之间的伟大事件无关吗？难道重庆人和全中国人民自强不息之魂是从天上掉下来的吗？看现在，想未来，怎能不回首过去？

重庆的抗战文化，是在伟大的抗日战争环境中生成的伟大文化，炸弹凄厉的呼啸和震天动地的爆炸是它的接生婆，街道上横陈的血肉肢体和防空洞里遇难的老少同胞是它出生的见证人。昔日的抗战文化创造者、维护者多已谢世，那段历史，那些文化成果和蕴涵其中的民族精神与情怀，应该永存。他人可以漠视，唯独中华民族的子孙不应该。今人怎样才能把这些宝贵遗产永远留给后人？怎样让它走出国门，使得早晚有一天世界能因此而重新判定中国人民对世界的第二次贡献，重新认识古老的中华文化蕴藏着的无穷智慧呢？

十多年前，我曾思考、呼吁对重庆抗战文化应予重视和弘扬，相互呼应者，只有几位热心于整理抗战文学的学者。我也曾介绍过，美国国务院保存的几千件重庆抗战文物解密后已移至国会图书馆，可以而且应该让这些血泪"孤本"回归故乡，但至今尚无回应。去年国庆节后，我意外地收到了一沓名为《重庆抗战文化品牌城市营销导论》的样稿，不觉一喜：终于有人如此重视重庆抗战文化的意义了！书中许多主张和建议与我不谋而合。继而我得知，作者邓义胜先生是我中国民主促进会获得"先进会员"称号的老会员。这时的感觉当然就不止是喜悦，而且带了几分自豪。中国民主促进会是以文化、教育、科技和出版界知识分子为主体的参政党。这样一本专门论述重庆历史上一段极其重要阶段的文化以及如何把它推向全国和全世界的书，出自民进成员之手，从某种角度说，有其必然性：这是我们的天赋职责。

作者长期专门研究重庆抗战文化，在写作此书前已有不少相关成果问世。书稿既成，又不断补充润色，先后竟达六年多方肯杀青，足见其严谨有加。他力争站在新时期国际国内背景下，创新性地运用当代最新城市营销理论，对重庆抗战文化价值体系全新的科学解读。我宁愿把他使用的"营销"一词理解为"推介"。其实，二者都是商业用语，但前者似乎更注重新方式、新手段，而后者则缺少些从经济收益考虑的色彩。

作者在书前写有三句献词——献给中国人民抗日战争暨世界反法西斯战争胜利 68 周年；献给在伟大的抗日民族解放战争中牺牲的将士和死难的同胞；献给战时首都和永久陪都重新崛起和振兴的年轻直辖新重庆——这已经显示了他博大的胸怀和写作此书的初衷：为了记忆不再失去，为了表达对前人和先烈的感恩，为了家乡以至世界无限的未来。人所共知，虽然灭绝人性屠杀人类的残酷战争早已成为历史，但是战争狂人和口是心非者并没有绝种，人们耳边还不时地响起改头换面的和平中的噪音。因此这部旨在保存弘扬历史文化的著作，其另一种现实意义就自不待言了。

感谢英雄的重庆人民！感谢过去、现在和未来为重庆献出血汗和年华的所有人们！感谢作者，他在致力于让那段发生在重庆的可歌可泣的历史"活起来"！

甲午元宵，2014 年 2 月 14 日

于稀疏的爆竹声中

《重庆抗战文化品牌城市营销导论》序

《两岸书画精品联展集》序

　　此本《两岸书画精品联展集》，对于我来说，读之倍感亲切。一是作者中有我不少老友，即使有些尚未熟知，却也拜览过其大作；二是两岸大家之作通常只能分别见于两地，而今竟得享其美轮美奂于一时，何其幸也，我得先睹！

　　书法和绘画，恐怕是多年来两岸间交流最为通畅、和谐、自然、愉快的领域。何以哉？盖中国书画一脉相承，本为一家；绘画近代吸收西方营养，路径与进程相同；书画流派各自继承、发展，脉络清晰，显其同根。姑举数例：黄君永川之《武当南岩宫晨曦》、庄君汉生之《太鲁阁》、许君钦松之《云树凌然》，莫不承继为多；而李公奇茂之《窗外猴声起》、黄君光男之《南山溪水》，则创意著然而不失其源；张君炳煌所书尾联"若无心事挂心头，便是人间好时节"，则颇具宋禅之风。相较而言，大陆画家除写山水禽鸟以寄胸臆，于人物创作较多，此亦吸收西法之一端。吴君长江之《牧民与犁牛》、冯君远之《高原丰庆》、王君明明之《苗乡情话》、刘君大为之《吉祥图》皆意溢于图，突破古趣，可圈可点。其所以然，或以大陆广袤，边陲神秘，乡间素朴，画者情与景合，欲罢不能吧。此次联展佳制难以一一细品，而且我乃界外之人，即便各位大家不以我所述感受为罪，我也不敢继续雌黄了。

　　但有一点我还是想说的。中国书画之别于世界其他各国之书写及绘画者，我以为其根源在于中国人的生活理念里没有与生俱来的负罪赎罪因素，因此总是积极入世，向往高尚与美好。连格外重视性命的道家，其"仙道"也可以作出仙在人间的解释；天竺传来的佛教，传入中国后，消极的小乘渐渐完成了从消极的小乘为主到以大乘为主的转变。世界是美好的，人生也是美好的；即或遇到凶残与邪恶，也不会消沉，甚至会激起更为强烈的生之欲望和奋起的精神。同时，我们所关怀的并非一己之私，而是整个世界，乃至宇宙。这种思维和情怀，在自古及今的书与画中得到了充分的显示，同样也洋溢在两岸书家与画家的点画皴染之中。这是不是中国书画与他国的根本差异所在？是不是两岸书画的最大共同点？是不是虽也相隔数十载，一旦作品放到一起却难以区分彼此的缘故？简言之，心与情始终未分，美与丑的标准一致，"神"与"气"迄未改变，此非"一家"而何？

我要预祝联展成功，更期望两岸书画家一如既往，继续加强交流，深化合作，为营造两岸同心的未来，创作出更多更好的作品，出现越来越多的新人。

我们遇上了好时代。当今世界，或哀鸿遍野，或战火纷飞，或前途黯然，或朝不保夕，而海峡两岸遇难呈祥，和平发展，携手并进；中华民族在经过了百年耻辱，积贫积弱之后，正在兴起。时代需要再出现齐白石、张大千、于右任那样的大家，需要异彩纷呈的流派，需要后人看到这个时代的佳作时能够想见我们这一代人的生活和喜怒哀乐。"美"，在我们的心中，也在我们的周围。书家可写、应写，画家想画、可画的美好事物随处可见。我期待着两岸书画精品展这类的活动接连出现，让更多的人欣赏到无愧于前人、今人和后人的精品。

是为序。

2013 年 10 月 19 日写
于自法返京途中，
次日改毕

《中国第一榜书》序

　　有张君切易者，生于微山，居于枣庄，俱英雄地也。君幼承庭训，长则遍访名师；于圣贤言，儒释道无所不读；尤喜书法，兼习南北，自成一家。余与齐鲁，或有前世之缘，年二三至焉，而竟未之识。今秋，友人忽持其所著《中国第一榜书》样稿至，谓张君夙兴夜寐，历数年书此，望余述数语于书端。呜呼！余非书法界人，素惧执颖，以未谙此道也，何若藏拙？今竟可为未识之名家序书耶？

　　事冗心怯，迁延经月，催函屡来，遂拟姑试之。夜阑谧静，披览斯稿，甫一开卷，不禁兴叹。余自以为历年阅书法之作亦不为少，如此榜书，且与解说、诗作、用印集于一纸，相映相成者，尚未经眼。视其楮，则皆近丈，页有水印，显为特制者。噫嘻，张君用心良苦矣！欲余不书所感，反不得矣。

　　自古榜书至难，而张君力为之。何也？其欲以四美（字、诗、解、印）示人，楷、篆、隶、行具现，俾观者得窥汉字外形内涵之魅力，进而得悟中华文化之伟大也。呜呼！自计算机网络兴，写作通讯极便，以书写为落后、徒增负担者，迅即遍及各界，尤以青少年为甚。此乃当代文化危机之一隅也。盖文字者，文化之载体；而汉字独以形音表意，点划架构间蕴含汉族心理、伦理、历史、哲学，非如拼音文字唯以音记义者，其民族何所从来，远古生活、思维何如，难以清晰，文字则为其一要因。是以凡我炎黄后裔远离文字即远离历史，远离民族之心，可不警觉乎？由是观之，张君所祈望者大矣！

　　抑余犹有所欲言者。张君之字也，以其形神之美感人；诗人随字而赋，儒释道兼在，俱是菩萨语、劝世诗也，堪与世传寒山诗比肩。字、诗与时势相契，与人心相应，愈显汉字之高隽。所书百字，可读，可教，可临，复可赏。是此书非以言说教人，而以艺令人赞叹，以文揭其源流，以诗咏其寓意，乃"不言之教"耳。

字如其人。张君，鲁产也，临池摅其襟怀，是以其字雄健磅礴，气盈力盛，首笔时或较轻，则愈见整字之敦稳，如泰山之石，如滨海之崖。其闲章曰"微湖人家"，盖胸中长有故里古今英雄在耶？其"百字书"之创意，心在百姓，此亦文化一脉相承之一例。善哉！

张君富于春秋，今其抱负如此，廿年后复将何如？余愿其艺术知进而不知止，奉献乡梓及民族者日益多多。

2013 年 10 月 6 日夜
谨叙于日读一卷书屋

《林祥雄画集》序

林祥雄，何许人也？

艺术家，企业家，社会活动家，华侨……了解他的人可以给他列出许多头衔；但是，在我看来，"中华民族之赤子"才是对他最好的说明和称呼。此"家"彼"家"，说的都是他的特长和身份，而"赤子"则是他的本质，他的心灵，他的境界；何况，此"家"呀彼"家"呀，太多了，唯"赤子"却尚少见。

少小在人鬼莫辨的时代中熬过，继而漂流海外，饱尝奴役之苦。特别是那个年龄在海外，他可能沉沦颓废，也可能听天由命，甚至可能铤而走险；但他却选择了奋斗：与"命运"斗，与环境斗，与自己的不足斗。他成功了，在他介身其中的所有领域，他最终都成功了。对不幸时代的反思，对祖国未来的祈望，对中华文化之根——流淌在他血脉中的基因——的酷爱和眷恋，这就是炎黄子孙之为炎黄子孙的本能。

孟夫子说过："天将降大任于斯人也，必先苦其心志，劳其筋骨，饿其体肤，空乏其身，行拂乱其所为，所以动心忍性，增益其所不能。"这似乎说的就是他。

幼时的艰难、悲惨、颠沛、坎坷，其时他未必明其所以然，但刻骨铭心的记忆却在经历磨炼的岁月里得以升华，让他参透了历史：人类或许有着摆不脱的"宿命"——安宁—动荡—安宁—折磨……真理就在这一漫长的旅程中逐渐形成、凝聚、深化、显现，而社会、人类也缓慢地成熟，终究要走到和谐、和睦、和平。他就是为了这一遥远而宏大的目标而画，而从商，而以商"养"他的画。他对作画之执著，既出于自幼对艺术皇冠上的明珠——绘画的热爱，更是由于他要用善良之笔去讴歌人性中的美好，这实际上也就是在鞭挞邪恶和罪孽。"生存是为了艺术"，朴实的话语，深刻的心声。壶口瀑布，巍峨长城，黄土高坡，家乡海滩，他留下了脚印，更镌刻了不可言说的爱恋。

他的眼光没有局限于自身和所赖以生活的城市，甚至不局限于自己的祖国。现实——地球的现实，仍然充满了掠夺、欺骗、仇杀和血腥，但是历代仁人志士从未中断过对真理和光明的追求，这是人类社会的制衡器。他要成为抵消和冲淡那些邪恶，让人类命运的天平向着正义一端倾斜的一棵草。在他的画作里，我们可以在丛林中看到南洋劳作者的微小身影，在苍茫暮色里看到回港小憩的勤苦渔民，伊拉克的废墟、黑非洲的贫瘠，高耸入云大厦下的扫街"外劳"、金丝笼内外强烈对比的小鸟，意在言外，情在画中。

我不懂画，他的画尤其不懂，因为看惯了中国传统画、西洋写实派的油画。但是，在了解了他的大半生之后，当我站在他的画室里一幅幅拜读他已成和将成的画作时，似乎豁然开朗了。他喜运"碎笔"，特别爱画云、海、椰林和夕阳。噢！原来这是他的心胸，他的细腻，他的愿望和他观察到的大自然的瞬息万变。他在巴黎学过西洋画法，但最终还是选择了宣纸、毛笔、线勾和多点透视。噢！原来这是驱赶不掉的对自己民族艺术的崇拜。

拜访他的画室，是前年在新加坡举行的"第七届炎黄文化国际研讨会"后。三层小楼，面积不大，家居在顶，一楼辟为画室。内外装修都由他一手包办（这也曾是他赖以糊口的本事），上上下下舒适、大方而朴素。这对于从艰难困苦中走过来的他而言，可谓近乎金丝笼矣，但是他并没有被囚禁住，作为一个企业家，他也绝不会身陷财富、应酬和欲壑之中。因为他已经经过了"动心忍性"的历练，已经"增益其所不能"，因为他作为中华民族之赤子的责任永无尽头。君不见他的画展又要在亚欧多国举办了么？君不见为了炎黄文化走向世界他的身影又频频出现于国际航线上了么？

2013 年 6 月 15 日夜

于京郊

《世外天香》序

旧知台湾中华两岸文化艺术基金会会长庄汉生博士，酷喜中华书画，亦善于丹青，且执著于两岸艺术交流，往来奔波，不遗余力。今秋，枉驾突临，既议两岸书画艺术交流事宜，复以《世外天香》乙册见示。何为天香？世外者何？疑惑间，开卷，乃知为印度老山檀所雕精品照片。噫！虽未见实物，似已嗅其香矣，此非天降之香乎？珍木来自天竺，其龄逾千，何时伐得？何时运来宝岛？弗知也，此非世外之赐乎？

余也寡闻陋见，前此唯知释教惯以巨檀造佛像，以为像教，昭人以诚，导人以静；其微者为念珠，取其沁人肺腑之香，以示其诚，以安其心——余亦时佩之。未料今日得见古檀雕刻珍品，如是之精，如斯之多也！既捧画册于手，急于披览，赞叹一再，致汉生在旁绍介亦未之闻。

噫！所雕皆道释事，此亦中华文化之必然，华人之所崇，于是可见矣。"九龙呈祥"高逾一米，非啻九龙栩栩，即祥云亦灵动盘旋，一似上迎天龙，欲达九天；而"群龙献瑞"则又异其趣，龙皆厚重，宛然虬然，爪尾挺然，力无穷也；"蟠桃盛会"，众仙腾云而至，或行或坐，或喜或穆，有招有言，有吹有献，云也，水也，松也，鹤也，无不跃然如生；而诸佛造像莫不庄严美妙，慈悲深远，令瞻者不禁合十仰瞻，然复与端坐肃立于庙堂者异，盖或尤近于现世与？善哉，雕者之非仅技艺超迈，且明于二教之理也。佛重在契入人心，冥思自性，真空妙有，二谛圆融，故显其凝重；而道则超然物外，俯瞰人世，长生久视，德厚成仙，故着其豁然。至如"九世其昌"、"鱼跃龙门"、"竹报平安"、"富贵如意"——莫不因材施技，创意非凡。自余观之，斯三十七品，一刀一锉，俱显高妙，一物一像，均富匠心；若观总体，则蕴涵邃焉广焉。噫！此乃图像耳，震余心扉已如是矣，何时得一睹实物，恐将不知所措矣！

古人有所谓"不材之木"，意与"山木自寇"同，谓木以其良也而不得寿。今余读此《世外天香》欲有所言焉。图册所录，皆以老山香木为材，其质直密香醇，于诸檀中为最；其所以见伐而售，成此百千之态而不得全其身者，即以其无匹之良耶？然赞"不材"而寿，意在逍遥而不滞，久视而不迷，如是，其与献身于世，以其新姿永存世间、启示众生而不泯，孰得孰失也？瞻者自有知之者。

汉生先生以为之序相命，遂述所感如右，忝名之曰序。

二〇一三年九月二十九日于中国文化院

《王国贤书自作诗词选》序

　　自古文士大抵以有所擅为上，此外，尚富琴棋书画之好。此非啻为一己之雅兴也，实欲治天下之学，乏此"余事"则难以超越"器""物"之局限，得窥学之精髓、事之真谛。所谓"诗中有画，画中有诗"、"文如其人"云云者是。何以也？宇宙间事，时有无以名之者，所谓"辞不达意"、"不可言说"也，此则需待"心领神会"之。而"心"也，"神"也，皆非徒依书籍所可启悟，于是艺术熏陶为不可或缺者矣。复就书画之道言之。元明以降，画、书、诗（或文）、印已融为一，书则尤不可不与诗、印相映。余每读当代书画佳制，时为作者惜之。书或得个中三昧矣，如所书为己所为诗文，岂不即成完璧？然所示人者大抵皆为古贤或时人之作，时或用印亦未契心，然则其所欲展于人前者，唯运笔流畅、间架匀称、枯润得当、疏密有章与？若然，则字中之气，乃书者得之于前人诗文，而非己独创时胸臆之迸发也。

　　近日喜得王君国贤《祗修斋雅韵》，所收诗48，词19，多以行草书之。观其书，气韵充盈，笔随意行，潇洒与凝重相兼而复清秀，工楷与唐篆偶会而不夺行草。余尤喜者，其所书诗词，皆其自作，可谓形质互补，二美俱矣。斯世也，尚有斯人也！

　　细读其诗，如《浪淘沙》（登密山观千岛湖）之时语入词，清朗雅趣，自然流畅；《七律》（白鹭洲）不落古人窠臼，肃穆绸缪，情在诗中；至若《青原山》尾联"桥畔迎风且待月，颜公题匾亦思禅"，则古今、天地、风月、景情、动静、儒佛浑然不二；《武夷山》连用数典，切景合情，以"红袍细品赛神仙"收合，则由宏落细，思古归今，情趣盎然。

如是佳句，何必枚举；字诗相配，想见其人！

国贤君，余迄未之识也。友人持赠其书，余赞叹之，友曰："汝识之矣！何不书数语于书端？"于是信笔记所思如右，未知友朋暨国贤以为何如？

二零一三年前二日于中国文化院

李奇茂公九秩寿序

余也何幸，隔海得识书画一代宗师奇茂兄！初面，即似旧识；既而，竟如兄弟。既不得时时欢聚矣，复相会必惧移晷，然常以胜于参商自慰。何以故？相知不在朝朝暮暮也。今岁仲春，欣闻两岸友朋将为其九秩华诞寿，喜何如之。主其事者，中华画院庄君汉生，嘱璐赘数语于册端，此余又一幸也，遂曰：

《孟子》云："颂其诗，读其书，不知其人，可乎？"今读奇茂公之画，赏其字，亦当先知其为何如人也。公驰骋艺苑逾世纪之半，五洲两岸何处无其足迹，颂赞之文不知凡几矣，则璐何以置喙？然余犹愿略述己之所识、所思，以就教于公及两岸友人。

公生于公历一九二五年，岁次乙丑，生肖为牛。孰谓生肖与人生无涉？公自幼酷喜丹青，埋首于斯，无论寒暑，未尝稍懈。其非唯己精益求精也，奖掖后进，奔走南北，不遗余力，俯首遍竖桃李。其画既承前贤，复勇于逾越矩矱，山水虫鸟之外，凡目之所接，均采入画，彰显天地人之美。岁云暮矣，鬓毛衰矣，至耄耋矣，犹不歇笔。唯知耕耘，奉献全身，此非牛之性乎？或曰："尔何以知其然耶？"曰："公长璐'一轮'，余倾心于典籍，虽着力之勤不敢望公项背，然亦常窃以牛自砺，是以洞悉其心耳。"

《孟子》继曰："……论其世也，是尚友也。"释者以为，此谓欲知古人，当论其世，始得如知当世之人；如是，乃得与上善之人为友。余则以为古人既不得复见，遗风亦已难寻，欲知古人，公或即其余响，攀之以为友，非幸而何！

璐犹有说焉。以余观之，公乃一老顽童也。

童稚不知年，以为日日如是，可嬉戏无限；公亦不以增寿为怀，犹时时颠沛如昔，璐尝以其年寿讽谏，公唯一笑。

童心好奇，以为新者奇者必有趣焉；公每至一地、观一物、接一人，皆兴味盎然，必询究竟，笑声朗朗，如童子然。

童言无忌，喜怒白黑，不知讳避；公亦爱憎判然，直抒胸臆，旁若无人。

童必依偎母怀，恣其所欲；公每言及萱堂，必容敛声颤，一如晨省，仿佛依依。

如是，公诚皓发幼童也。尤可贵者，"老"而且"顽"——有所拣择，坚如盘上之松，他力无如其何，一似愚钝嗤嗤。

既述璐心中之奇茂公矣，而尚无恭贺之辞，岂可冒之为"序"？洵愿公童趣永葆，姑以成句以为吾兄寿：

"举彼斯觥，万寿无疆！"

后学　许嘉璐

二零一四年三月

李奇茂公九秩寿序

《章太炎全集》序

　　世论太炎先生，曰"有学问的革命家"，或曰"有革命业绩的学问家"，无论何者为确，谓太炎先生之于近代中国为鲜有之关键人物，当无异议。

　　先生名炳麟，字枚叔，浙江余杭人。以慕顾亭林之为人，遂改名绛，别号太炎，后竟以号行。先生生于清同治七年十一月三十日（一八六九年一月十二日），逝于中华民国廿五年（一九三六年）六月十四日，春秋六十有九。

　　先生生当季世，内政隳颓，外侮日深。幼承庭训，读《东华录》而民族主义思想萌焉；博涉经史，不自外于时势，乃渐有救国之志。初主改良，入"强学会"，撰述于《时务报》，与康、梁为同道；庚子国变，遂断发割辫，与清廷决绝；既而重订《訄书》，作《客帝匡谬》、《分镇匡谬》，一扫尊清之迷思，端以"光复旧物"，排满革命为的矣。嗣后宣扬革命思想，累遭捕系而不殆。时国人思变，而康氏撰文累牍，亟言民主不可行，力倡君主立宪之说。先生以为大缪，奋笔痛驳保皇之非，斥皇帝小丑不辨菽麦，颂民主革命求索自由。时邹容著《革命军》，先生序而广之。清廷大恐，起"苏报案"，拘先生于狱者三年，而先生声名益高矣。时人谓《訄书》、《驳康有为论革命书》及《革命军》出，人人皆言说革命矣。是以先生于晚清思潮中，扬清汰浊，而康、梁改良思想遂渐为世弃。先生凡七遭追捕，三入囹圄，革命之志，弥笃不衰。一九〇六年出狱，东渡扶桑，入同盟会，主笔机关报《民报》倡言革命，与康氏一脉相诘难。有志青年得先生熏润而投身革命者，岂可胜数哉！先生又著

《俱分进化论》、《革命之道德》、《建立宗教论》、《代议然否论》诸文，于革命力量之奋扬、帝制后之国体、建制诸事，皆有学理之探讨，即“中华民国”之名亦出于先生。唏！民国之肇兴，先生奠基之功钜矣。其所论说虽未能尽行，然未可轻而忽之也。

民元既始，先生与孙、黄诸公不无异同，然心志固在匡救时艰，而无锱铢之私也。洪宪窃国，先生复以反袁遭系，不得出户者三载，绝食者再，当庭诟詈，耿耿不可屈，而袁氏亦无如之何也。袁氏亡，乃得南归。其时南北纷攘，国犹未安，乃奔走南北，游说四方，期中华之光复，冀黎民之安康。及国民党北伐，先生复以政见不合，退隐沪上，弘道一隅，若无与于政，然拳拳之心，固未尝少懈也。继而东北兵退，热河不守，淞沪亟变，先生皆唱大义于天下；责张汉卿，助十九路军，不废实行。先生晚节昭昭，绝无纤毫之颓唐焉。

先生之学博而约，闳而邃，于经、史、子、集及印、西诸学皆有独得。举凡古近政俗之消长，社会都野之情状，华梵圣哲之义谛，东西学人之所说，莫不察其利病，识其流变，观其会通，穷其指归。故黄季刚（侃）先生曰：“先生懿行至多，著述尤富。文辞训故，集清儒之大成；内典玄言，阐晋康（唐）之遗绪；博综兼善，实命世之大儒。”诚不刊之论也。

先生尤精于小学，学者谓为乾嘉正统派之殿军。清之朴学，自昆山顾氏肇其端，后竟蔚为大国。文字、音韵、训诂、目录、版本、校勘、辑佚、辨伪、地理沿革诸学渐为专门，学者苟通其一，即获赞叹，而先生乃能会而通之，上承戴东原（震）、段懋堂（玉裁）、王怀祖（念孙）、王伯申（引之）、俞曲园（樾）之绪余，下启近代各专门学科之兴盛。先生好顾、江、戴、段、王、孔音韵之学，及翻阅大徐《说文》十数过，旳然见语言文字之本原，著《文始》、《新方言》。其躐越前人者，于文与字，不驻足于音同义同、音近义通、一声之转之混沌，而依文字之演进以探其源，即后世所谓以历时观念检视本体也。其于音声，亦不拘于同、近，创《成均图》，明言对转、次对转、次旁转，益合于音理及语言实际矣。至于发明孳乳、变易二例，尤为前人所不能言。如是，遂使附庸经学之小学，一跃而为独树大纛之语言文字学。季刚先生踵而成襄之，遂有“章黄学派”之绵绵。

先生治经，专尚古文，与康有为相颉颃。破燕齐方士怪迂之谈，谓

《春秋》乃史家之实录而非万世之圣经；《易》明古今之变，史事之情状见焉；《礼》、《乐》为周室法制，《诗》记列国之政，《书》之为史亦莫须辨；孔子删定六经，非素王制法，乃在存故史，彰先世，故孔子为史家宗主，然亦许孔氏以"变機祥神怪之说而务人事，变畴人世官之学而及平民，此其功亦夐绝千古"。此其立意有别康氏，而摧破之功则略同，经学由是而遂失庙堂之尊。是先生尤斤斤于学术独立，永葆中国独有之史学也。先生之治史，继浙东太冲、二万一脉，尚博雅，切人事，而于明清异代之际，尝三致意焉，先生论经史之真意于斯可见矣。

先生亦措意于今所谓哲学者，其论周秦诸子，法相庄周之类是也。先生自叙："盖学问以语言为本质，故音韵训诂，其管钥也；以真理为归宿，故周秦诸子，其堂奥也。"故先生不以朴学为极归，进而上之，期于哲理之构建有所成就。乃作《齐物论释》，以释氏法相之学释庄生之书，"操齐物以解纷，明天倪以为量，割制大理，莫不孙顺"，自许为"一字千金"。著《国故论衡》、《检论》，平章古今学术，如以西方名学解墨，明人性之不离于民族之类，皆能洞幽烛微，臻于圆融超迈之境。先生首唱"文学复古"，实即拟于泰西之文艺复兴，而应机说法，"以朴学立根基，以玄学致广大"，以周秦九流之学复华夏之旧物，新中华之来日也。

先生之学，淹博闳通，而不能忘情于政治，故少年针砭之论，晚乃有驷不及舌之叹。实则先生光复中华文物之志，条贯始终。晚岁讲学吴门，如"子夏居卫，西河于以向学；仲尼反鲁，雅颂繇是得职"；匪止此也，乃一则以挽颓风，厉薄俗，取顾宁人知耻、厚重、耿介之说，复揭必信一语，以图治时人之弊，使人皆得卓立；一则以宣扬国粹，激励种姓，以文史之学传中国之命脉，国即亡而必复。尝言：

夫国于天地，必有与立，所不与他国同者，历史也，语言文字也。二者国之特性，不可失坠者也。昔余讲学，未斤斤于此；今则外患孔亟，非专力于此不可。余意凡史皆春秋，凡许书所载及后世新添之字足表语言者皆小学。尊信国史，保全中国语言文字，此余之志也。

临终，先生尚以为饭可以不食，学不可以不讲，是先生拯溺救危，以祈斯文不坠于地为己任，发扬国之瑰宝为天职，其自任者重矣，远矣。先生自谓"平生学术，始则转俗成真，终乃回真向俗"，斯亦见其终以国运人事为第一要谛也。

先生讲学卅年，门生遍天下，从游者各得其一体，皆为名家。承其小学者，黄季刚、钱玄同；继其史学者朱希祖、王仲荦；汪旭初以文学显，吴检斋以经学鸣。余者自成一家者更仆难数。先生实亦下启新文化运动者。健将如周树人、周作人、钱玄同、陈独秀、蔡元培辈，多尝登章氏之堂或其同道；而其论周秦诸子出于王官，平章历代学术，实为近代学术史之滥觞；论有清之学，指斥清廷之桎梏，分吴、皖为二派，条析古、今之得失，为总结清学首出之作。其后刘师培、梁任公、钱宾四等继之，虽胜义迭出，要皆未能破其樊篱……是先生开启山林，后来可循道而有所成，其嘉惠于学林后世者，岂可以道里计哉，先生者可谓近代之大师矣！

昔钱玄同挽先生曰：

缵苍水宁人太冲姜斋之遗绪而革命，蛮夷戎狄，矢志攘除，遭名捕七回，拘幽三载，卒能驱逐客帝，光复中华，国士云亡，是诚宜勒石纪勋，铸铜立像；

萃庄生荀卿子长叔重之道术于一身，文史儒玄，殚心研究，凡著书廿种，讲学卅年，期欲拥护民彝，发扬种姓，昊天不吊，痛从此微言遽绝，大义无闻。

是为得先生学术之精义，显先生践行之精神也。

先生之功伟，先生之学精，后之仰之者，有志于为国为学者，可不识全豹而言前修耶！故二十世纪七十年代，乃有梓行先生《全集》之议，且列入国家古籍出版规划。上海人民出版社荣膺此任，聚海内英华，句读校录，费时多载，乃有《全集》八卷问世。惜非完璧，且囿于时空物力，不免于偶疏。先生文宗魏晋六朝，喜用古字僻典，学人时苦艰晦，难以卒读，鲁迅即尝言其于《訄书》，"读不断，当然也看不懂"。《全集》八卷出，乃得以便人之披览。近岁先生文字选本渐多，实多本此；学林亦得藉以探赜先生之生平学术及近代之政局、学界之变迁。《全集》之功不可没也。

虽然，时人亦不能不以《全集》而未全为憾。先生及门，尚在者无多，前辈学人亦如晨星，董理编校之事，一似救宝物于屋火，岂可稍迟哉？三十年来，学界多措意于先生之事之学，求索所得益富益明，再版《全集》，补其未备，此其时也。是以上海人民出版社乃重启刊行《章太炎全集》之计划，藉复旦大学、上海师范大学、杭州师范大学、上海社会科学院等教育研究机构诸公之力，复得浙江省杭州市余杭区政府戮力襄崇乡梓先贤，为之大力襄助，乃有新刊《全集》之剞劂，后出转精，必可期也。

昔予从陆宗达（颖明）先生习小学，承章黄一脉，于太炎先生宏论每有会心，获益良多。迄今六十载，无时不以章、黄及其高足如颖师者之为学为人自励，虽不敢以传人自矜，要亦继其志而张大其学。今蒙太炎先生哲孙章君念驰与上海人民出版社谬爱，以《全集》之序嘱予，忆先哲之谆谆，念来者之嗷嗷，敢不勉而为之。乃略陈所识先生行事、为学之衷心，祈于今于后，继之者当念兹在兹之意，并及《全集》整理出版、再整理再版之始末云。

噫！先生舍身求义于民族危亡、国粹陵替之际，后学拜诵校理则值民族复兴、文化蓬勃之春，先生以文史传民族命脉，倡国运必复之论，今也益见其先知矣。

传道于国运转戾存亡之秋，承前启后，逝者已矣；继学于阜平安和之日，改旧立新，其待来者！

甲午孟春，值太炎先生冥诞一百四十五周年，
许嘉璐肃手谨识

我是怎样读书的[※]

说起读书，令人汗颜。"书到用时方恨少"，确然。此话原指个人所"藏"之书永无"足够"之时，而我则是时时觉得所"读"之书太少，年纪越大这种感觉就越强烈。在这种自觉愧赧的情况下要谈"我是怎样读书的"，岂非有点自不量力？但是拗不过《秘书工作》杂志的盛情，还是壮着胆子说说感觉和教训吧，恳请读者以前车之鉴视之。

一

年轻时选择读什么书，几乎全是"跟着感觉走"，也说是对什么感兴趣就读什么。我在大学上的是中国文学系，课程虽多（一年级时 13 门课，体育除外），但是闲暇时间还是有的，于是我广读小说，中外兼顾。学中文，看小说理所当然，但我却别出心裁，按类顺着图书馆目录卡片的次序读，西方各个流派，什么古典主义、现实主义、浪漫主义，侦探、爱情、历史、纪实，可谓"一扫而空"。能读那么多？北京师范大学那时刚刚由和平门外迁到现在的校园，图书馆的面积小，一层楼，书也少，几间屋子。专业书百分之百是要看的，但是那时教材类几乎阙如，上课全凭记笔记；理论书也不多，晚自习时间就能遍览，余下的时间，我几乎都给了小说。

我在那段时间读书的情况，放到今天的大学里或许不算什么问题，可

※　发表于《秘书工作》2013 年第 2 期。

是在五十多年前还是罕见的。我因读小说而扩大了知识面，同时加强了形象思维和逻辑思维并使之结合的能力。这对于一个从校门到校门的 17 岁城市青年来说，是很重要的。附带说一说，这两方面的培养始于高中时代，大学一年级的形式逻辑课也使我受益很大。五年下来，还不错，成绩是全班最好的，可见看小说没耽误了正事。

年岁稍长，大致可以从 22 岁大学毕业留校工作时算起吧，不再跟着感觉走了，同时我的兴趣已经完全转移到对中国古代训诂的研究与教学上面。懂得读书应该有自己的"方向"，并且及时总结经验和教训，逐步形成符合于己的方法，实际是从这时才开始的；换言之，我"开窍"太晚了。

我永远忘不了训诂学家萧璋老师说过的一句话："要给学生一杯水，自己就要有一桶水。"这句话，可能许多老教师都说过，但五十多年来在我读书、教书以及研究时，常常好像又听到了萧先生的声音。

"一桶水说"只是个原则，怎样分殊到年复一年的教室和学术生活中？现在回想起来，大体一直是被教室逼着走的，直至现在。据说孔夫子说过"教学相长"，这不仅指师生之间的讨论切磋可以给双方以增加启智的好处，而且也包括了原以为知，待到站在几十个学生面前"输出"时，会蓦然发现在自己"已知"中还有空白，于是惭愧，于是焦急，于是回去赶快补课。在学术研究中也是如此，要证明或论述一个问题，总要"扫清外围"，即阅读和思考的范围要远远大于剖析该问题之所需。在下面我还要谈到这一点。

二

读书的过程和情景是很难用一二三罗列的，但是为了说得清楚点，不得不一样一样说。

对所遇到的问题，读书时发现的问题，我喜欢"刨根问底"，即追踪原因与依据，一直追到无可再追。例如我发现学生读古书，其困难并不全在对字词及其意义不理解，还因为对古人的生活习俗和制度不了解，更不理解。为了讲清楚这类问题，我不满足于一些古书的注释和工具书解释，于是在阅读文史文献的时候就注意搜集有关资料，后来我写的小册子《中国古代衣食住行》就是据此形成的。原本想接着写古代"婚丧嫁娶"、

"科举职官"、"姓名避讳"、"军队战事"、"外交礼仪"、"风水占卜"等，构成一个系列，但是因为忙起来了，只得中断。意料中的收获是，由于知识上有了储备，所以施之于教学，取得了较好效果。这是读书的副产品，也是扩大自己学术视野的过程。

世上没有任何事物是孤立存在的，学术和知识上的问题也从不是孤零零的，问题的边缘地带可能恰好隐藏着很重要而被人忽略的真理。我在追踪过程中，常常发现以前未曾注意到而又确实值得研究、思考的问题和材料；也常遇到一个问题套着别的问题的"连环套"，如果条件允许，就及时记下来，或者在书上做出标记，等以后有时间了再对"连环套"中余下的问题进行思考和研究。我的有些学术论文就是这样"捡"来的。这需要对问题具有浓厚的兴趣和高度的敏感，用今天的话可以说是"问题意识"吧。我还体会到，"问题意识"其实也是长期读书不辍的结果。书海无涯，没有人能读完古今中外的所有书籍，但在有限的生命中尽量多读些，也会发现无穷的问题、有趣的问题，只要能试图解决其中更为有限的几个，此生也就不枉为读书人了。

不同领域或学科之间的界限其实也是模糊的，如果只知其一而不知其他，无异于就事论事，形成的看法时常令人有缺点儿什么甚或"隔靴搔痒"之感。例如大家都知道，在"原始儒家"那里有和佛教相通之处，在宋明儒家那里有从佛教借鉴之处。不以知道这一现象的存在为满足，我想把握点这一现象的"为什么"，这一习惯又诱导我去阅读佛教经典和有关书籍。儒家和道家关系的情形与之类似，于是我接着拓展阅读的范围。这种信步书林之所获，多年后都有助于我思考和研究中国文化问题。对世界其他信仰的探索也是这样自然而然延伸的结果。当我愈益觉得如果不把另一文化放到世界范围里考察，不和其他文化进行比较，许多问题就会说不清楚，便不知不觉进入到希伯来系列宗教（犹太教、基督教、天主教、东正教，还有伊斯兰教）的领域，不仅阅读其经典和解释性书籍，还要多看几本中外学者写的宗教学和宗教史。中国佛教是从印度传来并经过了中国化过程的，原始佛教的原生环境是怎样的？它的许多理念都是原创的吗？要想让自己明白，就不能不涉足佛教产生前的婆罗门教以及此前的"奥义书时代"和"吠陀时代"的经典。就这样，我的"桶"越来越大，心里越来越踏实，在和各国学者或宗教领袖对话时也就比较从容了。

三

　　读书锻炼了我"思"的能力，具体地说，是记忆、想象和联想的习惯和能力。有时我喜欢作"反向思维"，例如自问："不这样行不行？""真的是这样吗？"甚至自问："古人为什么这样说，而不那样说？"有时这些想法甚至是在向习惯和权威挑战。例如韩愈，这位唐代古文运动的旗手，文章之高妙毋庸置疑，他"非三代两汉文章不敢观"，他的作品被认为是纯正的古文。但我在读《韩昌黎集》时，偶尔发现他的语句并不合三代至汉的语法，"怀疑"促使着我再次通读，后来写成了《韩愈不严守文言语法析》一文，揭示了一些现象，并给出了我对其所以然的解释。又如在我使用字、词典时，深感古今释义的方法和风格很不一样，联系中西哲学的差异，知道这是二者思维特点所致，而中国式的思维更符合语言实际情况，于是沿此而进，提出了"语义的可解与不可解"问题。越老越体味到孔子所说的"学而不思则罔，思而不学则殆"的确是对的，这是他"学而时习之"、"温故而知新"的经验之谈。

　　年轻的时候清楚地知道我们这一代与师辈的差异：我们缺乏"幼功"，古书读得少，更不熟。不熟，为虎添翼"进不去"，体会不出"味儿"来，依旧"书是书，我是我"，而作为一名古代汉语教师，就可能是以己之昏昏想使人昭昭。于是我要求学生背诵古文，戏名之曰"和古人对话"。上课时，我带头合上书，学生背书中断或错了我来提醒，师生都尝到了多读、熟读的好处。所谓古书之"味儿"，其实就是沉浸在书、文所营造的气氛中，尽量去"复原"作者构思写作时的具体环境，要犹如自己身临其境，书、我的境界已经模糊。这是"思"的深化，久而久之自有所得。近年来我才知道，原来我这一经验和现在西方哲学中"诠释学"的一些理论暗合。其实我们祖先早就点出了个中要谛，例如主张读书要"涵咏"、"想见其人"，讲"文势"，只不过没有上升到形而上而已。

四

　　记忆力再好的人，一旦书读得多了，也记不住那么多内容，特别是在当前"知识爆炸"，书籍和信息都是海量的时代。任其如此，岂不成了"黑瞎子掰棒子"？过去我习惯于做卡片，小小的卡片盒随身带着，有所获（有时是有所思）就记下来。十多年前我用计算机做成电子卡片，但是后来发现等到整理、分类和归纳时，电子卡片反而不如纸质的方便。现在已经改为全文存档、摘抄和纸质卡片三者并用了，它们成了我读书路上留下的标记，有了标记，走回头路（串起旧有的思绪和资料）就方便了。我身上总带着个小本子，书桌上也准备了一个。身上这一本随时记下要办的事，备忘录性质，同时记下遇到人和事时引发的一些与学术有关的想法；桌上的一本专用来记下读书时的感觉和激发出的"一闪念"（姑谓之"灵感"吧）。这是个笨方法，但对于一个年过古稀的人来说，恰好是一个补拙的窍门。当然也有小本乱丢一时找不到，急得出汗，全家总动员一起上阵的情况，事后想想，那情景倒也别有一番趣味。

要读的书太多，"平等对待"是不可能的，也是不必要的。最重要的书、文，我就仔细读甚至反复读，即所谓精读也；一般而有用者，就略读；与己关注的问题距离较远，就浏览。或者就是读读序或导言，看看目录，挑选一些章节看一看，"知道了"，丢开。

年纪越大，记忆力就越差，越老我摘抄得就越多。抄书有一个好处，等于又读了一遍，印象加深，体会更多，还能把自己读时萌生的想法记在旁边，以供今后之用。前人常常抄书，有的是因为书不易得只好抄，例如北师大老校长陈垣，到中年了还在抄书；有的是为了边抄边体会，加强记忆，例如苏轼就抄过两遍《汉书》。前人的这一经验是宝贵的，但显然不适用于今日，而我觉得如果折中处理，例如适当抄点书，还是值得的。

随着年龄的增长和涉足范围的扩大，加上"信息多元"，就需要做到杂而不乱。我不会让阶段性关注的热点对我最大的爱好和教学科研造成太大的冲击。例如为调查了解西北沙漠化和西南石漠化情况以及治理的方法，我用了几年的时间。这当然远不是我的专业，当时又忙，但是我还是挤出时间读有关的书籍和文章，向政府有关部门真心实意请教。这样，当我走进腾格里沙漠、巴丹吉林沙漠或云黔桂石漠化地区调研时，就听得懂当地群众和干部的话了，也可以和专家们讨论治理方案了。工作告一段落，马上把那点可怜的空闲时间用来看我最喜欢、最需要的书。上世纪90年代我开辟了一个新领域：用计算机对中文信息进行自动化处理。为此，又读了大量计算语言学方面的书和论文，也是这样做"季节性处理"。对长期关注而非我"主业"的领域，就细水长流，涓涓汇总。例如教育领域的一些问题，涉及方针、体制、机制、管理、师资等诸多方面，书籍文献也多，连专业人士也不能遍览，何况我这个"业余"？应对的办法是需要时看，碰到了看，朋友推荐的看，不占整块儿时间。再如出访外国，除了向有关部门请教，我还要阅读有关该国或地区的历史、文化、地理之类的图书资料。这些都属于"计划外"，虽说不系统，是即时性的，但也扩展了知识，看似和"计划内"不搭界，但说不定什么时候通过这一方法之所得就派上了用场。写到这儿，想起年轻时我曾经在研究地方戏曲和曲艺的运用方面下了一点功夫，后来还写了本小册子（现在我还是中国曲艺家协会的终身会员呢），当时有人讥为不务正业，听到了这一评语，我也曾经自我怀疑过，但是后来在教学中和研究中却屡屡得益了。这也让我再一次体会到"万物一理"（中国哲学上叫"理一分殊"）的道理。

五

我和中国古代语言和文献打了超过半个世纪的交道，也许现在才刚刚摸到点门——语言，尤其是古代语言，太复杂、太深奥了。但我喜欢这一"行"。兴趣是激发人学习的最大内动力。现在需要做的事情很多，因而也很忙，但我旧习不改，一有空还是钻在这里头。看书，动不动就往字义、字音及其流变上想，而且总期盼着能有更多的时间让我从容地摆弄这个宝贝。

另一个旧习不但没改，反而愈加牢固，这就是读书。这几乎成了我之一"累"（第三声，北京话指累赘、负担）。读书占据了属于我私有的全部时间，包括在国内出差的火车上和出国访问的飞机上。大家都睡了，一片寂静恰好读书啊；火车的呼隆声和飞机马达声，听而不闻。如果哪一天没读成书，睡不踏实，就像丢失了什么重要的东西。有时我给自己定下"课程"（计划、时间），什么时候要把什么书读完，可惜计划有时落空，但事后一定要补上。

将近三十年前吧，全家五口住在两居室的小单元里，卧室就是起居室，也是藏书室、读书室。一次记者问我，你的书房起了什么名？我脱口而出："日读一卷书屋。"过几天访问见报了，我儿子周末从学校回来，带着质问的口气说："爸，你的'日读一卷书屋'在哪儿?"我说，在整个学校，在我的心里。其实，"日读一卷书"是我的座右铭，一直是对自己的鞭策。回顾既往，略堪自慰的是，我坚持下来了，除了生病的时候。

　　"一卷书"的量是按古书说的，平均起来大约万把字吧。算一算，真做到了；再算算我还能活多少年? 还能读多少? 我暗自笑了：还不算少!

2013 年 1 月 15 日夜

于日读一卷书屋